中公新書 2573

倉本一宏著

公家源氏——王権を支えた名族

中央公論新社刊

はじめに――公家源氏とは何か

『徒然草《つれづれぐさ》』第五十二段から第五十四段には、仁和寺《にんなじ》の法師に関する笑い話が収められている。第五十二段は、年をとるまで石清水八幡宮《いわしみずはちまんぐう》に参拝したことがなかった僧が、一人で徒歩で参拝にでかけ、八幡宮のある男山《おとこやま》の麓《ふもと》の極楽寺《ごくらくじ》や高良神社《こうらじんじゃ》に参拝した後で、皆が山に登っていくのをいぶかしがりながら、「八幡宮の神に参拝するのが本意《ほい》なので、山の上までは見なかった」と言ったという話である。吉田兼好《よしだけんこう》は、「少しのことにも、先達《せんだつ》はあらまほしき事なり（ちょっとしたことにも、その道の先導役は、あってほしいものである）」と結んでいる。

第五十三段は、稚児《ちご》が法師になろうとする名残《なごり》だというので皆で遊んだ際、仁和寺の法師が酔って興にのり、側にあった足鼎《あしかなえ》を頭にかぶって顔を中に差しこんで舞ったところ、抜こうとしたが抜けなくなったという話である。結局は無理やりに引っ張ったところ、耳や鼻は欠けて穴が開いたがやっと抜けたものの、長い間、患っていたと続く。

第五十四段は、仁和寺に素晴らしい稚児がいたのを、誘い出して遊ぼうとたくらんだ法師たちが、遊芸僧《ゆげいそう》も仲間に引き入れて、破子《わりご》を作って双の岡《ならび》（双ヶ丘）に埋め、仁和寺の御所に参って稚児を誘い出したものの、破子は埋めたのを見ていた者に盗まれていて、探してもなかったという話である。兼好は、「あまりに興あらんとする事は、必ずあいなきものなり（むやみに興をそえようとすることは、きっとつまらない結果になるものである）」と結んでいる。

たしか中学一年の夏休みであったか、宿題で『徒然草』を読まされた私は、仁和寺がどういう寺かを知らずに、「なんてアホな坊さんばかりいる寺なんやろ」と思ったものである。

しかし、平安時代史を勉強するようになってからは、この寺が皇室と深い関わりを持ち、門跡寺院《もんぜきじいん》として「御室御所《おむろごしょ》」と呼ばれたことを知った。特に『御堂関白記《みどうかんぱくき》』を読んでいると、藤原道長《みちなが》の嫡妻《ちゃくさい》である源倫子《りんし》が頻繁に仁和寺を訪れ、堂宇《どうう》も建立していることを知った。そして倫子が仁和寺を訪れる際の道長の複雑な心の動きも、何となく読み取れるようになったのである。

『徒然草』に登場する仁和寺の僧は、けっしてアホなのではなく、公家源氏《くげげんじ》出身で、世間知らずの高貴な出自であったがために、数々の失敗をしでかしていたのであった。

平安時代史を勉強していると、しばしば源氏の公卿《くぎょう》に出くわす。一方で、あまり勉強し

仁和寺（双ヶ丘から）

ていなくても、源義経《よしつね》や源頼朝《よりとも》のような武士のことは、誰でも知っているところであろう。少し中世史や近世史を勉強すれば、足利尊氏《あしかがたかうじ》や徳《とく》川家康《がわいえやす》が文書《もんじょ》に行なった署名が、「源朝臣《あそん》」であることを了解することになる。

「源氏」というと、どうしても清和《せいわ》天皇（もしかしたら陽成《ようぜい》天皇）から出た武家の源氏に目が行きがちであるが、実はほとんどの源氏は、京都で貴族として活躍していたのである。ちょうど『源氏物語《げんじものがたり》』で桐壺《きりつぼ》帝の皇子であった光君《ひかるのきみ》が臣籍降下《しんせきこうか》して源氏となったように。そして彼ら源氏の貴族たちは、独自の立場で王権や藤原氏の政権に深く関わり、日本の歴史に大きな影響を与え続けていたのである。

　この本では、日本の権力中枢に深く関わりながらも、あまり表面には現われ出てこなかった公家源氏の姿を、主に鎌倉《かまくら》時代初頭までを射程に据《す》えて、浮かび上がらせることとしたい。

第一章「公家源氏の誕生」では、平安時代初期の皇位継承を踏まえたうえで、皇親賜姓《こうしんしせい》一般について述べ、嵯峨皇統《さがこうとう》の確立と嵯峨源氏《さがげんじ》の誕生について論じる。

第二章「公家源氏の各流――平安前期」では、平安前期に賜姓された仁明源氏《にんみょうげんじ》・文徳源氏《もんとくげんじ》・清和源氏《せいわげんじ》・陽成源氏《ようぜいげんじ》・光孝源氏《こうこうげんじ》の特徴を、この時期の藤原北家《ほっけ》の朝廷制覇や皇統交替とからめて論じたい。

第三章「公家源氏の各流――摂関期」では、いわゆる「摂関政治《せっかんせいじ》」の確立期において、独自の地歩を占めて摂関家《せっかんけ》と関わりを持った宇多源氏《うだげんじ》・醍醐源氏《だいごげんじ》・村上源氏《むらかみげんじ》、そして皇位継承争いに敗れた皇統から発生した花山源氏《かざんげんじ》（冷泉源氏《れいぜいげんじ》）・三条源氏《さんじょうげんじ》について論じ、摂関家の一員として中世以降にも繁栄を続けた村上源氏が成立した過程を論じることとする。

第四章「公家源氏群像」では、様々な公家源氏出身の人々の群像を描いていきたい。卓越した人、変わった人について、面白いものを解説する。さらには摂関家の妻となってその権威を高めることに寄与した女性たちについても言及する。また、公家源氏の特色である幼少時の出家《しゅっけ》について説明し、特に仁和寺との関わりをたどっていく。そして数多く輩出した公家源氏出身の名僧について、何人かを取り上げて解説する。王朝文学と源氏との関わりについても考えることとしよう。

第五章「中世以降の公家源氏」では、鎌倉時代以降の公家源氏について、繁栄を続けた村上源氏を中心として述べたい。また、地方に下って武士となった公家源氏の諸家について説明したうえで、その後の公家源氏についても言及する。

これら公家源氏の様相を論じることによって、日本の歴史の特質の一つが浮かび上がってくるものと考えられる。それは天皇家や摂関家とは別の、知られざるもう一つの日本史の主役と称することができるであろう。

一体に公家源氏が高い地位を保持していたのは、ひとえに天皇とのミウチ関係に基づくものであった。ということは、天皇の世代が降るにつれて、公家源氏出身の貴族の世代も降りていくのであり、当然ながらその時々の天皇との等親《とうしん》も離れていく。世代を経るにつれて公家源氏が政治的地位を低下させていくのは、天皇とのミウチ関係が薄くなっていくことによるものであり、それは必然的に起こる事態であった。この本では、各世代における各公家源氏と天皇との等親を常に考慮することによって、個々の源氏の没落の過程を追跡していくことにしたい。

なお、「公家源氏」という用語であるが、学界では「賜姓源氏《しせいげんじ》」という用語が一般的に用いられている。しかし、そもそも皇族が賜姓を受けて源朝臣となるのであり、その意味では武家の源氏も賜姓源氏に違いないのである。この本では、武家の源氏と区別するために、

「公家源氏」と称することとする。平氏には、武家の平氏となった高見王《たかみ》の系統ではなく、弁官《べんかん》や蔵人《くろうど》などの中下級官人を勤めて「日記の家《にき》」となった高棟王《たかむね》の末裔《まつえい》の平氏がいて、これを堂上平氏《とうしょうへいし》と称するが（堂上とは殿上間《てんじょうのま》に昇殿《しょうでん》する殿上人《てんじょうびと》のこと）、源氏の方は大臣になったりしている者もいるので「堂上源氏」というわけにもいかず、「公家源氏」という語を使うこととする。

また、引用する史料は原則として現代語訳したものを掲げる。人名に付したルビは、基本的には『平安時代史事典』によったが、不明の者も多い。ただし、女性には音で付した。

目次

1 大内裏
a 内裏
b 大極殿
c 朝堂院
d 豊楽院
e 応天門

【右京】
2 朱雀院
3 西宮（源高明）
4 西市
5 西寺

【左京】
6 北辺第（源信）
7 土御門第（村上源氏）
8 源師時邸
9 棗院（源雅信）
10 鷹司殿（源倫子）
11 土御門殿（源雅信→藤原道長→彰子）
12 高陽院（藤原頼通→師実）
13 近院（源能有→重信→重資）
14 京極殿（源頼政）
15 冷泉院
16 陽成院
17 源有仁邸
18 大炊御門第（源資賢）
19 源清実邸
20 神泉苑
21 山吹殿（源俊賢）
22 源資賢邸
23 源資成邸
24 源泰清邸
25 御子左第（源兼明）
26 蛙松殿（源師房→藤原師実）
27 高松殿（源高明→俊賢→顕季）
28 奨学院
29 三条堀川第（源俊房）
30 源雅頼邸
31 源雅通邸
32 源師仲邸
33 源国信邸
34 源雅通邸
35 源国信邸
36 源顕重邸
37 千種殿（久我家）
38 源師房邸
39 源元房邸
40 河原院（源融）
41 六条池亭（源顕房）
42 中院（源雅定）
43 源顕房邸
44 東市
45 六の宮（源経基）
46 東寺

『平安京提要』『よみがえる平安京』を基に，加筆して作成

平安京略図

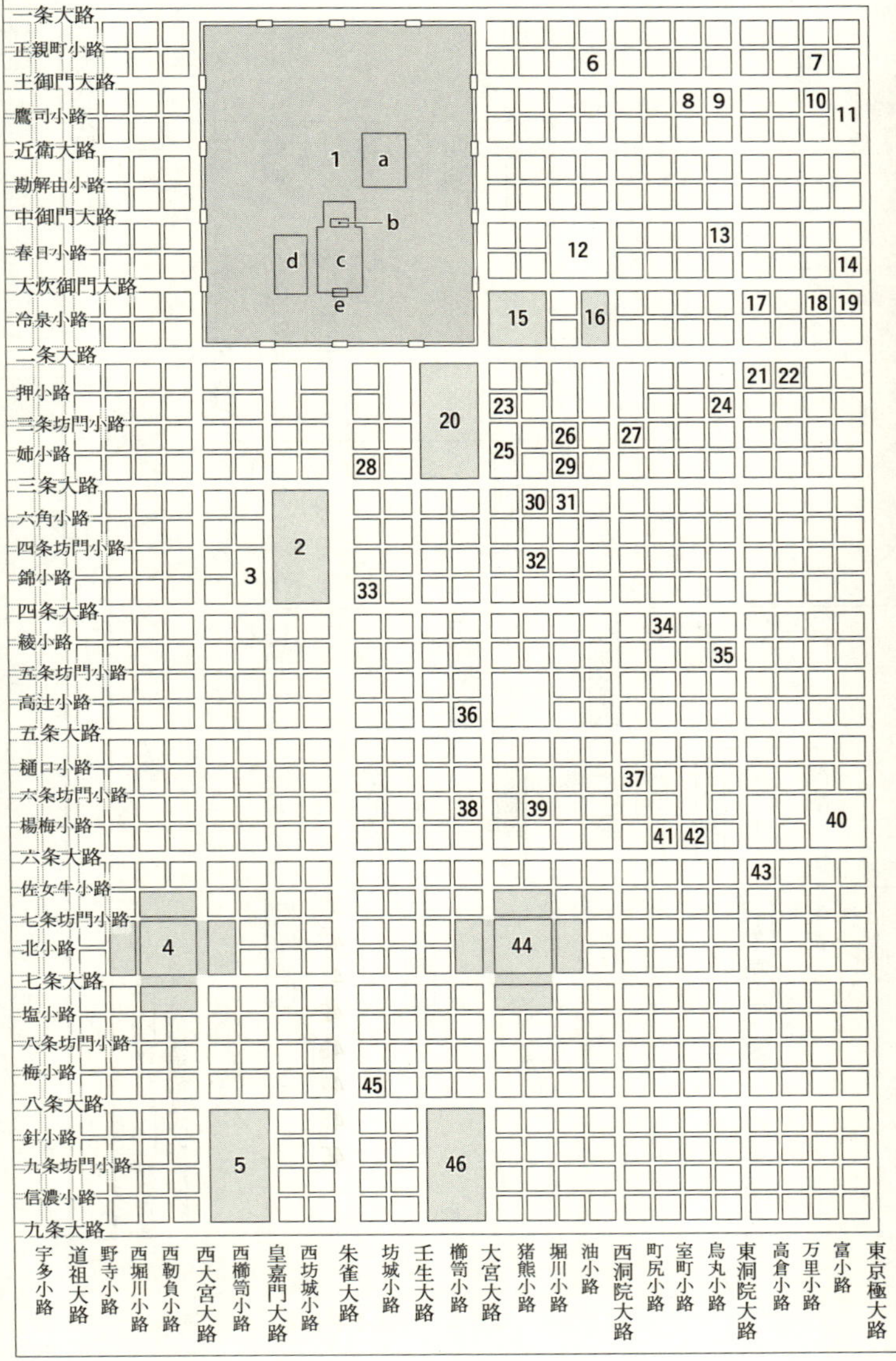
一条大路
正親町小路
土御門大路
鷹司小路
近衛大路
勘解由小路
中御門大路
春日小路
大炊御門大路
冷泉小路
二条大路
押小路
三条坊門小路
姉小路
三条大路
六角小路
四条坊門小路
錦小路
四条大路
綾小路
五条坊門小路
高辻小路
五条大路
樋口小路
六条坊門小路
楊梅小路
六条大路
佐女牛小路
七条坊門小路
北小路
七条大路
塩小路
八条坊門小路
梅小路
八条大路
針小路
九条坊門小路
信濃小路
九条大路
宇多小路
道祖大路
野寺小路
西堀川小路
西靱負小路
西大宮大路
西櫛笥小路
皇嘉門大路
西坊城小路
朱雀大路
坊城小路
壬生大路
櫛笥小路
大宮大路
猪熊小路
堀川小路
油小路
西洞院大路
町尻小路
室町小路
烏丸小路
東洞院大路
高倉小路
万里小路
富小路
東京極大路
1
a
b
c
d
e
2
3
4
5
6
7
8
9
10
11
12
13
14
15
16
17
18
19
20
21
22
23
24
25
26
27
28
29
30
31
32
33
34
35
36
37
38
39
40
41
42
43
44
45
46

源氏系図

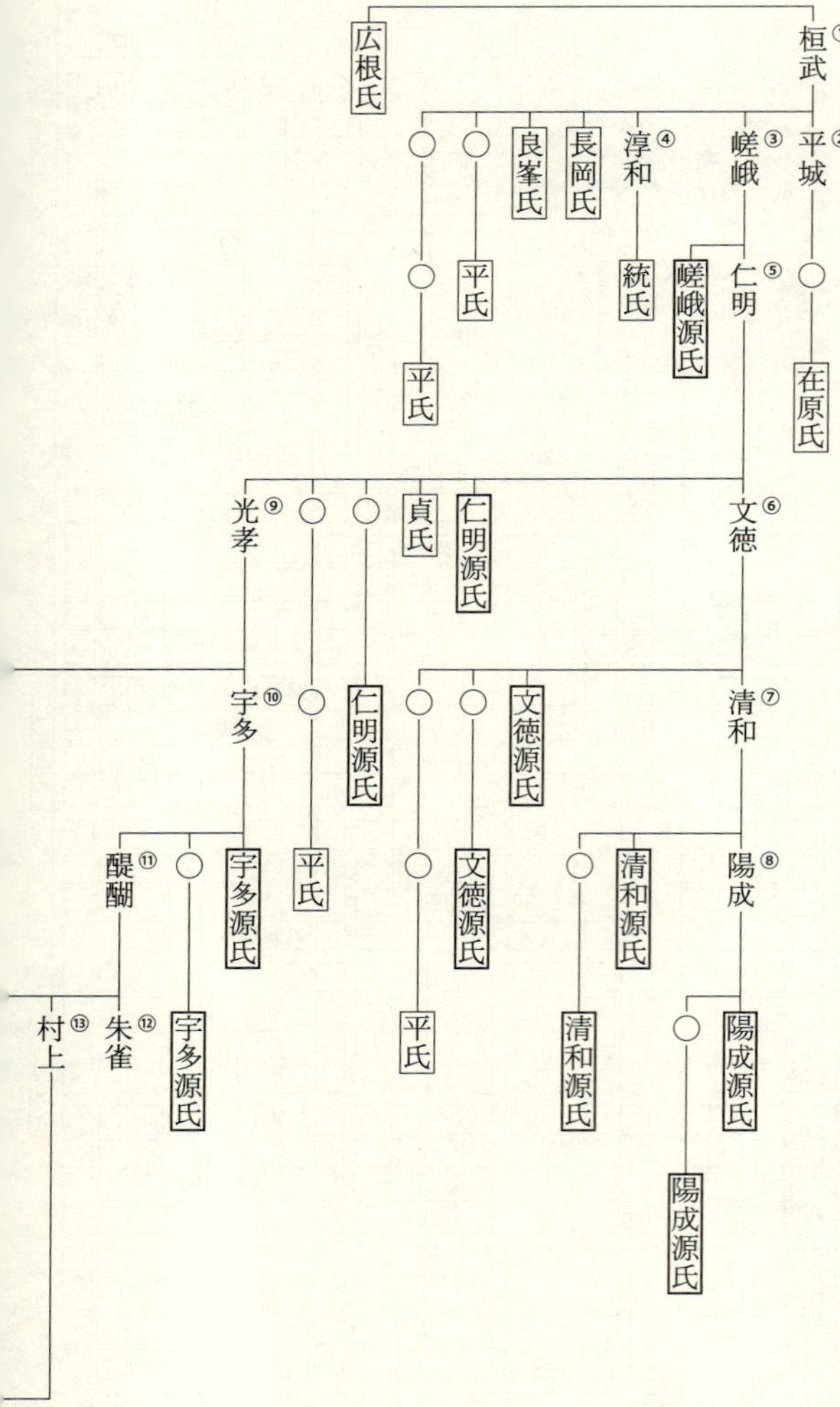

＊□源氏・□賜姓氏族
＊数字は桓武以降の即位順

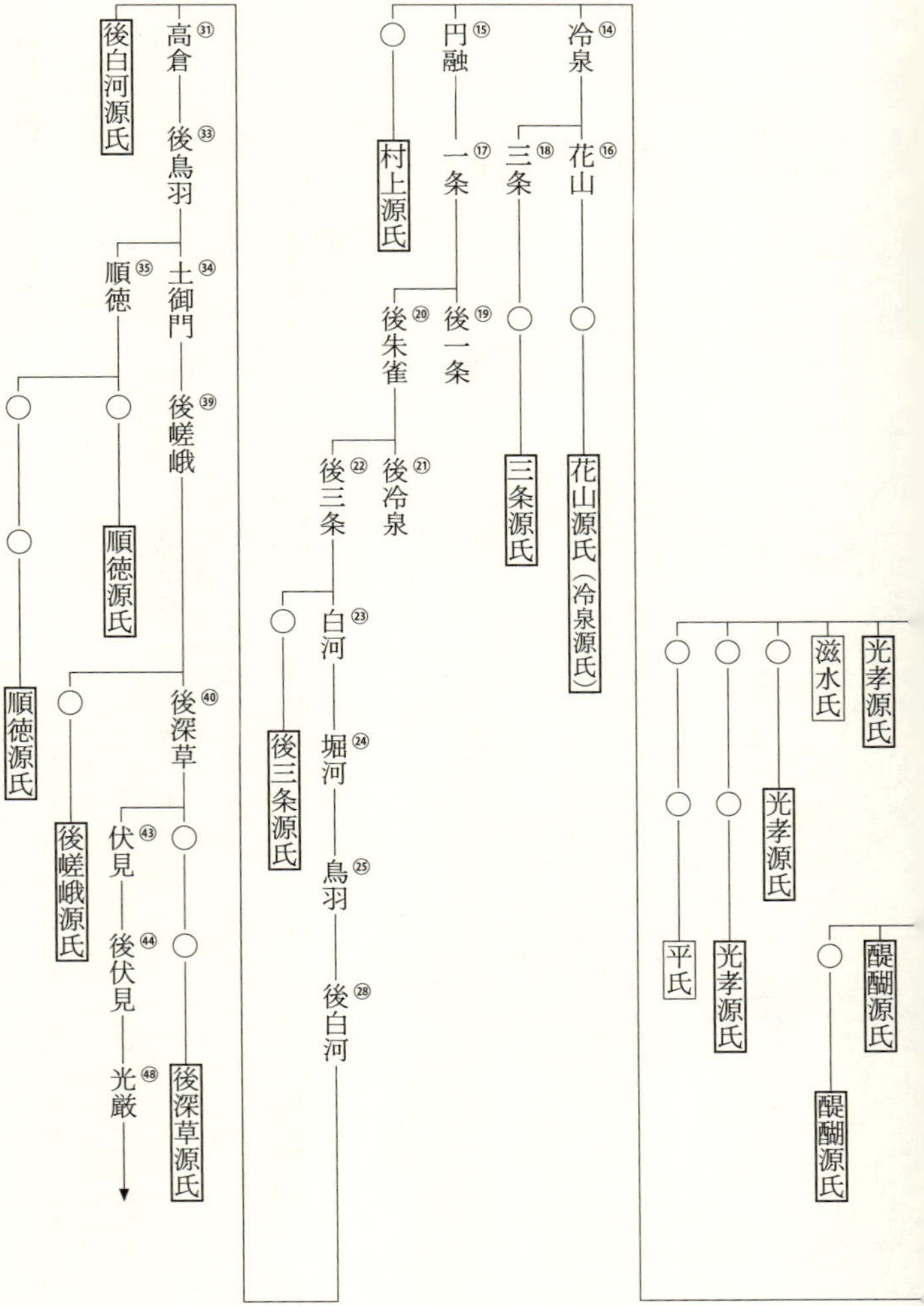

冷泉⑭
円融⑮
花山⑯
三条⑱
一条⑰
村上源氏
後一条⑲
後朱雀⑳
花山源氏（冷泉源氏）
三条源氏
後冷泉㉑
後三条㉒
白河㉓
後三条源氏
堀河㉔
鳥羽㉕
後白河㉘
高倉㉛
後白河源氏
後鳥羽㉝
土御門㉞
順徳㉟
後嵯峨㊴
順徳源氏
順徳源氏
後深草㊵
後嵯峨源氏
伏見㊸
後伏見㊹
光厳㊽
後深草源氏
光孝源氏
滋水氏
光孝源氏
平氏
光孝源氏
醍醐源氏
醍醐源氏

源氏大臣・議政官系図

＊[ ]は大臣、[ ]は議政官に上った者
＊数字は氏長者継承順（⑱は藤原行成）

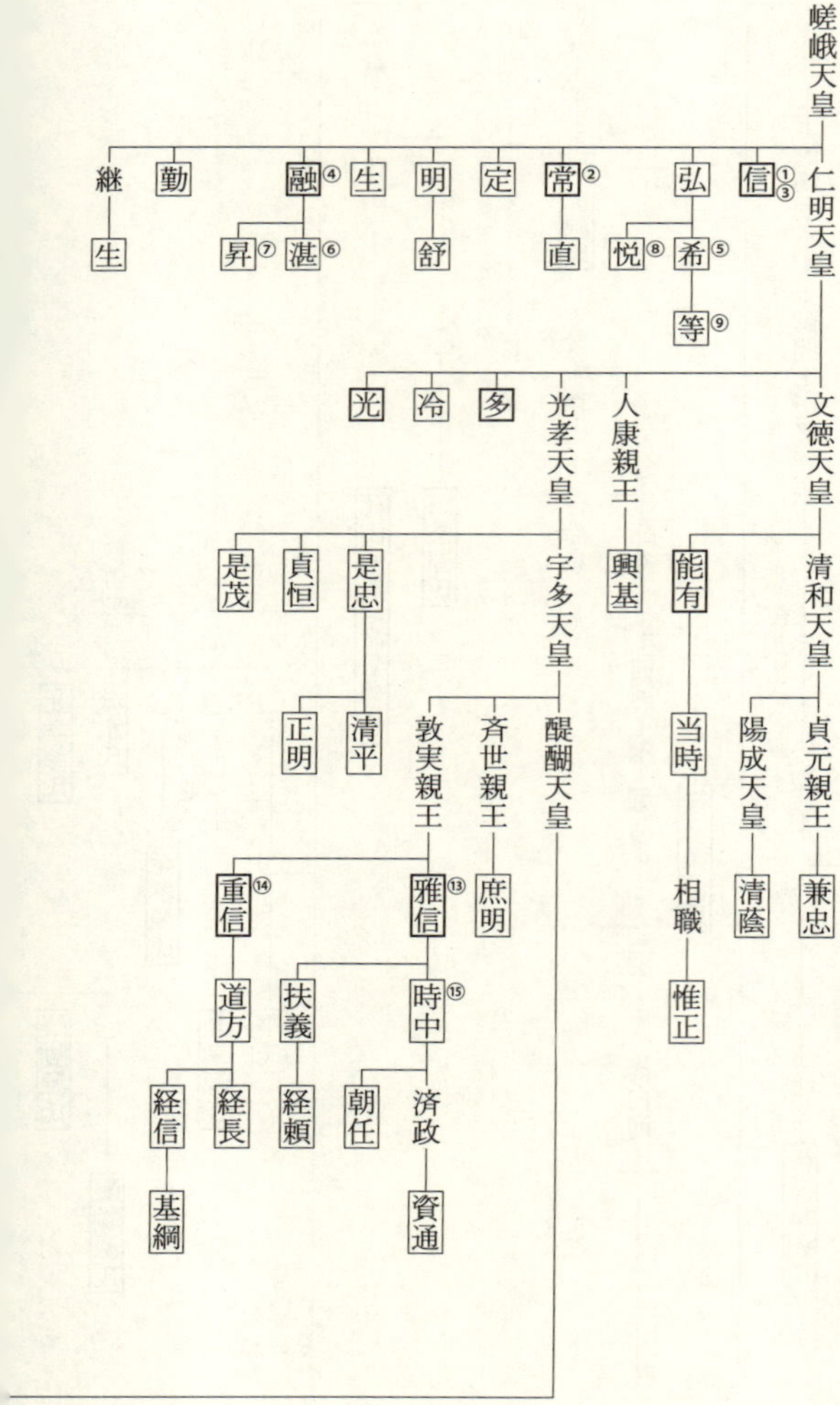

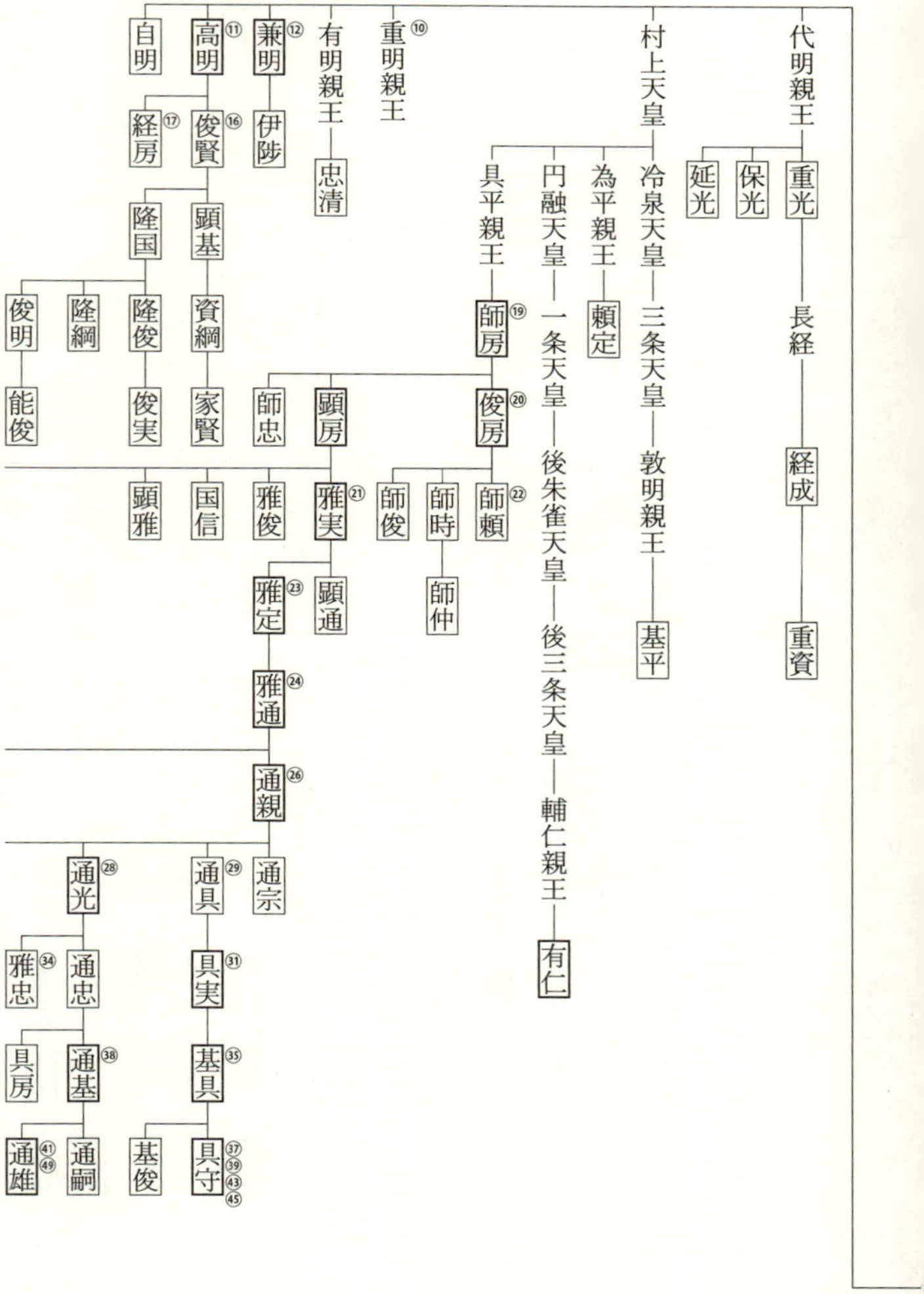

代明親王
重光
保光
延光
長経
経成
重資
村上天皇
冷泉天皇
三条天皇
敦明親王
基平
為平親王
頼定
円融天皇
一条天皇
後朱雀天皇
後三条天皇
輔仁親王
有仁
具平親王
師房⑲
俊房⑳
師頼㉒
師時
師仲
師俊
顕房
雅実㉑
雅俊
国信
顕雅
師忠
雅定㉓
顕通
雅通㉔
通親㉖
通宗
通具㉙
具実㉛
基具㉟
具守㊲㊴㊸㊺
基俊
通光㉘
通忠
雅忠㉞
通基㊳
具房
通嗣
通雄㊶㊾
重明親王⑩
有明親王
忠清
兼明⑫
伊陟
高明⑪
俊賢⑯
経房⑰
顕基
資綱
家賢
隆国
隆俊
俊実
隆綱
俊明
能俊
自明

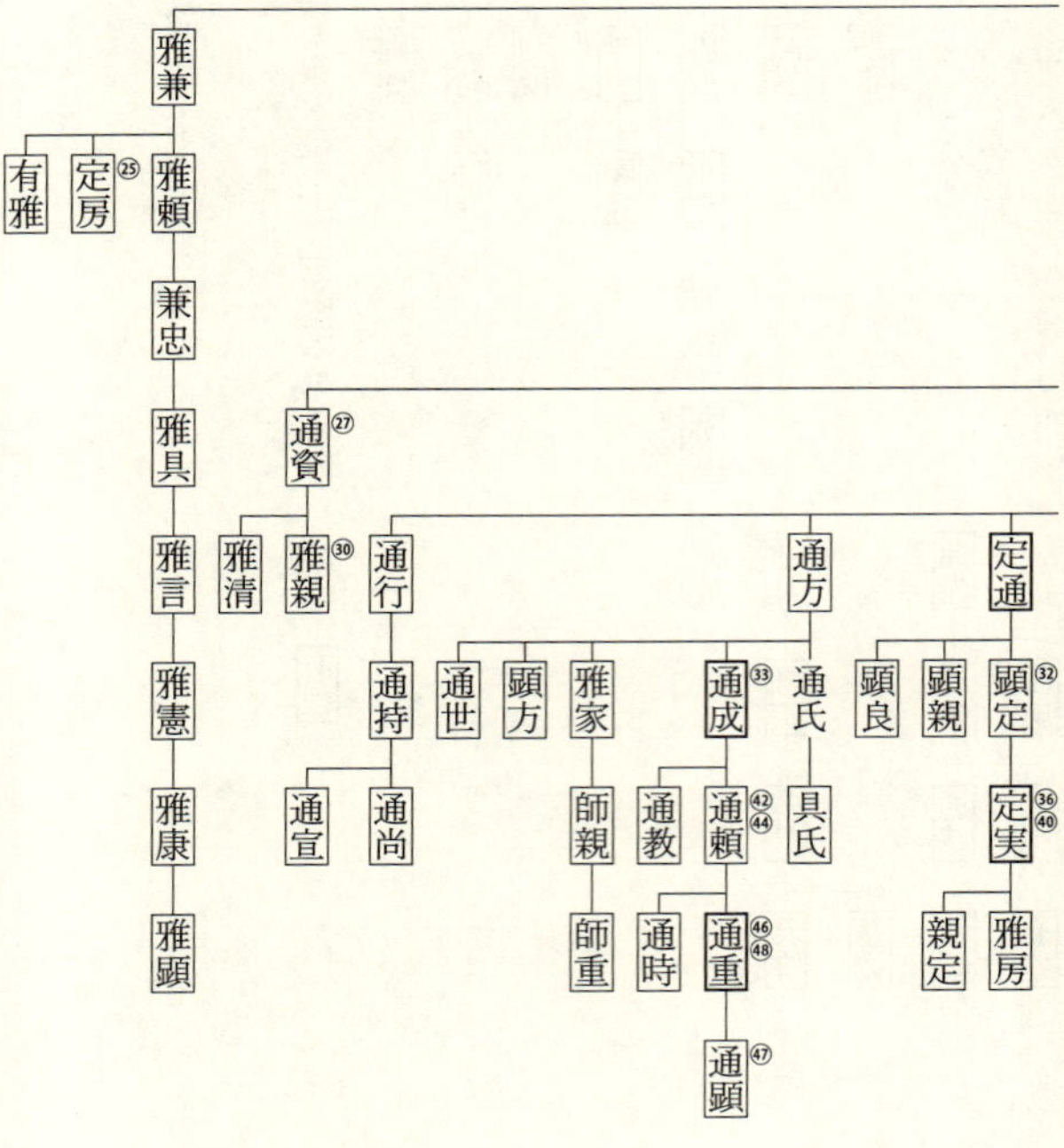
雅兼
有雅
定房㉕
雅頼
兼忠
雅具
雅言
雅憲
雅康
雅顕
通資㉗
雅清
雅親㉚
通行
通持
通宣
通尚
通世
顕方
雅家
師親
師重
通成㉝
通教
通頼㊷㊹
通時
通重㊻㊽
通顕㊼
通方
通氏
具氏
定通
顕良
顕親
顕定㉜
定実㊱㊵
親定
雅房

公家源氏——王権を支えた名族

第一章　公家源氏の誕生

天皇家の子孫が姓を賜わって臣下に降ることは、古くは律令制成立以前の公《きみ》、後には真人《まひと》姓氏族の時代から行なわれていた。奈良時代になっても、天智《てんじ》や天武《てんむ》天皇の子孫が真人姓を賜わって臣籍《しんせき》に降下《こうか》することは、よく見られたことであった。それは主に、臣下となることによって皇位継承の資格を放棄し、王権からの危険視を回避するという、自己保身の手段であった（倉本一宏『奈良朝の政変劇』）。

平安時代を迎えてからも、桓武《かんむ》天皇の時代の延暦《えんりゃく》六年（七八七）に光仁《こうにん》天皇皇子の諸勝《もろかつ》が広根朝臣《ひろねのあそん》、桓武皇子の岡成《おかなり》が長岡《ながおか》朝臣を賜わり（『続日本紀《しょくにほんぎ》』）、延喜《えんぎ》二十一年（九二一）に桓武皇子の安世《やすよ》が良峯《よしみね》朝臣を賜わっている（『新撰姓氏録《しんせんしょうじろく》』『公卿補任《くぎょうぶにん》』）。これらは生母が地位の低い女嬬《にょじゅ》であったことによるものとされている（林陸朗「嵯峨源氏の研究」）。後には平城《へいぜい》天皇二世王の善淵《よしふち》・安貞《やすさだ》・行平《ゆきひら》・業平《なりひら》らが弘仁《こうにん》年間（八一〇〜八二四）から天長《てんちょう》三年（八二六）にかけて、在原《ありはら》氏を賜わっているが（『日本三代実録《にほんさんだいじつろく》』）、これは薬子《くすこ》の変（平城太上天皇の変）や承和《じょうわ》の変の後の政治的混乱を避けるためとされている。桓武や仁明《にんみょう》・文徳《もんとく》天皇の二世王や三世王に天長二年（八二五）以来、賜わった平《たいら》朝臣は、いずれも天皇皇子ではなかった。

しかし、公家源氏は、これらとはまったく異なる性格を、当初から賦与されていた。ここでは、嵯峨源氏《さがげんじ》に始まる公家源氏の誕生を、その背景と様相を中心として、述べることとしたい。

1　嵯峨皇統の確立と皇位継承

嵯峨皇統の確立

桓武《かんむ》天皇は新皇統《こうとう》の祖として、延暦《えんりゃく》三年（七八四）に長岡《ながおか》京、延暦十三年（七九四）に平《へい》安《あん》京への遷都を断行した。後を承けた平城《へいぜい》天皇は、大同《だいどう》四年（八〇九）四月、突然に皇太弟《こうたいてい》神野《かみの》親王に譲位《じょうい》し（嵯峨《さが》天皇）、十二月に平城宮《へいじょうきゅう》に遷幸《せんこう》した（『日本後紀《にほんこうき》』）。

平安京模型（京都市平安京創生館展示，京都市歴史資料館蔵）

翌弘仁《こうにん》元年（八一〇）七月、嵯峨は平城に神璽《しんじ》を返して、退位しようとした。それを承けた平城は九月、平城《へいじょう》旧京への遷都を号令したが、嵯峨は宮中を戒厳下に置いてクーデターを起こし、東国に赴こうとした平城の行く手を遮《さえぎ》り、剃髪《ていはつ》させた（『日本後紀』）。いわゆる「薬子《くすこ》の変」（平城太上天皇の変）である（春名宏昭『平城天皇』）。

そして鎌倉《かまくら》時代初期に鴨《かもの》長明《ちょうめい》が『方丈記《ほうじょうき》』で、平安京に都が定まったのが嵯峨天皇の時代であったと回顧したように、ここに平安京が「万代宮《よろずよのみや》」の帝都の地位を確立した。

この政変があっけなく決着した後、嵯峨は平城皇子の皇太子高岳《たかおか》親王を廃し、皇太弟に大伴《おおとも》親王を立てた。出家《しゅっけ》した高岳（真如《しんにょ》）は唐《とう》に渡り、さらにインドに向かった途中、命を落としたとされる。嵯峨としては、高岳が即位した後の皇太子に自分の皇子を立ててくれる保証はなく、ここで平城の皇統を排除したうえで高岳に替えて弟の大伴を皇太弟に立てれば、その次に自分の皇子にまわってくる公算も高いと考えたのであろう。

思惑どおりに平城とその皇統を葬った嵯峨とその朝廷であったが、その後は当初の予定どおりにはいかなかった。妃《ひ》である桓武皇女の高津《たかつ》内親王は業良《なりよし》親王を産んだものの、後に妃を廃され、業良も不審な死を遂げる。結局、嵯峨は夫人の藤原緒夏《おなつ》からも子を成すことはなく、後継者である正良《まさら》親王（後の仁明《にんみょう》天皇）を産んだのは、何と橘《たちばな》氏出身の皇后嘉智子《かちこ》であった。謀反《むへん》事件で誅《ちゅう》された橘奈良麻呂《ならまろ》の孫から生まれた仁明が、嵯峨皇統の嫡流《ちゃくりゅう》となったのである。

淳和天皇即位と嵯峨太上天皇

嵯峨は弘仁十四年（八二三）に位を皇太弟大伴に譲って（淳和《じゅんな》天皇）、太上天皇の政治的地位に一定のけじめをつけ、「父子の儀」を前面に押し出した「院」へと変貌《へんぼう》させた。嵯峨は洛外《らくがい》の離宮《りきゅう》である嵯峨院《さがいん》（現京都市右京区嵯峨、後の大覚寺《だいかくじ》）を御所とした（『続日本後紀《しょくにほんこうき》』）。

淳和は恒世《つねよ》親王を皇太子に立てようとしたが、恒世がこれを固辞し、代わって嵯峨皇子の正良が皇太子となった。淳和はその次には恒世をと期待していたはずであるが、恒世は天《てん》

大覚寺（大沢池・天神島）

長《ちょう》三年（八二六）に死去してしまった。淳和には他に皇后正子《まさこ》内親王（父は嵯峨、母は嘉智子）との間に恒貞《つねさだ》親王が生まれたばかりであり、嵯峨皇統と淳和皇統のどちらが嫡流となるかについて、この後、相当な神経戦が繰り広げられたという（坂上康俊『律令国家の転換と「日本」』）。

そして天長十年（八三三）、淳和は譲位して、皇太子正良が即位した（仁明天皇）。皇太子には恒貞が立てられ、皇位の迭立《てつりつ》（二つの皇統が交互に皇位に即《つ》くこと）とともに、平穏に平安京での日々が続くかに思われたが、しかしそれは、嵯峨太上天皇が存命している間のことに過ぎなかった。

承和の変

承和《じょうわ》七年（八四〇）に淳和が死去したのに続いて、承和九年（八四二）七月十五日に嵯峨太上天皇が死去すると、事態は一挙に動き出した。十七日、平城皇子の阿保《あぼ》親王が嘉智子に封書を送り、伴健岑《とものこわみね》と橘逸勢《はやなり》が恒貞皇太子を奉じて東国に向かおうとしていることを密告したのである。嘉智子はこれを藤原良房《よしふさ》に送り、良房が仁明に奏上させた（『続日本後紀』）。すぐに関係者が逮捕され、二十三日には、恒貞の廃太子《はいたいし》が宣下《せんげ》された。「皇太子は知らなかったにしても、悪者に皇太子が煽動《せんどう》された事件のことは、古くから伝えられている」という言葉が、事件の本質を表わしている。なお、逸勢は八月十三日、阿保親王は十月二十二日に死去している（『続日本後紀』）。逸勢は後に怨霊《おんりょう》になったとされる。恒貞は出家し、貞観《じょうがん》十八年（八七六）に嵯峨院が改められた大覚寺の開山《かいさん》となっている。

八月一日、新しい皇太子を定めるよう、公卿《くぎょう》が上表《じょうひょう》し、四日、良房の妹順子《じゅんし》を生母とする道康《みちやす》親王（後の文徳《もんとく》天皇）が皇太子に立てられた（『続日本後紀』）。ここに両皇統の迭立状態は解消し、また藤原氏内部における北家《ほっけ》の良房の優位が確定したのである。

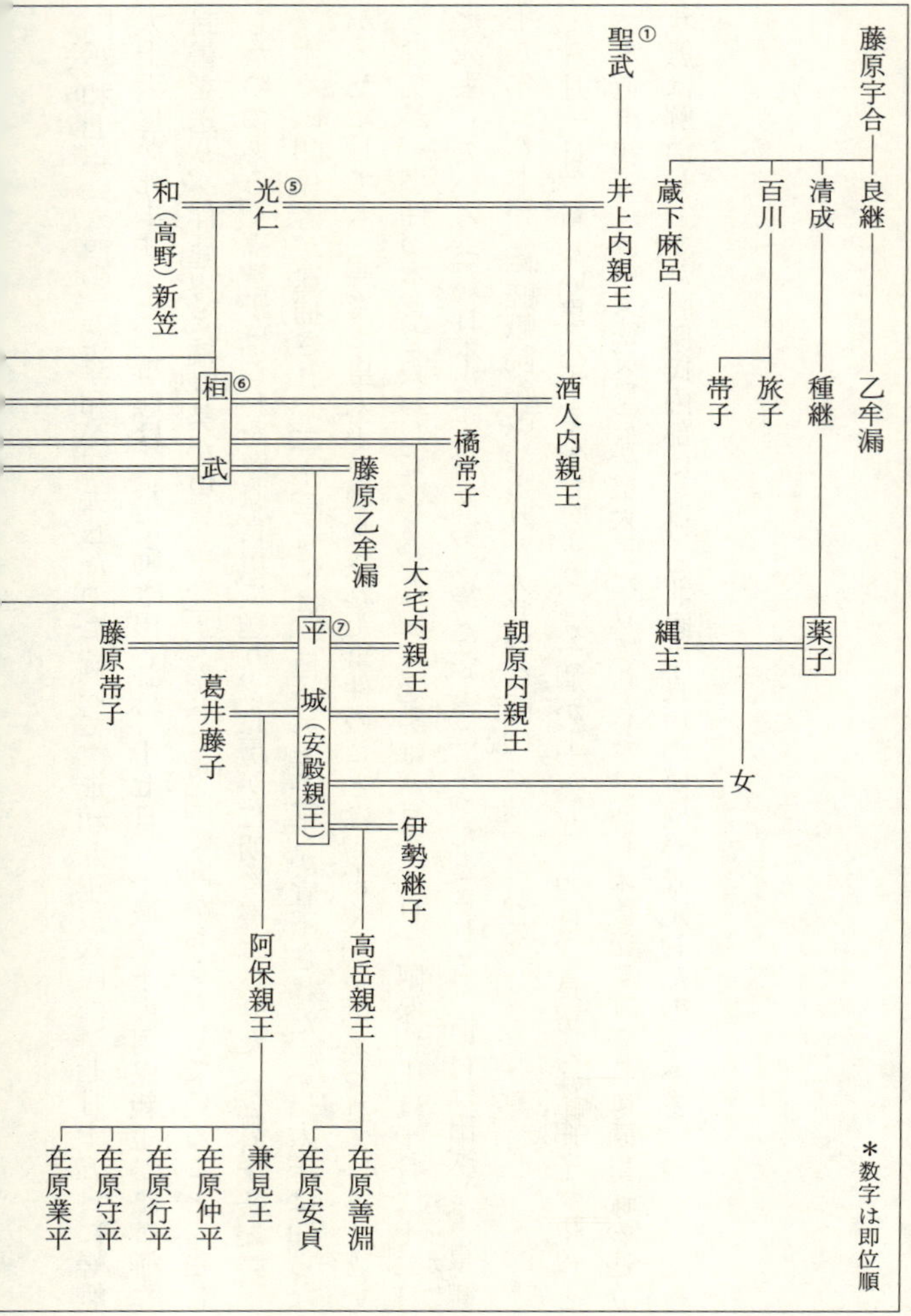

藤原宇合
良継
乙牟漏
清成
種継
百川
旅子
帯子
蔵下麻呂
縄主
薬子
女
聖武①
井上内親王
光仁⑤
和（高野）新笠
桓武⑥
酒人内親王
橘常子
藤原乙牟漏
大宅内親王
朝原内親王
平城⑦（安殿親王）
藤原帯子
葛井藤子
伊勢継子
阿保親王
高岳親王
在原善淵
在原安貞
兼見王
在原仲平
在原行平
在原守平
在原業平
＊数字は即位順

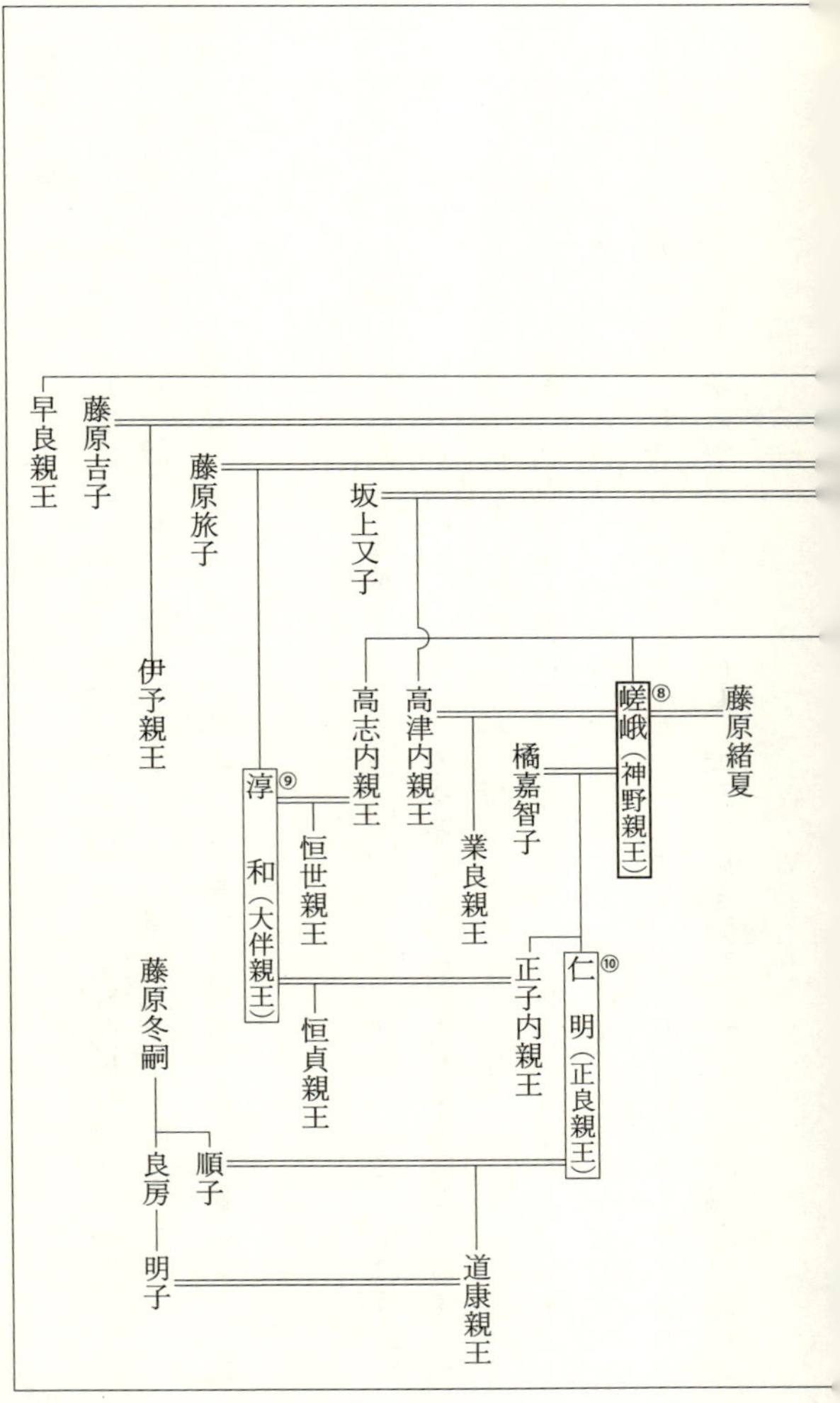
早良親王
藤原吉子
伊予親王
藤原旅子
坂上又子
高志内親王
高津内親王
淳和（大伴親王）⑨
恒世親王
恒貞親王
業良親王
嵯峨（神野親王）⑧
藤原緒夏
橘嘉智子
正子内親王
仁明（正良親王）⑩
藤原冬嗣
良房
順子
明子
道康親王

2　嵯峨源氏の誕生

このような皇位継承争いのなか、嵯峨《さが》天皇はその在位中に、皇親賜姓《こうしんしせい》に関する画期的な措置をとった。弘仁《こうにん》五年（八一四）五月、自らの皇子女八人に源朝臣《あそん》の姓を賜わって臣籍《しんせき》に降《こう》下《か》させたのである。公家源氏の誕生である。『類聚三代格《るいじゅうさんだいきゃく》』に載せられた嵯峨の詔《しょう》は、次のようなものである。

弘仁五年詔

詔す、「朕《ちん》（嵯峨天皇）は禅譲《ぜんじょう》を承けて、天位に即《つ》いた。徳は睦邇《ぼくじ》に恥じ、化は覃遠《たんえん》に謝している。徒《いたず》らに歳月が屢《しばし》ば巡り、男女がやや多くなった。未だ子の道を知らず、かえって人の父となった。辱《かたじけな》くも封邑《ほうゆう》を累《かさ》ね、空しく府庫を費した。朕はこれを思って傷《いた》む。親王の号を除き、朝臣の姓を賜い、編して同籍とし、朝廷に従事させ、出身の初めは皆、六位に叙そうと思う。ただし前に親王と号している者は、更に改めてはならない。同じ母が後に産んだ者も、やはりまた例を一にする。その他でもし申そうとすれば、朕が特に裁下する。それ賢愚は智を異にし、顧育は恩を同じくする。朕は忍んで体余を絶ち廃し、枝葉《しよう》を分け折るのではない。それを以て天地はこれ長く、皇王は次々と興る。どうして康楽《こうらく》を一朝に競い、彫弊《ちょうへい》を万代に忘れようか。普《あまね》く内外に告げ、この意を知らしめよ」と。

弘仁五年五月八日

要するに、賜姓の理由としては、親王・内親王が多く、国費を圧迫しているので、これを臣下とするということ、賜姓の手順としては、姓を賜い、編戸《へんこ》し、官人として六位に叙すということ、賜姓の例外としては、すでに親王となっている者はそのままとし、同母の者も親王とするが、特例的な勅裁《ちょくさい》もあり得るということ、を命じている。

これによると、この弘仁五年の時点で親王となっている者はそのまま親王とし（今後、同母から生まれる者も同様）、それ以外の者を官人とするということなのである。律令の原則では、天皇の兄弟や子供は自動的に親王とされたが、この頃から親王宣下《しんのうせんげ》を受けないと親王とならないことになっていた。

公家源氏誕生の事情

嵯峨がこの詔を出した事情としては、その額面どおりに国家財政問題の解決をはかったものと考えるのが、かつて主流を占めていた（赤木志津子「賜姓源氏考」、黒板伸夫「摂関制展開期における賜姓源氏」、藤木邦彦「皇親賜姓」、安田政彦「無品封」など)。

実際、嵯峨は皇子女が五〇人と、歴代天皇のなかでも飛び抜けて多く、これらを皆、親王・内親王として処遇すれば、大変な国家支出となったであろうことは間違いない。後に三善清行《みよしのきよゆき》も「意見封事《いけんふうじ》十二箇条」の国家支出を嘆いた箇所のなかで、「弘仁(嵯峨)・承和《じょうわ》(仁明《にんみょう》)の二代は、もっとも内寵《ないちょう》を好んだ」と非難している。

それに対し、公家源氏の政治的意義を強調する説も出てきている。桓武《かんむ》が同じ天智《てんじ》系皇親の神王《みわ》と壱志濃《いちしの》王を重用していた先例にならって、嵯峨が自分の子を官僚化して「藩屏《はんぺい》」とし、天皇の補弼《ほひつ》にあたらせようとしたというのである(川崎庸之「嵯峨源氏のうごき」、林陸朗「賜姓源氏の成立事情」、江渡俊裕「賜姓源氏創出の論理と変遷」)。

さらには、多くの皇子を臣下に降すことによって、皇位継承候補者を削減しようとしたという意見もある(黒板伸夫「摂関制展開期における賜姓源氏」)。

これらの意見は、皆それぞれに正しいものの、とても二者(三者)択一で説明できるものではない。たしかに、多くの親王・内親王を臣籍に降下させれば、莫大《ばくだい》な額の支出を削減できるようにも見えるが、特に男子の場合、高位を授けてそれに相当する高官に就ければ、親王のそれをはるかに上まわる給与を支出しなければならなくなる(竹島寛「王朝時代に於ける皇親の御封禄制度と御経済状態」)。

また、臣籍に降下した源氏が高位高官に就いたという事実も、特に嵯峨源氏《さがげんじ》については多く見られるのではあるが（大臣が三人、議政官《ぎせいかん》が一四人）、連続して高位高官を輩出した藤原氏とは異なり、公家源氏は世代が降ると急速にその地位を低下させるのが特徴である。

先にも述べたが、ひとえに天皇の皇子であるということで高い地位に就いた公家源氏は、天皇の世代が降ると、その時点時点の天皇との等親《とうしん》も離れていき、天皇とのミウチ関係は薄くなっていく。しかも、各天皇から公家源氏が生み出されていくことによって、天皇の父方ミウチ官人も次々と生まれていくのであって、旧世代の源氏は必然的に没落していった。これではとても、「天皇の藩屏」としての役割を連続して果たせたとは考えられない。

結局、公家源氏が誕生した背景は、様々な要因が複雑にからみあったものと考えるしかないのである。

加えて、源氏賜姓についての事情や背景は、時代による変遷が甚《はなはだ》しい。一口に公家源氏とはいっても、各源氏の性格については、それぞれの政治情勢に基づく変遷が見られるのである。以下、根気よく、各系統の公家源氏誕生について、説明していくこととしたい。

嵯峨源氏の誕生

弘仁五年に源氏となった嵯峨の皇子女は、皇子が信《まこと》・弘《ひろむ》・常《ときわ》・明《あきら》の四人、皇女が貞姫《さだひめ》・潔《きよ》姫《ひめ》・全姫《またひめ》・善姫《よしひめ》の四人、計八人である。後に賜姓された者も含めると、皇子一七人・皇女一五人、計三二人が源朝臣姓を賜わって臣籍降下している。彼らは後に、「弘仁御後《ごご》」と称さ

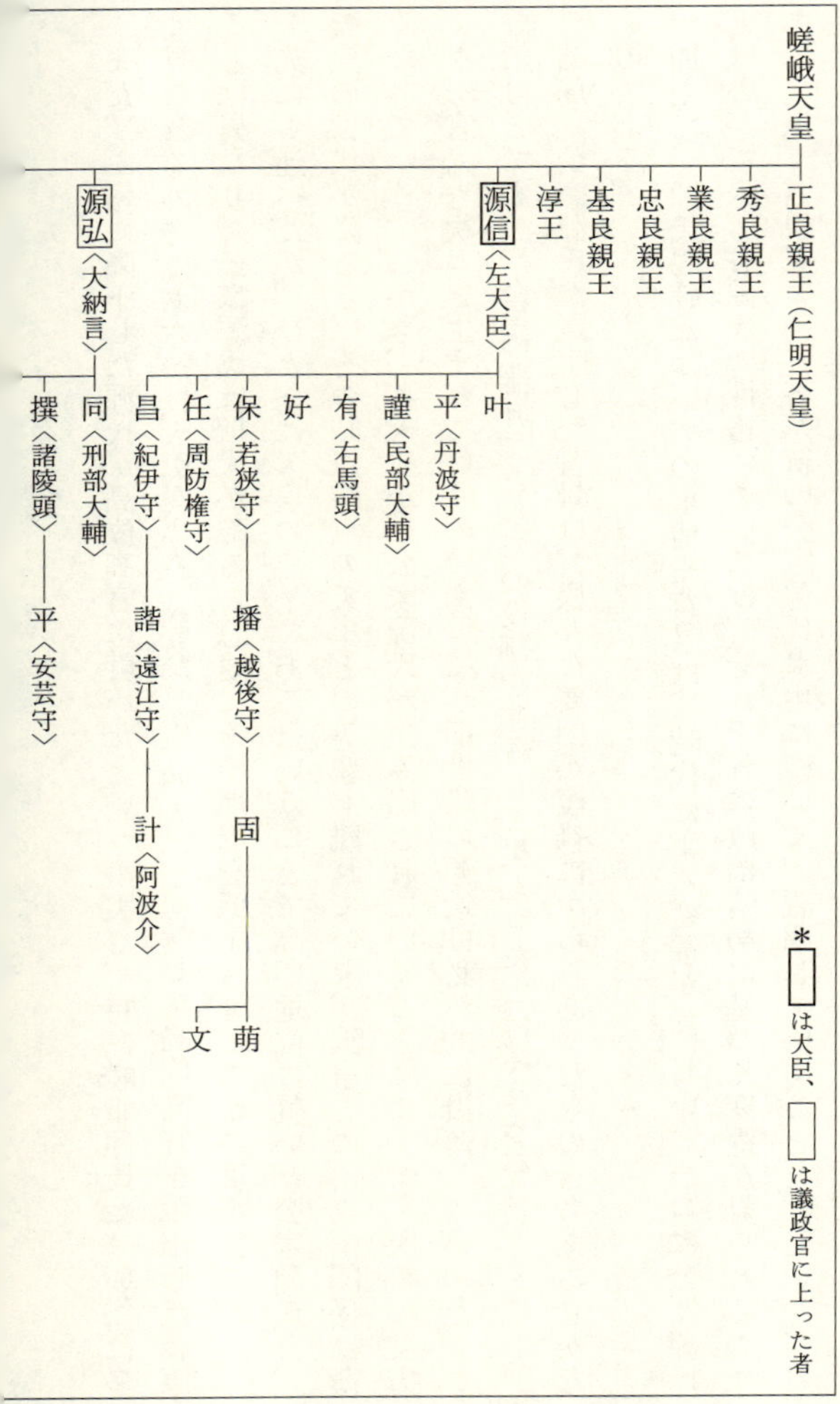

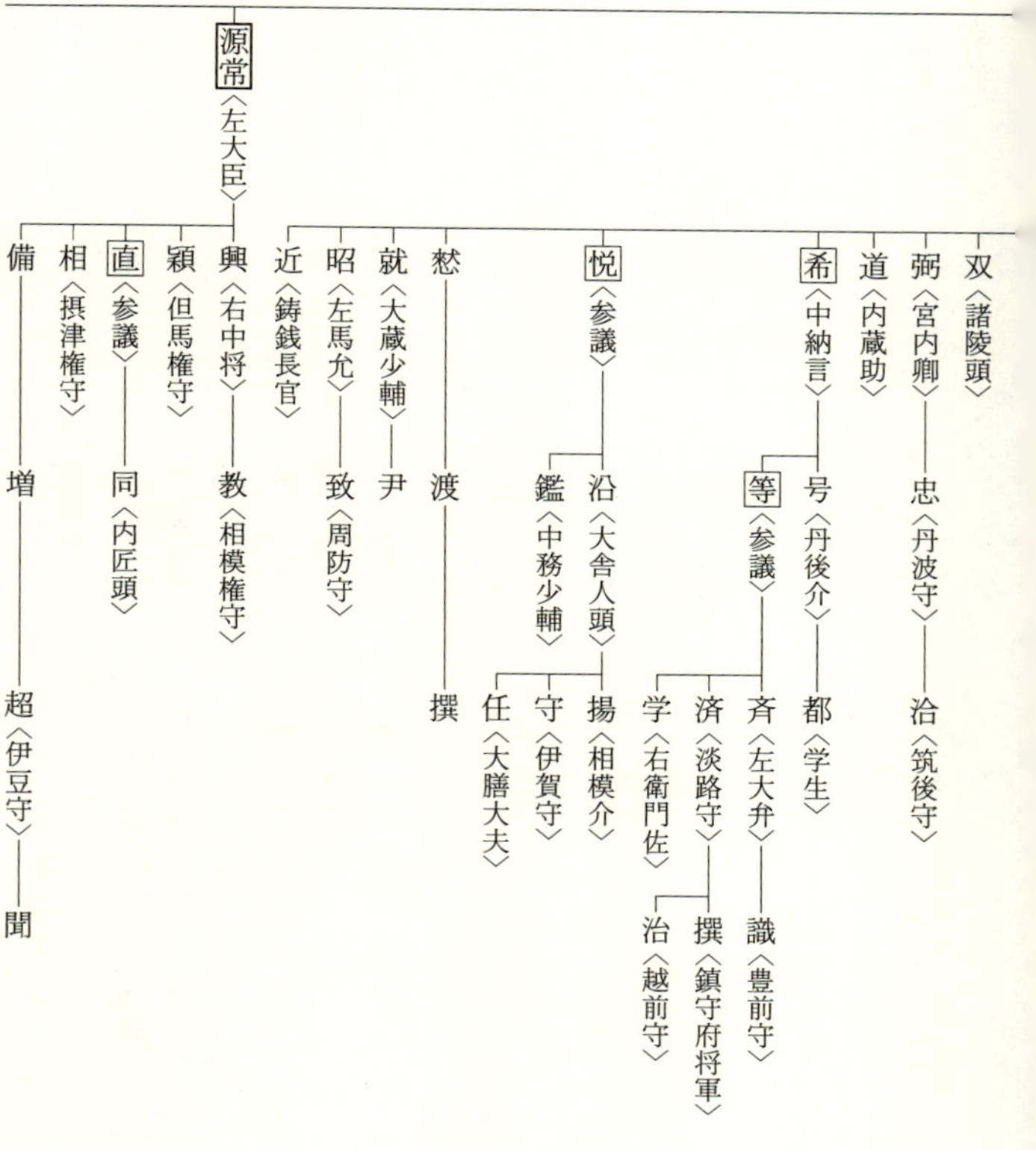
源常〈左大臣〉
双〈諸陵頭〉
弼〈宮内卿〉
忠〈丹波守〉
洽〈筑後守〉
道〈内蔵助〉
希〈中納言〉
号〈丹後介〉
都〈学生〉
等〈参議〉
斉〈左大弁〉
識〈豊前守〉
済〈淡路守〉
撰〈鎮守府将軍〉
治〈越前守〉
学〈右衛門佐〉
悦〈参議〉
沿〈大舎人頭〉
揚〈相模介〉
守〈伊賀守〉
任〈大膳大夫〉
鑑〈中務少輔〉
慭
渡
撰
就〈大蔵少輔〉
尹
昭〈左馬允〉
致〈周防守〉
近〈鋳銭長官〉
興〈右中将〉
教〈相模権守〉
頴〈但馬権守〉
直〈参議〉
同〈内匠頭〉
相〈摂津権守〉
備
増
超〈伊豆守〉
聞

- 源定〈大納言〉
  - 包〈民部大輔〉—同
  - 宥
  - 至〈中務大輔〉
    - 挙〈左馬助〉—順〈和泉守〉—貞〈内蔵助〉—教〈武蔵守〉
    - 尚〈肥後介〉—趁〈日向掾〉
  - 精〈大和守〉—浮〈肥前守〉
  - 唱〈右大弁〉
    - 洪〈右少将〉
    - 俊〈近江守〉
      - 把〈大宰少弐〉
      - 沃〈河内守〉
    - 泉〈少納言〉
      - 連
      - 比
      - 加〈長門守〉
      - 女子〈高明室〉
    - 周子〈醍醐更衣〉
- 源明〈参議〉
  - 舒〈参議〉
    - 善〈左中将〉
      - 義〈信濃守〉
        - 類〈内匠頭〉
        - 広〈大蔵少輔〉
        - 泰
      - 超〈伊賀守〉—学
      - 勧—広〈大蔵丞〉
    - 元〈備中介〉
    - 実〈左少将〉
    - 厳
  - 建
  - 穎
  - 遠
- 源生〈参議〉
  - 加—浮
  - 見
- 源寛〈宮内卿〉
  - 矜
  - 宥
- 源鎮

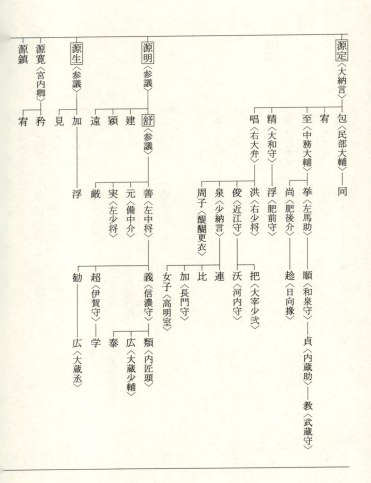

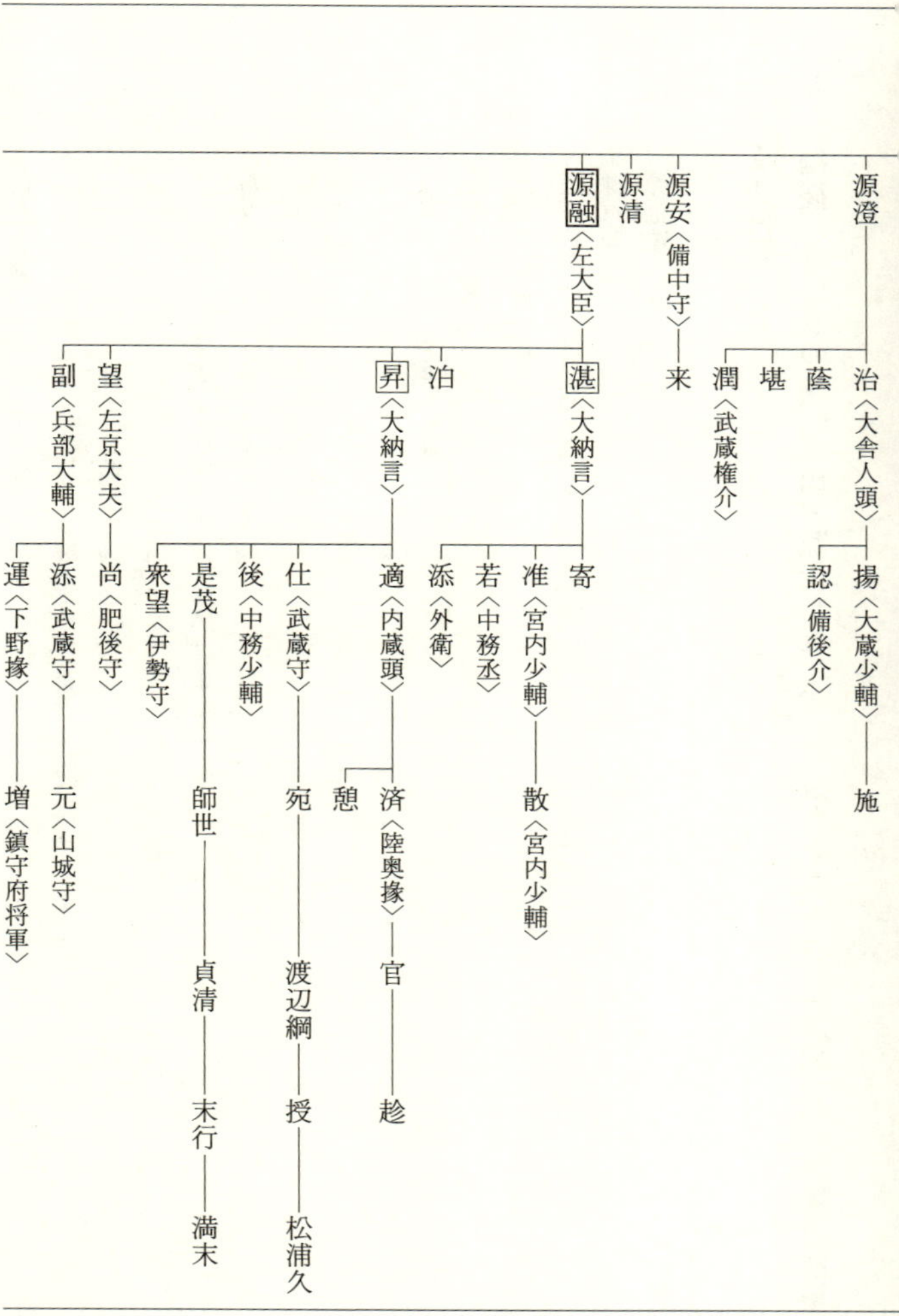
源澄
治〈大舎人頭〉
揚〈大蔵少輔〉
施
認〈備後介〉
蔭
堪
潤〈武蔵権介〉
源安〈備中守〉
来
源清
源融〈左大臣〉
湛〈大納言〉
寄
准〈宮内少輔〉
散〈宮内少輔〉
若〈中務丞〉
添〈外衛〉
泊
昇〈大納言〉
適〈内蔵頭〉
済〈陸奥掾〉
官
趁
憩
仕〈武蔵守〉
宛
渡辺綱
授
松浦久
後〈中務少輔〉
是茂
師世
貞清
末行
満末
衆望〈伊勢守〉
望〈左京大夫〉
尚〈肥後守〉
副〈兵部大輔〉
添〈武蔵守〉
元〈山城守〉
運〈下野掾〉
増〈鎮守府将軍〉

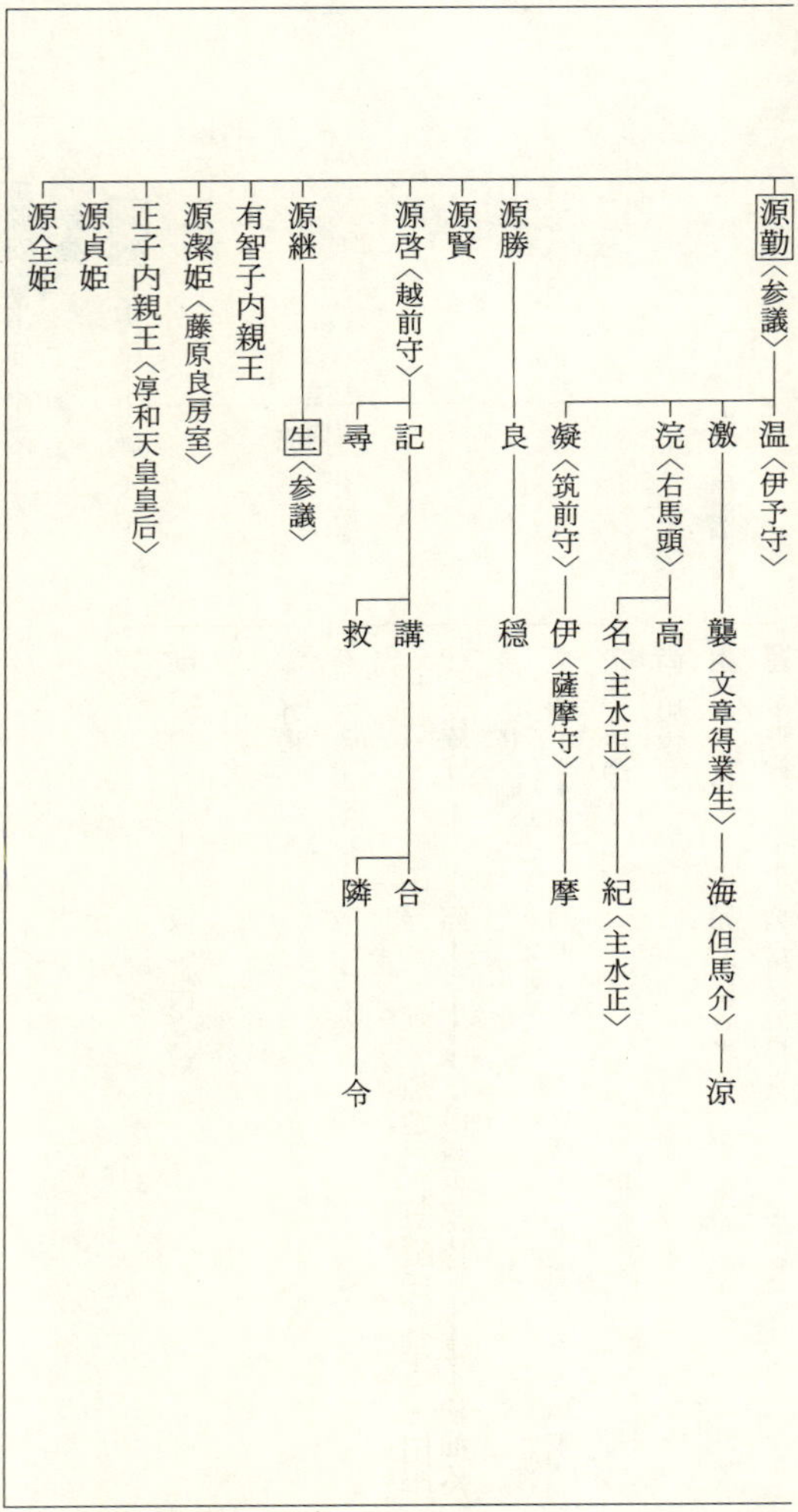

れることとなる。

なお、「御後」というのは、王氏・源氏が毎年、氏爵《うじのしゃく》という、五位に叙される特権を推挙する際に、各天皇の子孫ごとに「……御後」という集団を作り、王氏爵・源氏爵を賜わる巡の基準となったものをいう（赤坂恒明「冷泉源氏・花山王氏考」）。
「源」という氏の名の由来は、北魏《ほくぎ》の太武帝《たいぶ》（世祖《せいそ》）が行儀の優れた南涼《なんりょう》王の子の禿髪破《とくはつは》羌《きょう》に対し、北魏帝室の拓跋《たくばつ》氏と源が同じという意味で「源氏」を与えて源賀《げんが》と名乗らせたという『魏書《ぎしょ》』源賀伝の故事によるものである。

これらの生母を分析された林陸朗氏は、嵯峨の皇子女で親王・内親王とされた一八人の生母が皇后 橘 嘉智子《たちばなのかちこ》・妃《ひ》高津《たかつ》内親王・女御百済 王 貴命《にょうごくだらのこにきしきみょう》・女御大原 浄子《おおはらのじょうし》・交野《かたの》女王・高《たか》階河子《しなのかし》であり、正式の後宮《こうきゅう》の所生であったこと（大原氏と高階氏も皇親氏族である）、それに対して源氏の賜姓を受けた三二人の生母が広井《ひろい》氏（信）・上毛野《かみつけの》氏（弘）・飯高《いいたか》氏（常・明）・阿倍《あべ》氏（寛《ひろし》）・百済王氏（定《さだむ》・鎮《しずむ》・善姫・若姫《わかひめ》）・大原氏（融《とおる》・勤《つとむ》・盈姫《みつひめ》）・笠縫《かさぬい》氏（生《いける》）・田中《たなか》氏（澄《すめる》）・粟田《あわた》氏（安《やすし》）・秋篠《あきしの》氏（清《きよし》）・惟良《これよし》氏（勝《まさる》）・山田《やまだ》氏（啓《ひらく》・密姫《みつひめ》）・長岡《ながおか》氏（賢《さかし》）・布勢《ふせ》氏（貞姫・端姫《はしひめ》）・当麻《たいま》氏（潔姫・全姫）・紀《き》氏（更姫《さらひめ》）・内蔵《くら》氏（神姫《みわひめ》・容姫《やすひめ》・吾姫《みちひめ》）・甘南備《かんなび》氏（声姫《こえひめ》）・不明（継《つぐ》・良姫《よしひめ》・年姫《としひめ》）と、「雑多な中小諸氏の子女」であって、氏女《うじめ》・女孺《にょじゅ》が多いことを解明された（林陸朗「嵯峨源氏の研究」）。

ただ、百済王氏や大原氏のように、同じ氏族出身の女性が産んだ皇子で、親王宣下を受けたり、源氏に降下したりした者がいたということは、むしろ生母のキサキとしての身位《しんい》によ

北辺第故地（源信）

って区別したものと考えた方がよさそうである。もちろん、高貴な氏族出身のキサキが高い身位に上ることが多かったであろうことは、言うまでもない。

そして親王・内親王とされた一八人は、皇子は「良《よし》」を通字とする二字の諱《いみな》（実名）、皇女は「子《こ》」を通字とする二字の諱を持ち、源氏とされた皇子女三二人は、皇子は一字名の諱、皇女は「姫」を通字とする二字の諱を持つということは、彼らが弘仁五年以前、命名された時点で、すでに親王宣下を受けるか、賜姓を受けるかが決まっていたということになる（林陸朗「賜姓源氏の成立事情」）。嵯峨源氏の一字名も、北魏の源賀にならったものである。

彼らは信を戸主《へぬし》として、平安《へいあん》京左京《さきょう》一条一坊に貫付《かんぷ》された（『日本後紀《にほんこうき》』『新撰姓氏録《しんせんしょうじろく》』）。これをどこかの同一邸第《ていだい》に集住したと解釈する意見もあるが（林陸朗「賜姓源氏の成立事情」）、左京一条一坊というのは大内裏《だいだいり》の中であり、たんなる戸籍上の問題と考えるべきである。おそらくは各自の出生地（生母の里邸《りてい》か）に居住していたのであろう。なお、初代源氏長者《げんじちょうじゃ》とされ、「北辺左大臣《きたのべさだいじん》」と称された信の邸第である北《きたの》辺第《べてい》は、左京北辺二坊七町に所在していた（『拾芥抄《しゅうがいしょう》』）。

3　嵯峨源氏の活躍

嵯峨源氏の活躍

臣籍《しんせき》に降下《こうか》した嵯峨源氏《さがげんじ》の官人は、弘仁《こうにん》五年詔《しょう》で初叙位《しょじょ》を六位とすると定めていたのとは異なり、実際には従三位一人（定《さだむ》）、正四位下一人（融《とおる》）、従四位上七人（信《まこと》・明《あきら》・鎮《しずむ》・生《いける》・安《やすし》・勤《つとむ》・勝《まさる》）、従四位下二人（弘《ひろむ》・常《ときわ》）、正六位上二人（寛《ひろし》・啓《ひらく》）、不明四人（澄《すめる》・清《きよし》・賢《さかし》・継《つぐ》）と、ほとんどが四位に叙された。しかもほとんどが十代半ば、つまり元服《げんぷく》と同時に位階を賜わっているのである。藤原氏を含む一般貴族の初叙が、律令の原則では二十一歳、しかもほとんどはそれより数年後に初叙されているのに対し、明らかに優遇を受けていることがわかる。

彼らは天長《てんちょう》から承和《じょうわ》にかけて、つまり淳和《じゅんな》から仁明《にんみょう》天皇の時代、まだ嵯峨が太上天皇として存命している時期に初叙を受け、官人として出身した。そこに嵯峨の意思がはたらいたと考えるのは、自然なことであろう。なお、特に高位に初叙された二人は、定が淳和の猶《ゆう》子《し》、融が仁明の猶子とされたという、特別な事情によるものである。

一般的に奈良時代の皇親《こうしん》（……王）は、初叙を受けた後に出仕《しゅっし》しない者が多く、上日《じょうじつ》（出勤日数）の不足によって位階を昇叙《しょうじょ》される者が少なかった（倉本一宏「律令制下の皇親」）。それに比べて嵯峨源氏は、勤勉に出仕したようで、多くは位階の昇叙を受け、それに相応《ふさわ》しい高官に上っている。これも嵯峨の意思に沿ったものなのであろう。

彼ら一七人のうち、左大臣に上った者が三人（信・常・融）、大納言に上った者が二人（弘・定）、参議に上った者が三人（生・勤・明）と、約半数が議政官《ぎせいかん》に上っている。その他では、宮内卿《くないきょう》が一人（寛）、備中守《びっちゅうのかみ》が一人（安）、越前守《えちぜんのかみ》が一人（啓）、経歴不詳の者が三人（澄・賢・継）、そして出家《しゅっけ》した者が六人（鎮・清・勝。明・生・啓は官人を勤めた後に出家）となる。高官に上るか、さもなくば出家するという傾向が見られることは、早くから指摘されている（林陸朗「嵯峨源氏の研究」）。

また、高位高官に上らなかった者は、安は三十二歳で死去したことによるもの、啓は地方官に任じられても赴任せず、傷心鬱々《しょうしんうつうつ》として出家したことによるもの、寛は幼少からすこぶる学を好み、源氏としては異例の奉試及第《ほうしきゅうだい》して文章生《もんじょうしょう》に補されたものの、「天性が質直で妄《みだ》りに交わらず、為政の道も意に留めない」という硬骨高踏《こうこつこうとう》の人であったことによるものである（『日本三代実録《にほんさんだいじつろく》』）。奈良時代の皇親にも通じる特徴である。なお、啓はその卒伝《そつでん》に、嵯峨天皇の特に鍾愛《しょうあい》するところであったとあり、また「最も文章を好み、兼ねて射を善くする。音儀《おんぎ》が有り、歌を能《よ》くする。そして淫楽《いんらく》に至らず、人格が謹厚で、諸弟は皆、敬した」と評されている（『日本三代実録』）。

特に左大臣に上った三人について、その官歴を並べると、信は淳和天皇の天長二年（八二五）に十六歳で出身すると、天長八年（八三一）に二十二歳で参議、仁明天皇の承和九年に三十三歳で中納言、嘉祥《かしょう》元年（八四八）に三十九歳で大納言に任じられ、文徳《もんとく》天皇の天安《てんあん》元年（八五七）に右大臣を越任《おつにん》して左大臣に上った。四十八歳の年のことであった。幼少の時から好んで書伝を読み、草隷《そうれい》の書を能くし、図画も巧みであったうえに、嵯峨から琴・笛・琵琶の伝習《でんしゅう》を受けたという。

常は天長五年（八二八）に十七歳で出身すると、天長九年（八三二）に二十一歳で参議を越任して中納言、承和五年（八三八）に二十七歳で大納言に任じられ、信を超越《ちょうおつ》して承和七年に右大臣、そして承和十一年（八四四）に三十三歳で左大臣に上った。

融は遅れて承和五年に十七歳で出身すると、文徳天皇の斉衡《さいこう》三年（八五六）に三十五歳で参議、清和《せいわ》天皇の貞観《じょうがん》六年（八六四）に四十三歳で中納言、貞観十二年（八七〇）に四十九歳で大納言に任じられ、二年後の貞観十四年（八七二）に右大臣を越任して左大臣に上った。五十一歳でのことであった。

これらの急速な昇進の背後に嵯峨太上天皇の意向が存在したと考えるのは、自然なことであろう。ただし承和元年（八三四）には、早く弘仁十四年に嵯峨皇女である源潔姫《きよひめ》と結婚していた藤原良房《よしふさ》が参議に上り、翌承和二年（八三五）に権中納言に任じられ、次代の藤原氏の中心となることが約束された。良房は承和九年に大納言、嘉祥元年に右大臣に上った。

こうして常と良房が仁明の代の廟堂《びょうどう》の中心に並んだのではあるが、承和の変を収拾し、妹順子《じゅんし》を生母とする道康親王《みちやす》（後の文徳天皇）を皇太子に立てた良房と、「操行《そうこう》が深沈《しんちん》で風神が清爽《せいそう》」「容儀《ようぎ》が閑雅《かんが》で言論が和順《わじゅん》」（『日本文徳天皇実録《にほんもんとくてんのうじつろく》』）という貴公子然とした常とでは、その政治力が隔絶していたのは、致し方のないところである。

ここで文徳が即位した嘉祥三年（八五〇）の公卿《くぎょう》構成を見てみると、

左大臣　源常（嵯峨源氏）
右大臣　藤原良房
大納言　源信（嵯峨源氏）
中納言　源定（嵯峨源氏）・源弘（嵯峨源氏）・安倍安仁《あべのやすひと》
権中納言　橘峯継《たちばなのみねつぐ》
参　議　源明（嵯峨源氏）・滋野貞主《しげののさだぬし》・藤原助《たすく》・小野篁《おののたかむら》・藤原長良《ながら》・藤原良相《よしみ》・

ということになる。実に五人の源氏の公卿が顔を揃《そろ》えていたのである。これは藤原氏の四人よりも数のうえでは勝っており、一見すると公家源氏中心の廟堂であるかのように見えるが、その内実は良房を中心とする藤原北家《ほっけ》が主導しており（倉本一宏『藤原氏　権力中枢の一族』）、源氏官人はそもそも藤原氏と協調的であったと考えるべきであろう（黒板伸夫「摂関制展開期における賜姓源氏」）。

伴善男《とものよしお》

そして斉衡元年（八五四）、常は四十三歳で死去した。才能の士を推引し、讒佞《ざんねい》の徒を遠ざけて、「丞相《じょうしょう》（大臣）の器」と評された。その後を継いで源氏の中心となった信は、しかしながらすぐには大臣には上れず、天安元年（八五七）に良房が左大臣を越任し、「朕《ちん》の外舅《がいきゅう》」として一挙に太政大臣《だいじょうだいじん》に任じられた際、ついでに左大臣に任じられた。

翌天安二年（八五八）八月に文徳が死去すると、良房の女《むすめ》である明子《めいし》が産んだ九歳の幼帝清和天皇が誕生することになった。当然ながら、清和には執政能力はなく、良房が外祖父《がいそふ》として天皇大権を代行したものと思われる。

「性格は寛厚《かんこう》で政体に通暁《つうぎょう》し、事を判断すること公正であったが、兼ねて糸竹《しちく》を好み、退衙《たいが》の閑ある毎《ごと》に琴書《きんしょ》を自ら娯《たの》しんだ」弘や、「深宮《しんきゅう》の内に養長し、未だ嘗《かつ》て世俗の艱難《かんなん》を知

『伴大納言絵詞』より清和天皇・藤原良房・源信（出光美術館蔵）

らず、居家《きょか》の事を経問《けいもん》する所なく、性はもとより温雅《おんが》にして音楽を愛好し、家庭に常に鼓鐘《こしょう》を置き、退去の後、必ず挙げてこれを観させた」定も、貞観五年（八六三）に相次いで死去した（『日本三代実録』）。嵯峨源氏の公卿も、徐々にその数を減らしていったのである。

応天門の変

貞観八年（八六六）閏《うるう》三月十日の夜、朝堂院《ちょうどういん》の正門である応天門《おうてんもん》が焼失し、棲鳳楼《せいほうろう》と翔鸞楼《しょうらんろう》が延焼した。大納言伴善男は、左大臣源信が放火したものと、右大臣良相に告発した。良相は藤原基経《もとつね》に信の追捕《ついぶ》を命じたが、基経はこれを養父の良房に報告した。良房は急ぎ参内《さんだい》して清和に報告し、

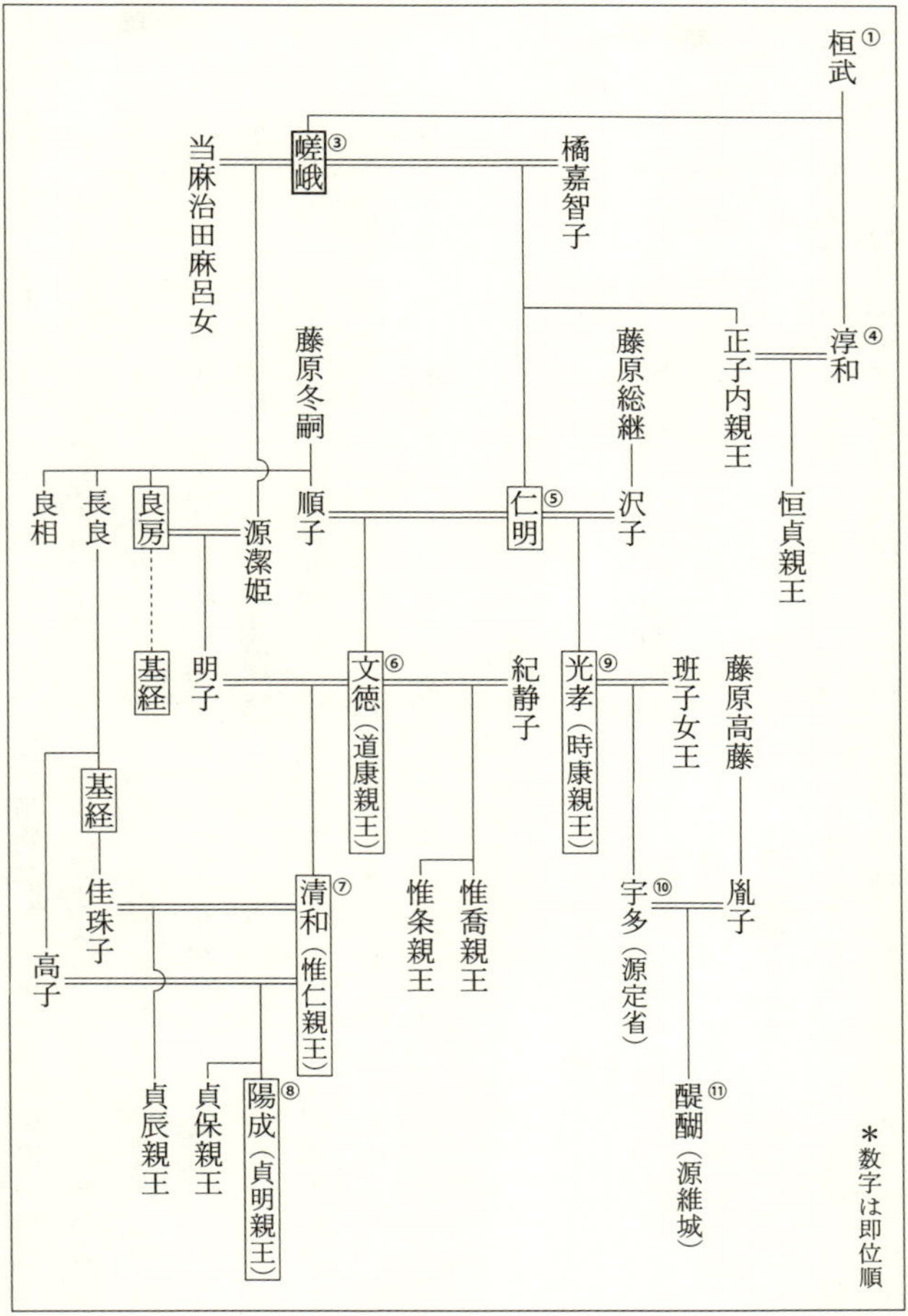

桓武①
嵯峨③
当麻治田麻呂女
橘嘉智子
淳和④
正子内親王
恒貞親王
藤原冬嗣
藤原総継
仁明⑤
沢子
順子
良相
長良
良房
源潔姫
基経
明子
文徳⑥（道康親王）
紀静子
光孝⑨（時康親王）
班子女王
藤原高藤
基経
佳珠子
清和⑦（惟仁親王）
惟条親王
惟喬親王
宇多⑩（源定省）
胤子
高子
貞辰親王
貞保親王
陽成⑧（貞明親王）
醍醐⑪（源維城）
＊数字は即位順

信を弁護した。清和は信の赦免《しゃめん》を命じた(『宇治拾遺物語《うじしゅういものがたり》』)。この場面を描いた『伴大納言《ばんだいなごん》絵詞《えことば》』は平安末期に制作されたものとはいえ、良房に伴われて参内し、良房が清和に信の無実を奏上するのを東廂《ひがしびさし》でそっと聞いている顔面蒼白《そうはく》の姿、また自邸の寝殿《しんでん》の前庭に荒薦《あらこも》を敷いて天道《てんどう》に無実を訴える姿は、いかにも元皇族の貴公子を彷彿《ほうふつ》とさせる。

この間の過程で、良房には八月に、「太政大臣に勅《ちょく》し、天下の政を摂行《せっこう》させよ」との勅が下った(『日本三代実録』)。一方、罪を免れた信は門を閉じて出仕せず、貞観十年(八六八)、失意のうちに摂津《せっつ》国に狩猟に出かけたが、小鳥を追って落馬し、深泥《しんでい》に落ち入り、救い出されて蘇生《そせい》したものの、心神恍惚《しんしんこうこつ》としたまま数日後に死去した。五十九歳であった(『日本三代実録』)。

源融について

信が死去した後は、融が代わって嵯峨源氏の中心に立った。貞観十四年に良房が死去すると、左大臣に任じられたが、良房の猶子となっていた基経が同日に右大臣に任じられ、良房後継者としての地位に上っている。すでに基経の妹である高子《こうし》が清和との間に産んだ貞明《さだあきら》親王(後の陽成《ようぜい》天皇)は、貞観十一年(八六九)に立太子していた。やがて基経は貞観十八年(八七六)に陽成が即位すると右大臣のまま摂政《せっしょう》に補され、元慶《がんぎょう》四年(八八〇)に関白《かんぱく》太政

河原院故地（源融）

大臣に上った。

これを嵯峨天皇の源氏と藤原氏による共同輔弼体制構想と考える解釈も存在する（春名宏昭『〈謀反〉の古代史』）。構想としてはそうかもしれないが、そもそも融には基経に対抗しようという意志もなく、上表《じょうひょう》を繰り返し、貞観十八年以降は『源氏物語《げんじものがたり》』の六条院《ろくじょういん》のモデルともなった自邸の河原院《かわらのいん》に籠《こも》って兄たちと同じ風雅《ふうが》な生活に明け暮れ（『日本三代実録』）、山荘棲霞観《せいかかん》（後の清涼《せいりょう》寺《じ》）や宇治に営んだ別業《べつぎょう》（後の平等院《びょうどういん》）、および種々の説話で名を残している。

『古今和歌集《こきんわかしゅう》』に採られ、後に百人一首にも選ばれた次の和歌も詠《よ》んでいる。

陸奥《みちのく》のしのぶもぢずり誰ゆゑに乱れむと思ふ我ならなくに

（陸奥の信夫で産する「しのぶもじずり」の摺《す》り衣の模様のように、あなた以外の誰にも心を乱そうとするような私ではありません。あなたゆえに思い乱れているのです）

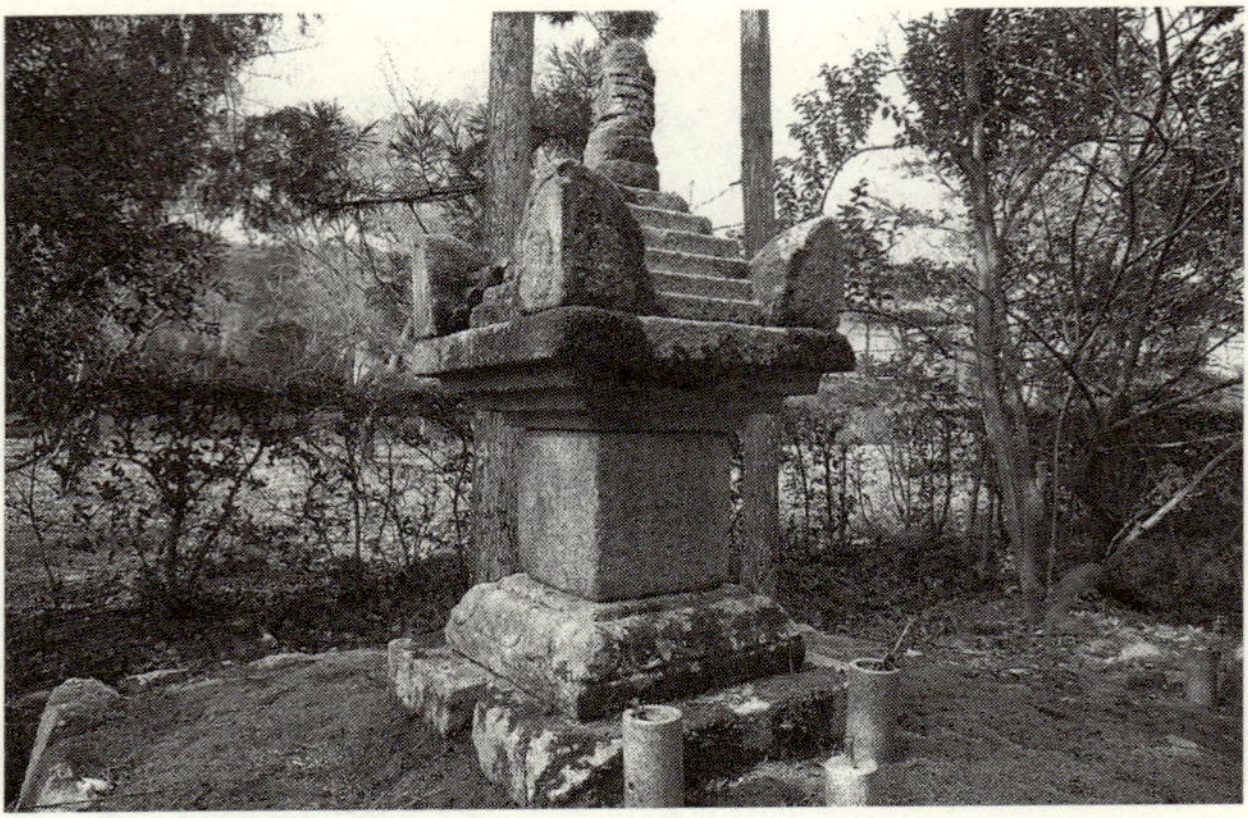

伝源融墓

元慶八年（八八四）二月、基経は陽成を十七歳で退位させると、（『恒貞親王伝《つねさだしんのうでん》』『扶桑略記《ふそうりゃくき》』を信じるならば）まず承和の変で廃太子《はいたいし》された六十歳の恒貞《つねさだ》親王の即位をはかり、次いで仁明皇子で五十五歳の時康《ときやす》親王が擁立され、光孝《こうこう》天皇となった。

その際、融が「いかがは。近き皇胤《こういん》をたづねば、融らもはべるは（どうして議論などをする必要があろう。近い天皇のお血筋を求めるならば、ここに融などもおりますわ）」と主張したが、「皇胤なれど、姓たまはりてただ人にてつかへて、位につきたる例やある（たとえ、天皇のお血筋であっても、ひとたび姓を賜わり、臣下として朝廷にお仕《つか》え申してから、皇位に即《つ》いた前例があろうか）」と基経に退けられたという有名な説話

嵯峨観空寺

が、『大鏡《おおかがみ》』に載っている。

しかしながら、これまでの政治情勢を考えるならば、融がこのような主張を行なったとは、およそ考えられない。この年、すでに六十三歳。また基経が将来、外孫《がいそん》の貞辰《さだとき》親王（この時、十一歳）を擁立しようとしていたことも見抜けないことはなかったはずである。

融はこの後も風流三昧《ざんまい》の生活を続け、寛平《かんぴょう》七年（八九五）に死去した。基経の思惑とは異なり、貞辰ではなく、宇多《うだ》天皇（光孝が姓を賜わって源氏に降下させた源定省《さだみ》が即位したもの）の代になっていたことは、まことに皮肉なことであった。棲霞観の故地にあたる清凉寺には、融の墓と称する石塔が佇《たたず》んでいる。

なお、大覚寺《だいかくじ》の西にある観空寺《かんくうじ》は、嵯峨太上天皇の創建した定額寺《じょうがくじ》で、嵯峨源氏を檀越《だんおつ》としていた（『日本三代実録』）。

嵯峨源氏の変遷

以上、一世嵯峨源氏の活動を見てきた。約半数が公卿に上り、三人もの左大臣を輩出していることを考えれば、嵯峨源氏の創出を「天皇の藩屛《はんぺい》」を目指したものと考える論考が登場したのも、むべなるかなと思わせる。当初は源氏長者《げんじちょうじゃ》は嵯峨源氏に限られていたというのも、一世嵯峨源氏の活躍を見れば肯ける。

しかしながら、二世以降の彼らの子孫の活動を見てみると、たとえ嵯峨源氏の誕生時にはそのような意図があったにしても、世代を降るにつけ、その地位を著しく低下させていた。ここでは、二世以下の嵯峨源氏の変遷を、簡単に追ってみたい。

正二位左大臣信の子は、四位に二人（平《ならし》・有《たもつ》）、五位に六人（叶《かなう》・謹《すすむ》・好《このむ》・保《たもつ》・任《まかす》・昌《まさる》。謹を除き従五位下）、それぞれ上ったのみであり、謹が民部大輔《みんぶのたいふ》に任じられた以外は、いずれも地方官で終わっている。左大臣の子としては、これは驚くべき事態と言えよう。三世源氏の世代は、二人しか動静が知られず、その没落は言うまでもない。

正二位大納言弘の子は、希《まれ》が従三位中納言、悦《よろこぶ》が従三位参議と、二人の議政官を出した。他は四位が一人（弼《たすく》）、五位が八人（同《おなじ》・撰《えらぶ》・双《ならぶ》・道《みち》・慭《なまじ》・就《つく》・昭《あきら》・近《ちかし》）である。弼が宮内卿《くないきょう》に任じられた他は、八省の輔《すけ》か寮の頭《かみ》程度の官で終わっている。第三世代となると、希の男の等《ひとし》が従四位上参議に上った以外は議政官は出ず、五位程度の中級官人となっている。

正二位左大臣常の子は、直《なおし》が従三位参議に上ったものの、他は四位が一人（興《おこる》）、五位が三人（穎《すぐる》・相《たすく》・備《そなう》）である。興は右中将《うちゅうじょう》に任じられたが、穎と相は地方官、備は官歴不明である。これも左大臣の子としては一気に没落したと称すべきである。第三世代も従五位下の三人が知られるのみである。

正三位大納言定の子は、四位が三人（包《つつむ》・至《いたる》・唱《となう》）、五位が二人（宥《なだむ》・精《くわし》）であるが、唱が右大弁《うだいべん》を勤めた以外は八省の輔か地方官で終わっている。第三世代も、ほぼ全員が地方官を勤めている。なお、唱の女が、醍醐天皇の更衣《こうい》として高明《たかあきら》を産んだ周子《しゅうし》である。

正四位下参議明の子は、舒《のぶる》が正四位下参議に上った他は、いずれも従五位下散位《さんい》（位階だけあって官職のない者）に留まった。第三世代以降もおおむね従五位下の地方官を勤めた。

正四位下参議生の子は、二人とも従五位下散位に留まった。

正四位下宮内卿寛の子も、二人とも従五位下の地方官と散位であった。

従一位左大臣融の子は、湛《たたう》と昇《のぼる》は三位で大納言に任じられたものの、他は八省の輔や地方官に留まった。第三世代では、湛の子の准《なぞる》が従三位宮内少輔《くないのしょう》であったものの、他は五位に留まった。その次の第四世代になると、ほとんどは官位もわからなくなる。

従三位参議勤の子は、四位が一人（湜《すすぐ》）出たものの、他は五位に留まり、第三世代以降は従五位下に留まっている。

以上、二世嵯峨源氏も、二人の大納言、一人の中納言、三人の参議を出したものの、他はおおむね五位の中級官人に転落し、三世ともなるとほとんどは官位も残らないか、系統によっては名さえも残さないほどの地位の低下を招いたことが特徴的である。

これは公家源氏の地位の源泉が、ひとえに天皇との血縁に基づくミウチ関係によるものであって、独自の権力基盤をまったく持たないことによるものである。賜姓を受けた一世の時代には天皇のミウチ（「近き皇胤」）であったものの、世代が降るにつれ、その時々の天皇との血縁関係は薄れ（「遠き皇胤」）、ミウチ意識もなくなっていったのである。

特に陽成の後に皇統《こうとう》が交替した際には、光孝以前に臣籍に降下した源氏と天皇との等親《とうしん》が大幅に増し、ほとんどミウチとは認識されなかったはずである。もちろん、世代ごとに膨大な数の官人を再生産し続ける藤原氏の官人が、中下級官人の就くべき官職にも就くようになり、他氏族の官人を排除していったことも、大きな要因となっていたものと思われる。それは元皇族であった公家源氏の末裔《まつえい》にも、波及したことであろう。

なお、融の子で大納言まで上った昇の子孫には、地方に下って武士となり、渡辺《わたなべ》氏・松浦《まつら》氏や蒲池《かまち》氏となった者もいるが、それらについては後に述べることとする。

第二章　公家源氏の各流——平安前期

嵯峨《さが》天皇の異母弟である淳和《じゅんな》天皇には、七人の皇子と一〇人の皇女がいたことになっている。「なっている」というのは、大同《だいどう》四年（八〇九）以前には四人の皇子女を儲《もう》けたもの の、弘仁《こうにん》年間（八一〇〜八二四）には一人の皇子女の誕生も伝えられておらず、天長《てんちょう》二年（八二五）以降にはまた一三人の皇子女を儲けているからである。この不自然な状況を、林陸朗氏は、嵯峨太上天皇が源氏賜姓《げんじしせい》の詔《しょう》を出して臣籍降下《しんせきこうか》政策をとっていた弘仁年間に生まれた皇子女が認知されず、史料から消されたものと推測された（林陸朗「淳和・仁明天皇と賜姓源氏」）。

そして退位前年の天長九年（八三二）にいたり、敦子《とんし》・忠子《ちゅうし》・尚子《しょうし》という三人の皇女を、（源氏ではなく）統《むね》氏として臣下に降したのである。『類聚三代格《るいじゅうさんだいきゃく》』に載せられた淳和の勅《ちょく》では、「太上天皇（嵯峨）は自己を専らにすること無く、倹約は深かった」と、その賜姓政策を賞揚してはいるものの、皇子の賜姓に対しては、淳和は消極的であったと言えるであろう（林陸朗「淳和・仁明天皇と賜姓源氏」）。

1　藤原北家の進出と仁明源氏

仁明天皇皇子の源氏賜姓

このままでは、嵯峨《さが》の推進した源氏賜姓《げんじしせい》という方針も、一過性のものに過ぎなくなる可能性もあったのであるが、しかし、天長《てんちょう》十年（八三三）に嵯峨の皇子である仁明《にんみょう》天皇が即位すると、承和《じょうわ》元年（八三四）に道康《みちやす》（皇后藤原順子《じゅんし》所生）、宗康《むねやす》・時康《ときやす》・人康《さねやす》（女御《にょうご》藤原沢子《たくし》所生）を親王としたうえで、承和二年（八三五）四月に他の皇子に対して源氏賜姓の勅《ちょく》を発した（『類聚三代格《るいじゅうさんだいきゃく》』）。「別姓とさせずに、被《こうむ》るに源氏を以てする」ということで、淳和《じゅんな》が賜わった統《むね》氏ではなく、嵯峨が賜わったものと同じ源氏が復活したのである。これらは「承和御後《ごご》」と称された。

こうして、既存の源朝臣《あそん》（嵯峨源氏《さがげんじ》）に歴代天皇の子女を加えることで、公家源氏という

＊［枠］は大臣、［枠］は議政官に上った者

- 仁明天皇
  - 文徳天皇（道康親王）
  - 宗康親王
  - 光孝天皇（時康親王）
  - 人康親王〈弾正尹〉
    - 源興基〈参議〉
    - 源興範〈摂津守〉
    - 源興扶〈侍従〉
  - 本康親王〈式部卿〉
    - 平雅望
      - 希世
      - 随時
    - 行忠王
      - 平佐幹
      - 平佐忠
    - 修平王
    - 源惟時
      - 在寛
    - 源兼似〈大宰大弐〉
    - 源兼仁〈因幡介〉
    - 源朝鑑〈豊後守〉
    - 源朝憲〈丹波介〉
    - 源由道〈備前守〉
      - 輔成〈周防守〉
      - 輔忠
    - 源保望
      - 惟輔
  - 国康親王
  - 成康親王
  - 常康親王

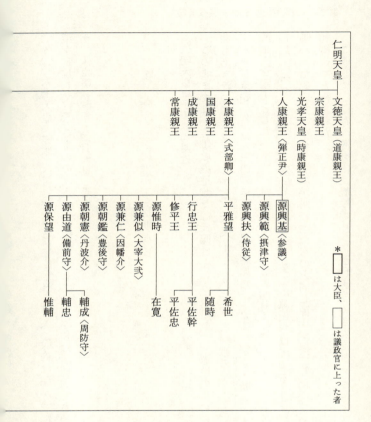

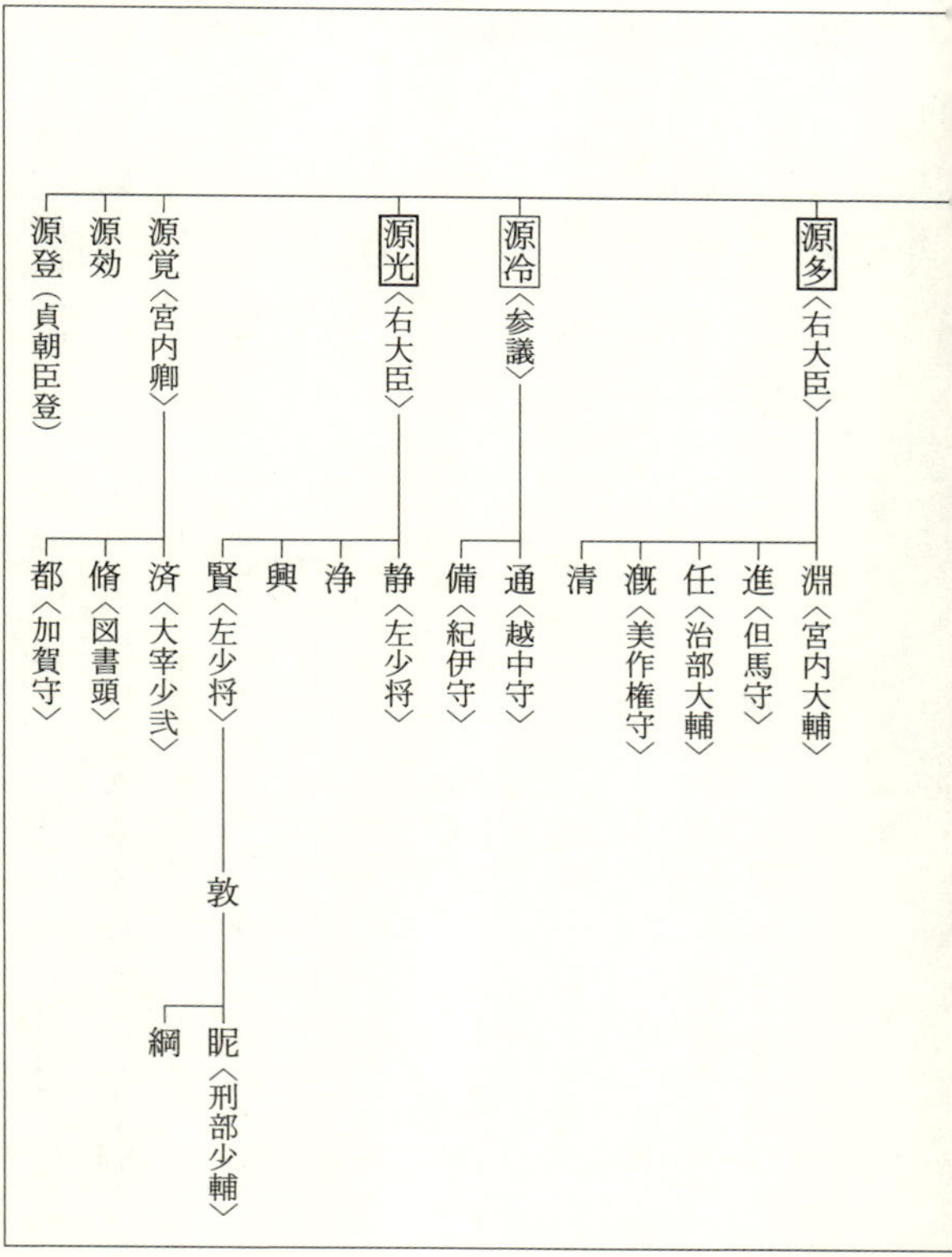

擬《ぎ》制《せい》的同族集団が形成されていったのである（西村健太郎「源氏長者と氏爵」）。

先に述べたように、仁明の代の末年には、実態としては藤原北家《ほっけ》の覇権が確立したのであるが、公卿《くぎょう》の半数以上を嵯峨源氏が占めていたのであり、数のうえでは源氏の最盛期を現出させたかのような様相を呈していた。仁明が嵯峨の政策を受け継いで源氏の賜姓に積極的であったのも、このような政治情勢によるものだったのであろう。

この時、源氏に賜姓されたのは、多《まさる》・登《のぼる》（後に貞《さだ》氏）・冷《すずし》の三人であり、後に光《ひかる》・覚《さとし》・効《ならう》が源氏を賜わっている。親王宣下《しんのうせんげ》を受けた皇子の生母が皇后や女御といった藤原氏の后妃《こうひ》であるのに対し、源氏となった者の生母は、覚が渡来系の山口《やまぐち》氏（名は不明）、登が地方豪族の三国《みくに》氏（名は不明）、他は不明と、いずれも出自や身位《しんい》が低いのが特徴である。

仁明源氏の活躍

源氏の賜姓を受けた仁明の皇子たちは、多は嘉祥《かしょう》二年（八四九）に十九歳で従四位上に叙され、文徳《もんとく》天皇の斉衡《さいこう》元年（八五四）に二十四歳で参議、清和《せいわ》天皇の貞観《じょうがん》十二年（八七〇）に四十歳で中納言、貞観十四年（八七二）に四十二歳で大納言に任じられ、陽成《ようぜい》天皇の元慶《がんぎょう》六年（八八二）に五十二歳で右大臣に上った。左大臣の源融《とおる》が里居《さとい》がちであったことから、上卿《しょうけい》として多くの官符を奉勅宣布《ほうちょくせんぷ》している（『類聚三代格』）。宇多《うだ》天皇の仁和《にんな》四年（八八八）、容色が土のようになり、吐血して気絶し、五十八歳で死去している（『扶桑略《ふそうりゃく》記《き》』）。

冷は嘉祥二年に十六歳で従四位上に叙されたものの、その後の昇進は遅れ、元慶六年に四十九歳で参議に上り、宇多天皇の寛平《かんぴょう》二年（八九〇）に参議のまま五十七歳で死去している。

光は貞観二年（八六〇）に十五歳で従四位上に叙され、元慶八年（八八四）に三十九歳で参議、寛平三年（八九一）に四十六歳で中納言、寛平九年（八九七）に五十二歳で権大納言に任じられ、醍醐《だいご》天皇の延喜《えんぎ》元年（九〇一）に五十六歳で右大臣に上った。藤原時平《ときひら》による菅原道真《すがわらのみちざね》失脚に合力し（『帝王編年記《ていおうへんねんき》』）、道真の後任として任じられたものである。自邸で前栽合《せんざいあわせ》を催すなど（『拾遺和歌集《しゅういわかしゅう》』）、風雅《ふうが》の人であったが、延喜十三年（九一三）に狩猟の際、泥中に馳せ入り、死骸《しがい》が見つからなかったので、死去したものとされた（『日《に》本紀略《ほんきりゃく》』）。六十八歳。邸第《ていだい》に因《ちな》み、「西三条右大臣《にしさんじょううだいじん》」と号した（『公卿補任《くぎょうぶにん》』）。

なお、醍醐の時代を舞台としていると言われる『源氏物語《げんじものがたり》』の光君《ひかるのきみ》は、公式には源朝臣光のはずである。こうして現実にも源朝臣光が存在するなかで主人公の名を光とした紫式部《むらさきしきぶ》の意図は、いかなるものだったのであろうか。

覚は貞観十一年（八六九）に二十一歳で従四位上に叙され、侍従《じじゅう》・右京大夫《うきょうだいぶ》・宮内卿《くないきょう》などを歴任し、元慶三年（八七九）に三十一歳で死去した。「性は聡敏《そうびん》にして学渉《がくしょう》が有る。吏《り》幹《かん》を以て称された」とある（『日本三代実録《にほんさんだいじつろく》』）。

効は貞観十年（八六八）に従四位上に叙され、美作権守《みまさかのごんのかみ》に任じられたが、貞観十七年（八七五）に出家《しゅっけ》した（『日本三代実録』）。

なお、登は生母の三国氏に過失があり、「生母に過失があった時にはその子は源氏を称してはならない」という嵯峨の遺志によって、いったんは僧となり、貞観八年（八六六）に貞朝臣という姓を賜わり、正六位上に叙された（『日本三代実録』）。放氏《ほうし》という処分が下されたことになる。後に備中守《びっちゅうのかみ》に任じられている。

二世源氏の賜姓

仁明源氏《にんみょうげんじ》の特徴は、二世王以下にも源氏を賜わっていることである。道康親王の子の能有《よしあり》・毎有《つねあり》・本有《もとあり》、時康親王の子の是忠《これただ》、是忠の子の和《やわら》・清平《きよひら》などが、まず源氏を賜わったが、道康は即位して文徳天皇、時康も後に光孝《こうこう》天皇となったので、その子たちも一世となり、それぞれ文徳源氏《もんとくげんじ》・光孝源氏《こうこうげんじ》ということになった。

また、仁明第四皇子の人康親王の子の興基《おきもと》が元慶四年（八八〇）、興範《おきのり》と興扶《おきすけ》が元慶六年に、それぞれ源朝臣を賜わった。第五皇子の本康《もとやす》親王の子の兼似《かねあり》・兼仁《かねひと》・朝鑑《あさあき》・朝憲《あさのり》・由道《よしみち》・保望《やすもち》も源朝臣を賜わっている。なお、『尊卑分脈《そんぴぶんみゃく》』では、雅望《まさもち》は平《たいら》朝臣を賜わったことになっている。

た。

仁明源氏の変遷

これらも含めた二世源氏は、人康親王の子の興基が寛平三年三月に参議に任じられた以外は、いずれも八省の輔《すけ》や地方官に任じられるに過ぎなくなっている。その興基も九月に死去し、仁明源氏の議政官《ぎせいかん》は絶えた。それは右大臣を勤めた多や光の子であっても、同様であった。

大臣を勤めた者の子が、これほどまでにその地位を低下させるというのは、藤原氏ではあり得ない事態である。同じ源氏でも、嵯峨源氏は大臣の子は大・中納言や参議に任じられているのに比べて、これは甚《はなは》だしい地位の低下であると言わなければならない。

嵯峨が太上天皇として永く天皇家の長としてその権威を持続させたことに比べて、生来病弱であった仁明が在位中に四十一歳で死去してしまい、この文徳以降の代にまで影響力を及ぼすことができなかったことによるのであろう。

逆に言えば、源氏に賜姓された者のみが、「天皇の藩屏《はんぺい》」として期待され、その子の世代になると、その期待は次の天皇の皇子の源氏に移っていったことが想定できる。

なお、『将門記《しょうもんき》』に登場する、常陸大掾《ひたちのだいじょう》を勤めた後に常陸に留住《りゅうじゅう》（都でも政治的地位を保持した状態）していた源護《まもる》やその子の扶《たすく》・隆《たかし》・繁《しげる》は、その一字名から考えると、嵯峨源氏《さがげんじ》か仁明源氏であったと考えられる。彼らは郡司《ぐんじ》や任用国司《にんようこくし》などの在地豪族《ざいちごうぞく》と結んで、在地で勢力を扶植し、「営所《えいしょ》」と呼ばれる拠点を中心に、直営方式の農業経営を行なっていた。また、馬を飼養すると同時に、製鉄にも関与していたと見られている（福田豊彦『平将門の乱』）。

2　嫡流の確立と文徳源氏

文徳天皇の皇子

仁明《にんみょう》天皇から文徳《もんとく》—清和《せいわ》—陽成《ようぜい》と、藤原北家《ほっけ》と嵯峨《さが》系皇統《こうとう》が結合した嫡系相承が行なわれた。藤原冬嗣《ふゆつぐ》の女《むすめ》である順子《じゅんし》から生まれ、嘉祥《かしょう》三年（八五〇）四月に即位した文徳天皇も、すでに同年三月に藤原良房《よしふさ》の女である明子《めいし》から惟仁《これひと》親王を儲《もう》け、順調に皇位を継承させるものと思われた。しかし、文徳には、すでに紀名虎《きのなとら》の女の静子《せいし》から惟喬《これたか》親王（当時七歳）と惟条《これえだ》親王、滋野奥子《しげののおくし》から惟彦《これひこ》親王が生まれており、第四皇子惟仁の将来も楽観できるものではなかった。

ただ、名虎はすでに死去しており、惟喬の後見《こうけん》は弱く、惟仁に比肩できるものではなかった。嘉祥三年十一月、生後八箇月の惟仁が皇太子に立てられた（『日本文徳天皇実録《にほんもんとくてんのうじつろく》』）。文徳は病弱で、このまま若死してしまうと、赤子の天皇が即位することとなる。良房にとっても、頭の痛いことだったであろう。

文徳源氏の誕生

仁寿《にんじゅ》三年（八五三）二月、文徳は源氏賜姓《げんじしせい》の勅《ちょく》を発した（『類聚三代格《るいじゅうさんだいきゃく》』）。嵯峨天皇の先例を踏襲したものである。そして皇子六人、皇女五人が源氏とされた（『日本文徳天皇実録』『一代要記《いちだいようき》』）。これらは「天安御後《てんあんごご》」と称された。

文徳の皇子のうち、親王宣下《しんのうせんげ》を受けた一五人の生母は、中宮藤原明子（惟仁・儀子《ぎし》）・女御《にょうご》紀静子（惟喬・惟条・恬子《てんし》・述子《じゅつし》・珍子《ちんし》）・女御滋野奥子（惟彦・濃子《のうし》・勝子《しょうし》）・藤原令子《れいし》（惟恒《これつね》・礼子《れいし》・楊子《ようし》）・藤原則子《そくし》（晏子《あんし》・慧子《けいし》）と、身位《しんい》の高い者か藤原氏であった。それに対し、源氏賜姓を受けた一五人の生母は、伴《とも》氏（能有《よしあり》）・丹墀《たじひ》氏（毎有《つねあり》）・清原《きよはら》氏（時有《ときあり》）・滋野氏（本有《もとあり》・載有《としあり》・滋子《じし》）・菅原《すがわら》氏（定有《さだあり》・富子《ふし》）・布勢《ふせ》氏（行有《ゆきあり》）・不明（富有《とみあり》・憑子《ひょうし》・謙子《けんし》・奥子・列子《れっし》・済子《さいし》）と、いずれも出自が低く、后妃《こうひ》としての身位が低い者であった。

親王宣下を受けた皇子がいずれも「惟」を通字とし、源氏賜姓を受けた皇子がいずれも「有」を通字としていることから、賜姓の勅が発せられる以前、すでに皇太子時代にその生母によって源氏賜姓者が区別されていたと考えられている（林陸朗「賜姓源氏の成立事情」）。

*□は大臣、□は議政官に上った者

- 文徳天皇
  - 惟喬親王〈大宰帥〉—兼覧王〈神祇伯〉
  - 惟条親王〈上総守〉—景式王
  - 清和天皇（惟仁親王）
  - 惟彦親王〈中務卿〉—惟世王—平寧幹〈能登守〉
  - 惟恒親王〈兵部卿〉
  - 源毎有
  - 源能有〈右大臣〉
    - 当元〈讃岐介〉—人鑑〈因幡守〉—兼遠〈備中介〉—崇年
    - 当時〈中納言〉
      - 忠相〈左少将〉
        - 為泰
        - 為国
      - 相平〈左近将監〉
      - 相職〈右大弁〉
        - 惟繇
        - 惟正〈参議〉
          - 遠古〈伊勢守〉
          - 遠節
          - 遠理〈左将監〉
          - 兼宣〈式部丞〉
          - 惟章〈左少将〉
          - 兼業〈薩摩守〉
          - 兼資〈伊予守〉
          - 兼相〈紀伊守〉
        - 惟長
        - 惟光
      - 当相
      - 相明
      - 相国〈伊勢守〉
        - 忠直〈典薬助〉
        - 忠教〈木工頭〉
        - 忠信〈帯刀〉
        - 弘景〈因幡守〉
        - 忠光〈左衛門尉〉
        - 忠義〈弾正忠〉

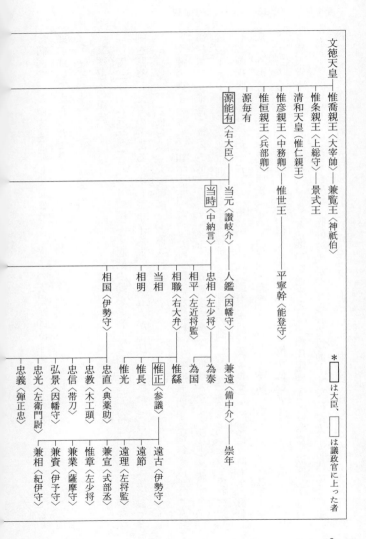

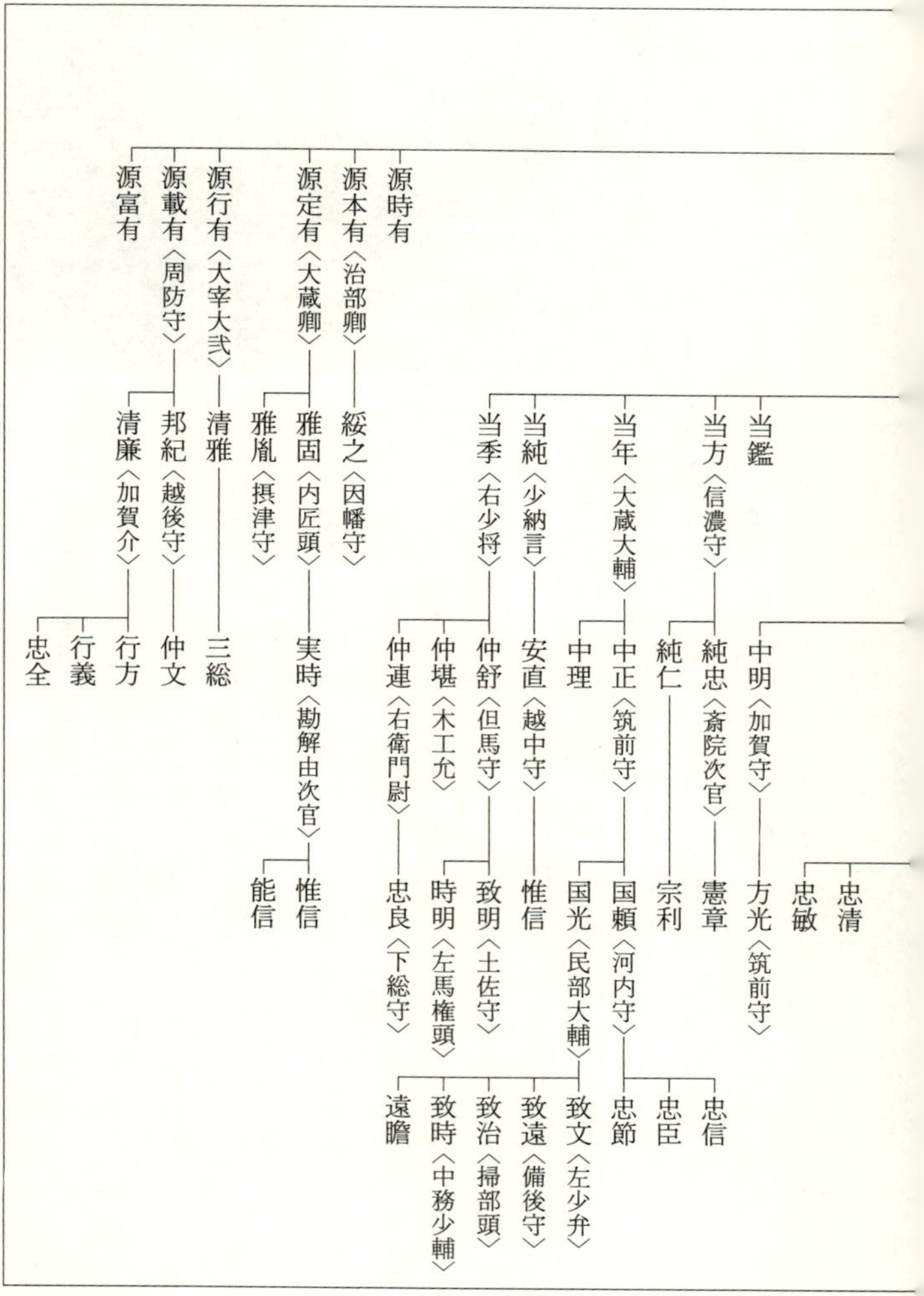
源時有
源本有〈治部卿〉
源定有〈大蔵卿〉
源行有〈大宰大弐〉
源載有〈周防守〉
源富有
綏之〈因幡守〉
雅固〈内匠頭〉
雅胤〈摂津守〉
清雅
邦紀〈越後守〉
清廉〈加賀介〉
当鑑
当方〈信濃守〉
当年〈大蔵大輔〉
当純〈少納言〉
当季〈右少将〉
中明〈加賀守〉
純忠〈斎院次官〉
純仁
中正〈筑前守〉
中理
安直〈越中守〉
仲舒〈但馬守〉
仲堪〈木工允〉
仲連〈右衛門尉〉
実時〈勘解由次官〉
三総
仲文
行方
行義
忠全
忠清
忠敏
方光〈筑前守〉
憲章
宗利
国頼〈河内守〉
国光〈民部大輔〉
惟信
致明〈土佐守〉
時明〈左馬権頭〉
忠良〈下総守〉
惟信
能信
忠信
忠臣
忠節
致文〈左少弁〉
致遠〈備後守〉
致治〈掃部頭〉
致時〈中務少輔〉
遠瞻

近院故地（源能有）

源能有の活躍と子孫

源氏賜姓を受けた文徳皇子たちは、能有のみが右大臣に上り、本有と定有が八省の卿《かみ》に任じられたものの、他は地方官で終わった（富有は官位不明）。

能有は文徳の第一子であったが、九歳で源氏賜姓を受け、清和天皇の貞観《じょうがん》十四年（八七二）に二十八歳で参議に任じられ、陽成天皇の元慶《がんぎょう》六年（八八二）に三十八歳で中納言、宇多《うだ》天皇の寛平《かんぴょう》三年（八九一）に四十七歳で大納言に上り、寛平八年（八九六）七月に五十二歳で右大臣に任じられた。この間、宇多を補佐して、果断な政策を断行したとされる（春名宏昭『〈謀反〉の古代史』）。十二月に左大臣藤原良世《よしよ》が死去してからは、太政官首班の座に立ったものの、翌寛平九年（八九七）六月に死去した。五十三歳（『日本紀略《にほんきりゃく》』）。邸第《ていだい》に因み、「近院大臣《こんいんだいじん》」と号した（『公卿補任《くぎょうぶにん》』）。

この間、寛平四年（八九二）、大納言の時に勅を受け、国史《こくし》（『日本三代実録《にほんさんだいじつろく》』）編修を命じられたことが特筆される（『日本紀略』）。藤原時平《ときひら》や菅原道真《すがわらのみちざね》を従えてのことであった。

しかし、能有のこの活躍は、文徳源氏《もんとくげんじ》の最年長であったことによるものではない。能有は藤原基経《もとつね》の女である滋子を妻としており、その所生の昭子《しょうし》が藤原忠平《ただひら》と結婚し、藤原師輔《もろすけ》を産んでいるのである。後世により顕著になる、公家源氏と藤原摂関家《せっかんけ》との結合による、公家源氏の摂関家への取り込みが、早くも始まっているのである。

なお、能有の子の世代では、当時《まさとき》が中納言に上っているが、他は中級貴族で終わっている。当時は延喜《えんぎ》二十一年（九二一）に死去するが、骸骨《がいこつ》を粉として一器に入れ、東山《ひがしやま》の寺に安置したという記録が残っている（『類聚雑例《るいじゅうざつれい》』）。当時の孫の惟正《これまさ》は参議に上っているが、他は地方官に留まることになる。惟正の女は、『小右記《しょうゆうき》』の記主である藤原実資《さねすけ》の妻となった（『藤原義孝集《ふじわらのよしたかしゅう》』）。惟正の曾孫《そうそん》である公則《きんのり》の系統は、後に河内《かわち》を地盤とする武士となり、坂《さか》戸源氏《とげんじ》と称して白河《しらかわ》院の北面《ほくめん》の武士を勤めることになる。

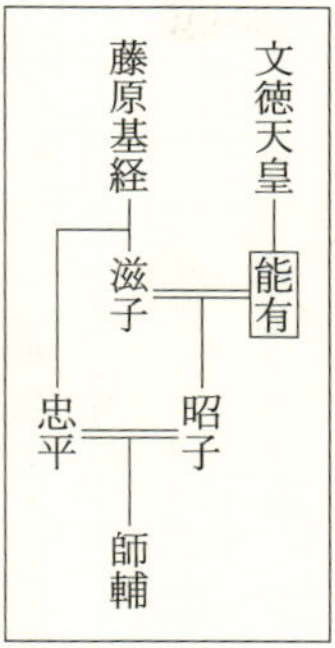

仁明天皇の場合、まだ文徳―清和―陽成という皇統と、光孝《こうこう》―宇多―醍醐《だいご》という皇統の両方の祖であったので、仁明源氏《にんみょうげんじ》もそれなりに重んじられたのであろうが、文徳―清和―陽成という皇統から降下した源氏にとっては、皇統が光孝―宇多―醍醐と替わってからは、天皇とのミウチ意識も、より薄れていったものと思われる。

文徳源氏・清和源氏《せいわげんじ》・陽成源氏《ようぜいげんじ》の地位の低下も、その時々の天皇との等親《とうしん》の大幅な拡大に伴うもので、致し方のないものだったのである。しかし、それが逆に、平安京《へいあんきょう》における貴族としての栄達という望みを早くに放棄し、地方に降って武士化する系統も生むことになったのは、皮肉なことである。

3　前期摂関政治と清和源氏

清和源氏《せいわげんじ》は、おそらくもっとも有名な源氏であろう。ただしそれは、公家《くげ》の賜姓源氏《しせいげんじ》としてではなく、中世に鎌倉幕府《かまくらばくふ》や室町幕府《むろまちばくふ》を開いた源氏や足利《あしかが》氏、また近世に江戸幕府《えどばくふ》を開いた徳川《とくがわ》家の自称（僭称《せんしょう》）としてのもの、つまり武家源氏としてのものである。

ここでは、武家源氏については他書に譲ることとして、天安《てんあん》二年（八五八）に九歳という幼少で即位した清和天皇の皇子が賜姓を受けた公家の源氏について説明することとする。

清和天皇の皇子

清和天皇の皇子は、すべて即位後に出生したものである。貞観《じょうがん》八年（八六六）、藤原基経《もとつね》の妹である二十五歳の高子《こうし》が、十七歳の清和の後宮《こうきゅう》に入内《じゅだい》して女御《にょうご》となった。高子は貞観十年（八六八）十二月に、貞明《さだあきら》親王を産んだ（『日本三代実録《にほんさんだいじつろく》』）。後の陽成《ようぜい》天皇である。

なお、仁明《にんみょう》から文徳《もんとく》・清和・陽成・光孝《こうこう》・宇多《うだ》の六代は、在位中に皇后を立てることはなく、所生の皇子が即位した後に、皇太夫人《こうたいぶにん》にするという方策がとられた。令制の皇后―妃《ひ》―夫人《ぶにん》―嬪《ひん》といった後宮制度は見直され、皇后―女御《にょうご》―更衣《こうい》という序列に再編された。

清和の女御としては、他に基経女《むすめ》の佳珠子《かずし》と棟貞《むねさだ》王女の嘉子《かし》女王などがいた。嘉子女王が産んだのが、後に武家源氏の祖とされる貞純《さだずみ》親王である。結局、清和は一四人の皇子と五人の皇女を儲《もう》けている。

清和源氏の誕生

摂政《せっしょう》、後に太政大臣《だいじょうだいじん》となった藤原良房《よしふさ》は、貞観十四年（八七二）九月に死去した。その数日前、貞観十二年（八七〇）に大納言に上ったばかりの基経が右大臣に任じられ、後継者としての地位に上った。

そして翌貞観十五年（八七三）四月二十一日、清和は皇子賜姓の勅《ちょく》を発した（『類聚三代格《るいじゅうさんだいきゃく》』『日本三代実録』）。これを良房の死去と関連付けるべきなのかどうかは、明らかではない。その勅では、「願わくは頗《すこぶ》る旧章を変えて、惣《すべ》て源氏としたい」と言ってはいるものの、「止むを得ない者は、択《えら》んで親王とする」と続けている。

実際には、この日、皇子五人（貞固《さだかた》・貞元《さだもと》・貞保《さだやす》・貞平《さだひら》・貞純）・皇女三人（孟子《もうし》・包子《ほうし》・敦子《とんし》）を親王・内親王にし、皇子三人（長猷《ながかず》・長淵《ながふち》・長鑒《ながあき》）・皇女一人（載子《さいし》）を源氏に賜姓している（『日本三代実録』）。その後に生まれた皇子四人（貞辰《さだとき》・貞数《さだかず》・貞真《さだざね》・貞頼《さだより》）・皇女一人（識子《しきし》）は親王・内親王にし、皇子一人（長頼《ながより》）に源氏を賜わっている（『日本三代実録』）。これらの清和源氏は「貞観御後《ごご》」と称された。

親王宣下《しんのうせんげ》を受けた皇子が、いずれも生母が藤原氏か女王、橘《たちばな》氏、在原《ありはら》氏で、諱《いみな》に「貞」を通字としているのに対し、源氏に賜姓された皇子は、生母が賀茂《かも》氏（長猷・載子）・大野《おおの》氏（長淵）・佐伯《さえき》氏（長鑒・長頼）といずれもその地位が低く、諱に「長」を通字としていることは、これも賜姓の勅が発せられる以前に、その生母によって源氏賜姓者が区別されていたと考えるべきであろう。

特に、大して父の地位が高くなく、身位《しんい》も更衣に過ぎない藤原氏出身の女性が産んだ皇子女も親王・内親王とされていることは、藤原氏への遠慮が存在したものとされている（林陸朗「賜姓源氏の成立事情」）。

また、どうもこの時期、清和と基経との微妙な関係が、何らか反映しているようにも思えてくる。清和は基経に対し、太政大臣への任官を何度も望んだが、基経がこれを承けること

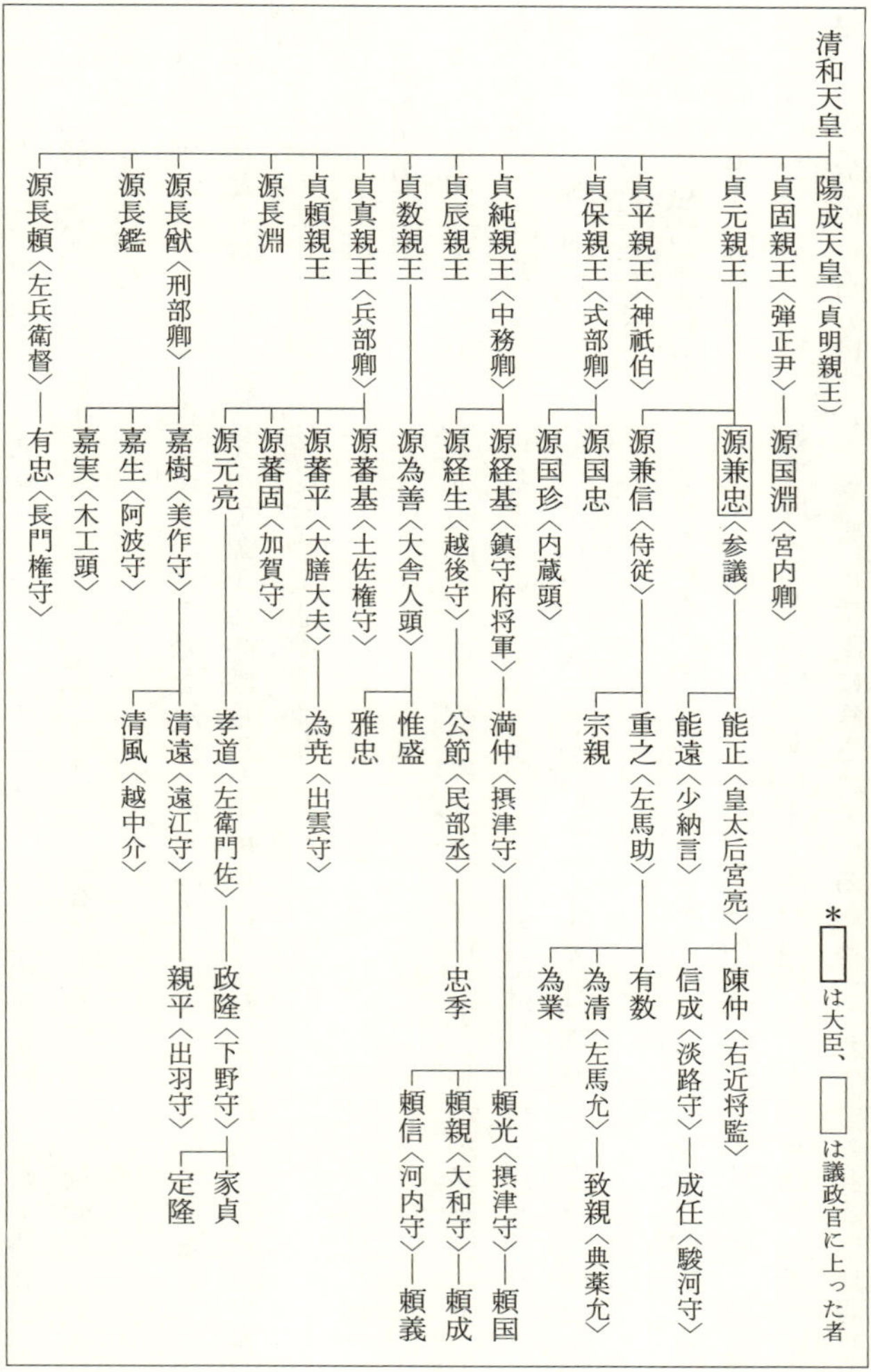
＊□は大臣、□は議政官に上った者
清和天皇
陽成天皇〈貞明親王〉
貞固親王〈弾正尹〉―源国淵〈宮内卿〉
貞元親王
源兼忠〈参議〉
能正〈皇太后宮亮〉
陳仲〈右近将監〉
信成〈淡路守〉―成任〈駿河守〉
能遠〈少納言〉
源兼信〈侍従〉
重之〈左馬助〉
有数
為清〈左馬允〉―致親〈典薬允〉
為業
宗親
貞平親王〈神祇伯〉
貞保親王〈式部卿〉
源国忠
源国珍〈内蔵頭〉
貞純親王〈中務卿〉
源経基〈鎮守府将軍〉―満仲〈摂津守〉
頼光〈摂津守〉―頼国
頼親〈大和守〉―頼成
頼信〈河内守〉―頼義
源経生〈越後守〉―公節〈民部丞〉―忠季
貞辰親王
貞数親王
源為善〈大舎人頭〉
惟盛
雅忠
貞真親王〈兵部卿〉
源蕃基〈土佐権守〉
源蕃平〈大膳大夫〉―為堯〈出雲守〉
源蕃固〈加賀守〉
源元亮
孝道〈左衛門佐〉―政隆〈下野守〉
家貞
定隆
貞頼親王
源長淵
源長猷〈刑部卿〉
嘉樹〈美作守〉
清遠〈遠江守〉―親平〈出羽守〉
清風〈越中介〉
嘉生〈阿波守〉
嘉実〈木工頭〉
源長鑑
源長頼〈左兵衛督〉―有忠〈長門権守〉

はなかったのである。そして貞観十八年（八七六）、清和は譲位《じょうい》の儀を行なった。清和はまだ二十七歳、貞明皇太子は九歳であった。清和太上天皇が死去したのは、元慶《がんぎょう》四年（八八〇）のことであった。

なお、勅に「その後の一世は速やかに王号を停め、即ち朝臣《あそん》を賜う」と言っているように、二世王にあたる親王の子は、すべて源氏に賜姓された。史料に名が見えるのは、一二人である。そのなかに、武家源氏の祖とされる源経基《つねもと》がいる。

清和源氏の活躍

これら清和源氏のなかで、一世の四人では、『尊卑分脈《そんぴぶんみゃく》』では長猷と長鑑が従三位に上ったとあるが、『公卿補任《くぎょうぶにん》』には見えない。『尊卑分脈』には、長猷は刑部卿《ぎょうぶきょう》に任じられたとあるが、長鑑の官職は記されていない。なお、長頼は正四位下左兵衛督《さひょうえのかみ》、長淵は従四位上と『尊卑分脈』は伝える。

『紀家集《きかしゅう》』紙背文書《しはいもんじょ》に見える「従三位源長猷申文」という史料によると、長猷は醍醐《だいご》天皇の延喜《えんぎ》十七年（九一七）八月五日、「天恩を蒙《こうむ》って参議の欠に補されることを請う状」を上奏した。ここでは、「源氏の姓を賜わった者は、弘仁《こうにん》年中から始めて、大臣を極めた者が相継いで絶えない。自分は宰相《さいしょう》（参議）の位階に叙されているから、これまでの源氏に比肩しないならば、朝政に論じると、欠如と称すべきである」と述べ、参議に任じられることを請うたものの、翌延喜十八年（九一八）九月に死去してしまった。

その後、二世源氏では、兼忠《かねただ》が天暦《てんりゃく》八年（九五四）に五十四歳で参議に任じられた。これが清和源氏で唯一の議政官《ぎせいかん》となる。鎌倉時代の頼朝《よりとも》の権大納言任官など、後世の武家源氏を除けば、であるが。なお、兼忠は天徳《てんとく》二年（九五八）に死去している。

他の二世清和源氏は、ほとんどが地方官に任じられているに過ぎない。

清和源氏低迷の事情

以上、清和源氏の地位が、これまでの公家源氏に比べても、きわめて低迷していたことを確認した。その背景としては、彼らが官人として出身した頃には、すでに皇統《こうとう》が替わってい て、その時の天皇からは、ほとんどミウチ意識を感じてもらえなかったことがあったものと思われる。清和や陽成の早期の退位が影響したのである。

治部卿《じぶきょう》や中務卿《なかつかさきょう》を歴任し、上総《かずさ》や常陸《ひたち》の太守《たいしゅ》ともなった貞純親王の子で、臣籍《しんせき》に降下《こうか》した源経基（経基王）は、朱雀《すざく》天皇の天慶《てんぎょう》二年（九三九）頃に賜姓されたとされるが、すでに時代は文徳—清和—陽成の皇統を離れて久しく、中央における貴族としての栄達は、とうてい望むべくもなかった。彼の子孫が武家源氏となったのは、公家として活躍することに早く

六孫王神社（源経基）

に見切りをつけ、別の道を歩み始めることを目指したからに他ならなかったのである。

やがて経基は、「未だ兵《つわもの》の道に練れていない」（『将門記《しょうもんき》』）と揶揄《やゆ》されたものの、天慶の乱の僥倖《ぎょうこう》による「功績」（はじめは単なる誣告《ぶこく》だったのだが）によって鎮守府将軍《ちんじゅふしょうぐん》に任じられ、その子の満仲《みつなか》は軍事貴族として摂関家《せっかんけ》に接近していくことになる。

なお、「源頼信告文《よりのぶこうもん》」（『石清水文書《いわしみずもんじょ》』）に依拠して、経基の系統を陽成源氏《ようぜいげんじ》とみる説が、明治時代に星野恒によって提唱されたが、ここでは措《お》いておく。

源氏以外の賜姓

清和の代の特色として、多くの諸王に様々な姓を賜い、臣籍に降下させていることが挙げられる。それは貞観元年（八五九）から貞観十六年（八七四）にかけて、ほぼその在世のすべての期間にわたって続けられた。

天智《てんじ》系・天武《てんむ》系にわたり、世系を重ねた諸王に、清原真人《きよはらのまひと》（二一名）・三原《みはら》朝臣（一名）・平《たいら》朝臣（二九名）・清春《きよはる》真人（一名）・淡海《おうみ》真人（八名）・高階《たかしな》真人（二名）・文室《ふんや》真人（一九名）を賜わっている（江渡俊裕「賜姓源氏創出の論理と変遷」）。

清和の代は諸王に対する政策がうちだされている点が特徴であると言えよう（相曽貴志「皇親時服について」）。この時期から源氏賜姓創出の論理が転換し、財政圧迫に対応したものになったとの指摘もある（江渡俊裕「賜姓源氏創出の論理と変遷」）。

4　皇統断絶と陽成源氏

陽成天皇と摂政藤原基経

貞観《じょうがん》十八年（八七六）、九歳の貞明《さだあきら》皇太子が即位して、ふたたび幼帝《ようてい》が誕生し（陽成《ようぜい》天皇）、藤原基経《もとつね》は摂政《せっしょう》に補された。ところがこの頃から、基経は里第《りてい》の堀河第《ほりかわてい》に籠り、しきりに辞表を提出するという挙に出た（『日本三代実録《にほんさんだいじつろく》』）。元服《げんぷく》が近付き、政治意思を示し始めた陽

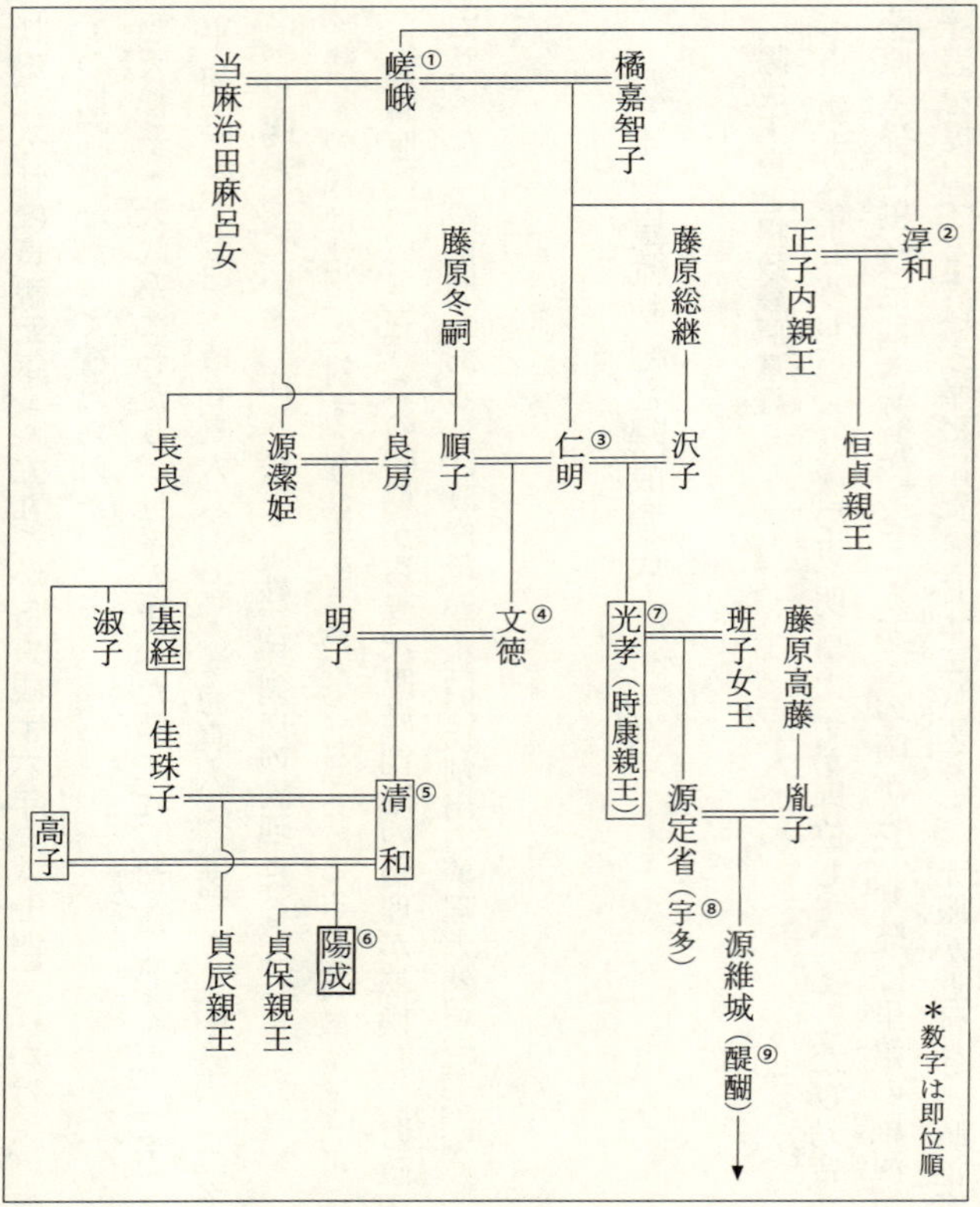
淳和②
正子内親王
恒貞親王
橘嘉智子
嵯峨①
当麻治田麻呂女
藤原総継
沢子
仁明③
藤原冬嗣
順子
良房
源潔姫
長良
藤原高藤
胤子
班子女王
光孝⑦（時康親王）
文徳④
明子
基経
淑子
源定省（宇多）⑧
源維城（醍醐）⑨
清和⑤
佳珠子
高子
陽成⑥
貞保親王
貞辰親王
＊数字は即位順

成に対する不満が伏在していたのであろう。

陽成が元慶《がんぎょう》六年（八八二）正月に十五歳で元服すると、さっそく、基経は陽成が万機《ばんき》を親裁《しんさい》することを請うて、摂政の辞表を提出した。基経の里居《さとい》は続き、元慶七年（八八三）には実務官人が基経の籠っていた堀河第で庶務を処理するようになっていた（『日本三代実録』）。

陽成天皇の退位

そして元慶八年（八八四）二月、陽成は十七歳で退位させられ、代わりに基経によって、仁明《にんみょう》天皇の皇子で二世代も遡《さかのぼ》る五十五歳の時康《ときやす》親王が擁立された（光孝《こうこう》天皇）。

陽成の退位については、元慶七年十一月に内裏《だいり》で起こった格殺《かくさつ》事件の責任を取らせたのであると考える説が根強い。しかし、これは殺人事件ではなく過失致死程度のことだったのであって（しかも、陽成が犯人であったとはどこにも書かれていない）、陽成が母后藤原高子《こうし》を後ろ楯《だて》として親政《しんせい》を断行する懼《おそ》れが強かったという理由で、基経が陽成の廃位《はいい》を実行に移したと考えるべきであろう（角田文衞「陽成天皇の退位」）。

後世には数々の陽成の乱行《らんぎょう》説話が生まれてくるのも（『扶桑略記《ふそうりゃくき》』など）、本来は天皇家嫡流《ちゃくりゅう》でありながら、無理やりに皇位から降ろされ、皇統《こうとう》を嗣《つ》ぐことができなかった陽成に対し、基経を祖とする摂関家《せっかんけ》と、光孝を祖とする天皇家が、説話を創作した結果であろう（倉本一宏『平安朝　皇位継承の闇』）。後世、『扶桑略記』に収められた陽成の乱行説話が『宇《う》多天皇御記《だてんのうぎょき》』とされたのも、何やら示唆的である。

陽成源氏の誕生

陽成はこの後も、太上天皇として長寿を保ち、天暦《てんりゃく》三年（九四九）九月に八十二歳で死去した。退位後に、元慶八年（八八四）に生まれた清蔭《きよかげ》、寛平《かんぴょう》元年（八八九）に生まれた元《もと》良《よし》親王など、陽成は皇子七人・皇女二人を儲《もう》けた。

そして清蔭・清鑒《きよみ》・清遠《きよとお》の三人は、いずれかの時期に源氏《げんじ》の賜姓《しせい》を受けた。ただし、これまでの例と異なるのは、賜姓の勅《ちょく》が出されていないということである。『尊卑分脈《そんぴぶんみゃく》』では、延長《えんちょう》三年（九二五）五月二十日のことであるという。これらは「元慶御後《ごご》」と称された。

親王・内親王の宣下を受けた六人の生母が、元良と元平《もとひら》が藤原氏、元長《もとなが》・元利《もととし》・長子《ちょうし》・儼子《げんし》が姣子《こうし》女王であり、皇子は「元」を通字とするのに対し、源氏の賜姓を受けた三人の生

陽成天皇
- 元良親王〈兵部卿〉
  - 佐材王
  - 佐時王〈中務大輔〉
  - 佐頼王〈大舎人頭〉

*□は大臣、□は議政官に上った者

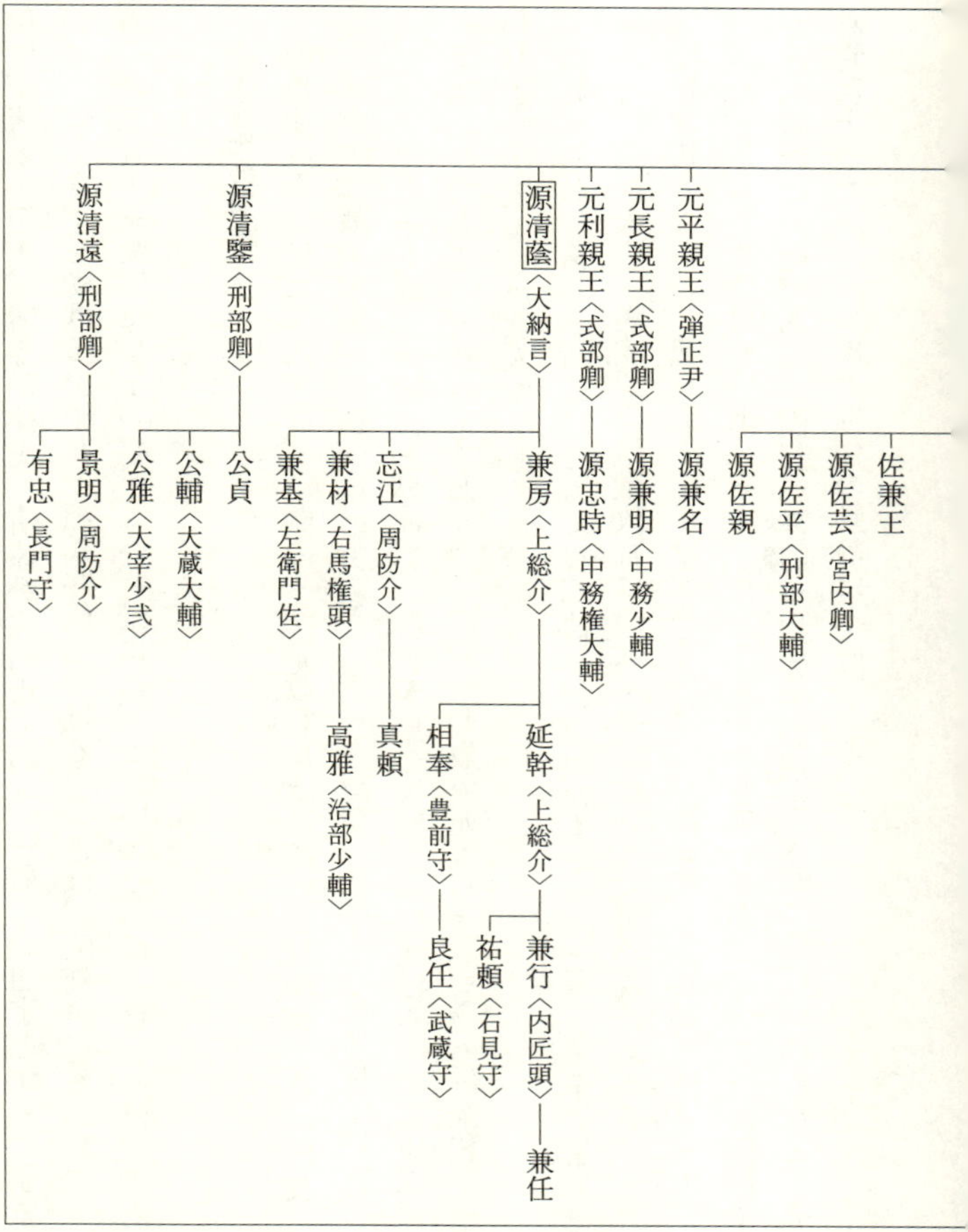

佐兼王
源佐芸〈宮内卿〉
源佐平〈刑部大輔〉
源佐親
元平親王〈弾正尹〉
源兼名
元長親王〈式部卿〉
源兼明〈中務少輔〉
元利親王〈式部卿〉
源忠時〈中務権大輔〉
源清蔭〈大納言〉
兼房〈上総介〉
延幹〈上総介〉
兼行〈内匠頭〉
兼任
祐頼〈石見守〉
相奉〈豊前守〉
良任〈武蔵守〉
忘江〈周防介〉
真頼
兼材〈右馬権頭〉
高雅〈治部少輔〉
兼基〈左衛門佐〉
源清鑒〈刑部卿〉
公貞
公輔〈大蔵大輔〉
公雅〈大宰少弐〉
源清遠〈刑部卿〉
景明〈周防介〉
有忠〈長門守〉

母は、清蔭が紀《き》氏、清鑒が伴《とも》氏、清遠が佐伯《さえき》氏であり、「清」を通字とする。すでに早い時期に、親王宣下《しんのうせんげ》を受ける皇子女と源氏賜姓を受ける皇子とは、区別が行なわれていたのである。親王宣下を受けた皇子の率が高い背景には、どういった事情が存在したのであろうか。

陽成源氏の活躍

源氏賜姓を受けた三人では、清蔭のみが議政官《ぎせいかん》に上っている。醍醐《だいご》天皇の延長三年（九二五）に四十二歳で参議、朱雀《すざく》天皇の天慶《てんぎょう》二年（九三九）に五十六歳で権中納言、天慶五年（九四二）に五十九歳で中納言と昇進し、村上《むらかみ》天皇の天暦二年（九四八）に六十五歳で大納言に至ったのである。天暦四年（九五〇）に六十七歳で死去している。『後撰和歌集《ごせんわかしゅう》』『拾遺《しゅうい》和歌集《わかしゅう》』に入集した歌人でもあった。

これに対し、清鑒と清遠はともに従三位に叙されたものの、これもともに刑部卿《ぎょうぶきょう》に任じられたに過ぎない。陽成源氏《ようぜいげんじ》の議政官は一人で十分とされたかの観がある。

二世源氏となると、元良親王の子は、四人が諸王のままであったが、佐芸《すけのり》・佐平《すけひら》・佐親《すけちか》の三人は源氏賜姓を受けた。七人とも「佐」を通字としているが、どのような基準で臣籍に降されたのかは不明である。佐芸が宮内卿《くないきょう》、佐平が刑部大輔《ぎょうぶのたいふ》に任じられるなど、それなりの高官に上ったが、その次の世代の動静は不明である。

また、元平親王の子の兼名《かねな》、元長親王の子の兼明《かねあきら》、元利親王の子の忠時《ただとき》が源氏の賜姓を受け、兼明と忠時は中務省《なかつかさしょう》の輔《すけ》に任じられた。

清蔭・清鑒・清遠の子の世代は、ほとんどが地方官、しかも次官の介《すけ》に任じられている。やはり皇統の交替は、陽成源氏に苛酷《かこく》な未来をもたらしたことになる。陽成太上天皇は、どのような気持ちで、子孫たちの動静を見ていたであろうか。

奨学院故地

奨学院について

ここで、後世、源氏長者《げんじちょうじゃ》と関連が深いと言われる奨学《しょうがく》院《いん》に触れておこう。源氏長者については後に述べるとして、奨学院とは何なのであろうか。

『国史大辞典』（久木幸男氏執筆）の説明を要約すると、奨学院とは王氏すなわち皇族出身氏族の氏院《うじのいん》で、大学別曹《だいがくべっそう》つまり大学付属機関の一つである。藤原氏の勧学院《かんがくいん》の西、大学の南にあたるので、勧学院と同じく南曹《なんそう》と呼ばれた。元慶五年（八八一）、平城《へいぜい》天皇の孫の在原行平《ありはらのゆきひら》（業平《なりひら》の兄）が勧学院にならって一族（「宗室の苗緒《びょうしょ》」）出身大学生の寄宿舎として設立し、昌泰《しょうたい》三年（九〇〇）に大学別曹としての指定を受けた。勧学院に次ぐ有力な別曹として発展し、源・平・大江《おおえ》・清原《きよはら》・中原《なかはら》など王氏を称する諸氏の学生《がくしょう》が在籍していたほか、同族の集会所となるなど氏院としての機能も果たしている。十世紀後半には奨学院年挙《ねんきょ》の特権を得て在籍学生は無試験で諸国掾《じょう》に任官できるようになったが、十一世紀頃から経営財源の荘園《しょうえん》が次第に失われ、別曹としての実質もなくなっていった。

このように、皇族の子孫である王氏全体の大学別曹や氏院として位置付けられており、当然ながら公家源氏も有力な成員としてここに結集していたのであるが、その創設は陽成の時代であったという。奨学院の長官である別当《べっとう》は王氏の筆頭公卿《くぎょう》が就いたものと思われるが、大学別曹として認可された当時で言うと、すでに在原氏の公卿はほぼいなくなっており、公家源氏によって勤められていたという（岡野友彦『源氏と日本国王』）。昌泰三年当時の源氏の公卿は、大納言源光《ひかる》（仁明源氏《にんみょうげんじ》）、中納言源希《まれ》（嵯峨源氏《さがげんじ》）、参議源貞恒《さだつね》（光孝源氏《こうこうげんじ》）・源湛《たたう》（嵯峨源氏）・源昇《のぼる》（嵯峨源氏）の五人である。在原行平の子の友于《ともゆき》も参議を勤めているが、初代奨学院別当としては光が穏当なところであろう。

5　新皇統と光孝源氏

皇統の交替

陽成《ようぜい》天皇の退位によって元慶《がんぎょう》八年（八八四）二月に即位した光孝《こうこう》天皇であったが、藤原基経《もとつね》の思惑とは異なり、一代限りで終わることはなかった。先に述べたように、即位の時点では、基経は将来、女《むすめ》の佳珠子《かずし》が産んだ外孫《がいそん》の貞辰《さだとき》親王を擁立しようとしていたものと思われるが、陽成の上皇権や皇太后藤原高子《こうし》の政治介入を排除するために、陽成と高子を排除し、一切のミウチ関係を放棄して、四十三歳の高子より高齢の天皇として、五十五歳の光孝を擁立したのである（瀧浪貞子「陽成天皇廃位の真相」）。後に寛平《かんぴょう》八年（八九六）、高子は自らが建立した東光寺《とうこうじ》の座主善祐《ざすぜんゆう》と密通したという嫌疑によって、皇太后の地位も廃されている。

『神皇正統記《じんのうしょうとうき》』では、光孝の即位に日本の歴史の画期を認め、光孝より以前は一向に上古《じょうこ》であるとしたうえで、光孝からは藤原氏の摂関《せっかん》も他流に移らず、上は光孝の子孫が天照大神《あまてらすおおみかみ》の正統と定まり、下は基経の子孫が天児屋《あめのこやねのみこと》命の嫡《ちゃくりゅう》流となった、これは皇祖神《こうそしん》天照大神と藤原氏の祖先神天児屋命の盟約《めいやく》が現実の世界で実現したものと断じている。

これ以降も光孝の忌日《きにち》は国忌《こき》として、政務を休み、歌舞音曲《かぶおんぎょく》を慎んで国家による追善法要が営まれることとなる。もちろん、清和《せいわ》や陽成にそのような措置がとられることはなかった。

光孝源氏の誕生

当然のことながら、光孝（時康《ときやす》親王）は即位の前に多くの王子女を儲《もう》けていた。まず清和天皇の貞観《じょうがん》十一年（八六九）九月、二品中務卿《なかつかさきょう》の時康親王は上表《じょうひょう》して、女子の禄は少ないのでそのままにしておいても公損《こうそん》は少ないので、男子のみを賜姓《しせい》し、宗室朝臣《むねやのあそん》とするよう請うているが、この上表は許されなかった。そこで翌貞観十二年（八七〇）二月、改めて上表し、「弘仁《こうにん》朝廷の苗緒《びょうしょ》」として、「源氏《げんじ》の末」に編まれることを請うた。清和はこれを許し、従四位下散位《さんい》元長《もとなが》王・従四位下侍従《じじゅう》兼善《かねよし》王・無位名実《なざね》王・篤行《あつゆき》王・最善《もよし》王・近善《ちかよし》王・音恒《おとつね》王・是恒《これつね》王・旧鑑《もとみ》王・貞恒《さだつね》王・成蔭《なりかげ》王・清実《きよざね》王・是忠《これただ》王・是貞《これさだ》王の一四人に源朝臣の姓を賜わった（『日本三代実録《にほんさんだいじつろく》』）。時康が親王の時の賜姓であるから、これらは二世の仁明源《にんみょうげん》氏《じ》として賜姓されたことになる。もちろん、時康が即位した後には、改めて一世の光孝源氏《こうこうげんじ》ということとされた。なお、その間に死去した者も七人を数える。

さて、光孝が元慶八年二月に即位すると、基経の思惑に配慮したのであろう、その年の四月、自ら勅《ちょく》を発して、伊勢神宮《いせじんぐう》の斎宮《さいぐう》（繁子《はんし》内親王）と賀茂社《かもしゃ》の斎院（穆子《ぼくし》内親王）を務めている二人の皇女を除く全員に姓を賜わって源氏とした（『日本三代実録』）。生母が班子《はんし》女王（桓武《かんむ》天皇皇子仲野《なかの》親王の女）など、卑母《ひぼ》ではない皇子女も臣籍に降していることは、自己の皇子の皇位継承権を放棄したことを基経に示すという意図があったのであろう。

この時に新たに賜姓を受けたのは、皇子が国紀《くにのり》・諱《いみな》（定省《さだみ》）・香泉《かおもと》・友貞《ともさだ》の四人、皇女が遅子《ちし》・緩子《かんし》・麗子《れいし》・奇子《きし》・忠子《ちゅうし》・箇子《かんし》・崇子《すうし》・連子《れんし》・綏子《すいし》・礼子《れいし》・最子《さいし》・偕子《かいし》・默子《もくし》・是子《ぜし》・並子《へいし》・為子《いし》・深子《しんし》・周子《しゅうし》・密子《みつし》・謙子《けんし》の二〇人である。皆、名目上、平安《へいあん》京左京《さきょう》一条に貫せられ、無位の者は時服月俸《じふくげっぽう》に与《あずか》ることとされた（『日本三代実録』）。これらは「仁和御後《にんなごご》」と称された。

これらのうち、「諱」とあるのは定省のことで、後に親王に復し、即位して宇多《うだ》天皇となることから、その名を憚《はばか》って「諱」と記載しているものである。なお、是忠・是貞・忠子・箇子・綏子・為子の六人は、宇多が即位した後の寛平三年（八九一）に親王・内親王に復されている（『日本紀略《にほんきりゃく》』）。生母が班子女王で、宇多と同母であることによる。

親王に復されず、源氏のまとされた者の生母は、藤原氏一人、讃岐《さぬき》氏一人、布勢《ふせ》氏一人、多治《たじひ》氏一人、不詳三〇人となる。

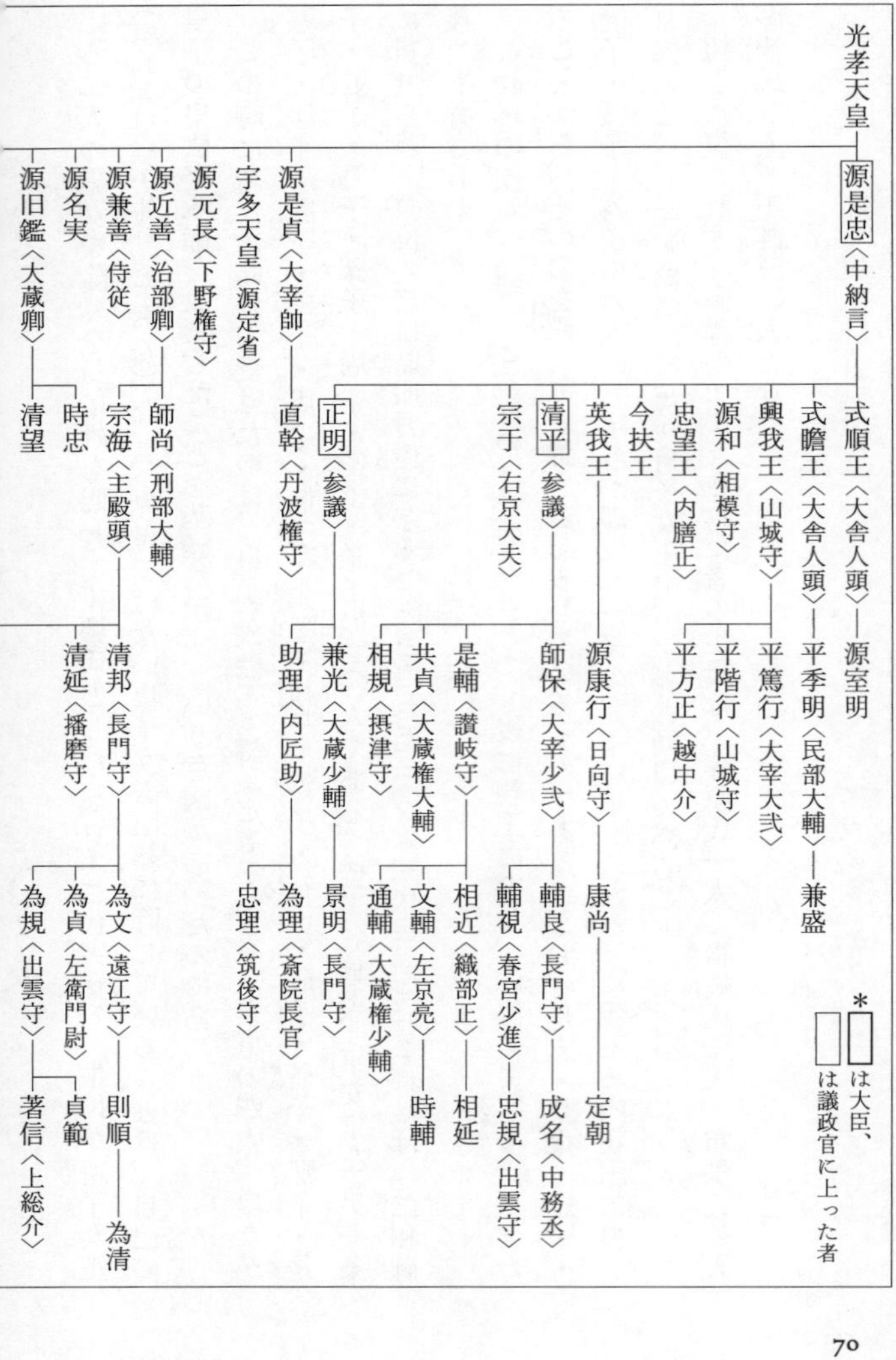
光孝天皇
源是忠〈中納言〉
式順王〈大舎人頭〉
源室明
式瞻王〈大舎人頭〉
平季明〈民部大輔〉
兼盛
興我王〈山城守〉
平篤行〈大宰大弐〉
平階行〈山城守〉
平方正〈越中介〉
源和〈相模守〉
忠望王〈内膳正〉
今扶王
英我王
源康行〈日向守〉
康尚
定朝
清平〈参議〉
師保〈大宰少弐〉
輔良〈長門守〉
成名〈中務丞〉
輔視〈春宮少進〉
忠規〈出雲守〉
是輔〈讃岐守〉
相近〈織部正〉
相延
共貞〈大蔵権大輔〉
文輔〈左京亮〉
時輔
相規〈摂津守〉
通輔〈大蔵権少輔〉
宗于〈右京大夫〉
正明〈参議〉
兼光〈大蔵少輔〉
景明〈長門守〉
助理〈内匠助〉
為理〈斎院長官〉
忠理〈筑後守〉
源是貞〈大宰帥〉
直幹〈丹波権守〉
宇多天皇〈源定省〉
源元長〈下野権守〉
源近善〈治部卿〉
師尚〈刑部大輔〉
宗海〈主殿頭〉
清邦〈長門守〉
為文〈遠江守〉
則順
為清
為貞〈左衛門尉〉
為規〈出雲守〉
貞範
著信〈上総介〉
清延〈播磨守〉
源兼善〈侍従〉
源名実
時忠
源旧鑑〈大蔵卿〉
清望
＊□は大臣、□は議政官に上った者

- 清敏〈下野少掾〉
  - 奉職〈河内守〉
    - 公職〈下野守〉
    - 経俊〈淡路守〉
    - 公隆〈出雲守〉
  - 政職〈木工頭〉
    - 頼職〈左馬頭〉
    - 知道〈長門守〉
    - 経任〈越後権守〉
  - 延職
    - 職任〈右馬助〉
      - 政成
      - 公真
  - 懐職

- 源篤行
- 源最善
- 源音恒
- 源是恒〈美濃権守〉
  - 衆望〈伊勢守〉
    - 忠幹〈筑前守〉
- 源成蔭
- 源清実
- **源貞恒**〈大納言〉
  - 仲宣〈右衛門督〉
    - 信重〈駿河守〉
    - 隆重〈木工頭〉
    - 顕重〈治部少輔〉
- **源是茂**〈権中納言〉
  - 師世〈筑前守〉
    - 貞清
  - 師之〈薩摩守〉
- 源国紀〈大蔵卿〉
  - 公忠〈右大弁〉
    - 信明〈越前守〉
      - 通理〈備後守〉
        - 国挙〈但馬守〉
      - 国定〈越前守〉
      - 国盛〈播磨守〉
        - 為親〈掃部頭〉
        - 政職〈加賀守〉
        - 貞亮〈土佐守〉
      - 方国〈能登守〉
        - 道済〈筑前守〉
      - 重文〈加賀守〉
        - 為弘〈陸奥守〉
        - 信忠〈肥後守〉
      - 為相〈丹波権守〉
        - 宣兼
    - 宏平〈宮内丞〉
    - 信孝〈鎮守府将軍〉
      - 兼澄〈加賀守〉
        - 頼兼〈縫殿頭〉
  - 公望〈周防守〉
  - 公平〈宮内少輔〉
- 源香泉〈伊予権守〉
  - 弘遠〈中宮大進〉
- 源友貞〈伊勢守〉
  - 貞頼

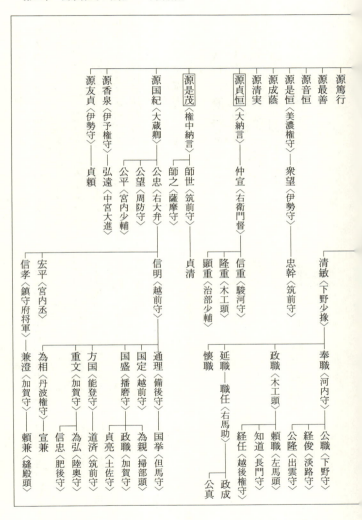

光孝源氏の活躍

賜姓を受けた光孝源氏は、官人として出仕《しゅっし》したのであるが、さすがは現皇統《こうとう》の祖の皇子だけあって、三人が議政官《ぎせいかん》に上っている。

まず、是忠は、賜姓された直後の元慶八年六月、わずか二十八歳で参議に任じられた。それまでは左衛門佐《さえもんのすけ》だったのであるから、これは異数《いすう》の昇進と称さねばならない。是忠は同母弟の宇多天皇の代である寛平三年三月に三十五歳で中納言に上った。

しかし、是忠はその年の十二月、改めて親王に復され、三品に叙された。官人としての昇進はここで止まったわけであるが、背後にどのような事情が存在したのであろうか。この時点での公卿《くぎょう》構成は、以下のとおりである。

左大臣　源融《とおる》（嵯峨源氏《さがげんじ》）
右大臣　藤原良世《よしよ》
大納言　源能有《よしあり》（文徳源氏《もんとくげんじ》）
中納言　源是忠（光孝源氏）・源光《ひかる》（仁明源氏）・藤原諸葛《もろくず》
参　議　源直《なおし》（嵯峨源氏）・藤原有実《ありざね》・藤原国経《くにつね》・藤原時平《ときひら》・源興基《おきもと》（仁明源氏）

実はこの年の正月、太政大臣《だいじょうだいじん》基経が五十六歳で死去しており、その後継者の藤原時平はまだ二十一歳で、この年に参議に任じられたばかりに過ぎなかった。そのような情勢のなか、一一人の議政官のうち、六人を源氏が占める、特に納言以上六人のうち四人を源氏が占めるという事態は、藤原氏にとっては上が詰まった状態と認識されたのであろう。

このような状態を緩和するための宇多の忖度《そんたく》なのか、それとも同母の親王を増やして皇位継承を安定化させるためなのか、おそらくその両方なのであろう。是忠親王は、延喜《えんぎ》六年（九〇六）の日本紀講書竟宴《にほんぎこうしょきょうえん》に際し、「甘樫《あまかし》の丘の探湯《くかたち》清ければ濁れる民も姓《かばね》すましき」の歌を詠《よ》んでいる。『日本書紀《にほんしょき》』で允恭《いんぎょう》の代に、正しく姓を名乗っている者を判別するために行なわれたという盟神探湯《くかたち》の歌を詠んだのは、いかなる思いの表われだったのであろうか。「南院親王《なんいんのみこ》」と号された是忠親王は、延喜二十二年（九二二）に死去している。

是忠の親王復帰を承けたものか、寛平五年（八九三）、源貞恒《さだつね》が三十八歳で参議に任じられた。中納言源是忠がこのまま昇進して大納言や大臣に上るのは困るが、同じ系統から新任の参議を出すのはかまわないといったところか。貞恒は醍醐《だいご》天皇の延喜二年（九〇二）に四十七歳で中納言、延喜八年（九〇八）正月に五十三歳で大納言に上っている。もちろん、この頃にはすでに、左大臣時平の政権は盤石のものとなっていた。貞恒はこの年の二月に死去している。延喜六年の日本紀講書竟宴では、「聖徳太子《しょうとくたいし》」の題で和歌を詠んでいる。

次いで朱雀《すざく》天皇の承平《じょうへい》四年（九三四）、源是茂《これしげ》（実父は嵯峨源氏の昇《のぼる》）が四十九歳で参議に任じられた。是茂は天慶《てんぎょう》二年（九三九）に権中納言に上ったが、天慶四年（九四一）に五十六歳で死去している。

この三人が一世の光孝源氏で議政官に任じられた者である。他には八省の卿《かみ》に三人が任じられているが（近善・旧鑑・国紀）、他はほとんど、地方官で終わっている。しかしながら、議政官三人、八省卿三人というのは、さすがに新皇統の祖の皇子に相応しい地位と称すべきであろう。地方官にしても、大宰帥《だざいのそち》（是貞）や大国の守が多いのも、その地位の高さを物語っていると言えよう。それにしても、このような身分の高い守を迎えた地方というのは、どのような雰囲気になったのであろうか（赴任していない可能性もあるが）。

二世光孝源氏の活躍

ところが、これほど宮廷で官人として重んじられた光孝源氏だったのであるが、それでも世系が降ると、わずかに是忠の子の清平《きよひら》と正明《ただあきら》が参議に任じられた以外は、議政官に上った者はいなくなる。ほとんどは、寮や司といった下級官司の長官、地方官などに任じられていくのである。

清平は天慶四年に六十五歳で参議に任じられたが（同年に死去した是茂の替わりということ

か)、同日に大宰大弐《だざいのだいに》を兼ねることとなり、任地に赴任した。そして天慶八年(九四五)、任所で死去した。六十九歳。この年齢での地方暮らしは、さぞや堪《こた》えたことであろう。

正明は天暦《てんりゃく》五年(九五一)、五十九歳で参議に任じられた。そして天徳《てんとく》二年(九五八)に六十六歳で死去している。「ただあきら」と訓《よ》んだらしい(『大和物語《やまとものがたり》』)。

この後は光孝源氏で議政官に任じられた者はおらず、ほとんどは地方官か中央下級官司の長官を勤めることとなった。いかに現皇統の祖の子孫であっても、代々、その時々の天皇の皇子が源氏となっているという状況では、段々と世系を経るにしたがって、その時々の天皇との等親《とうしん》は離れていくのであり、天皇がミウチ意識を抱く者も、より近い等親の者(遅くに賜姓を受けた源氏)ということになっていったのであろう。

同聚院不動明王坐像

仏師康尚

なお、是忠親王の曾孫にあたる康尚《こうじょう》は仏師《ぶっし》となり、寄木造《よせぎづくり》の技法を編み出して、この系統から康尚の子である定朝《じょうちょう》など仏工の各流派を輩出した（七条仏所《しちじょうぶっしょ》）。康尚が造顕したと伝えられるのは、たとえば藤原道長《みちなが》が法性寺《ほっしょうじ》に寛弘《かんこう》二年（一〇〇五）に建立した五大堂《ごだいどう》（現東福寺《とうふくじ》同聚院《どうじゅいん》）に安置した五大尊《ごだいそん》の本尊である不動明王像《ふどうみょうおうぞう》や、法成寺《ほうじょうじ》の無量寿院《むりょうじゅいん》（阿弥陀《あみだ》堂《どう》）の九体《くたい》阿弥陀像《あみだぞう》、関寺《せきでら》（近江《おうみ》国逢坂《おうさか》関にあった古寺）の弥勒像《みろくぞう》などが挙げられる。

その芸術性や技術の高さもさることながら、短期間に大量の仏像を完成させることのできる技法を確立したことが、その後の日本文化の普及に及ぼした影響は、はかりしれないものがある。

第三章　公家源氏の各流――摂関期

光孝《こうこう》天皇が即位した時点では、藤原基経《もとつね》は、将来、女《むすめ》の佳珠子《かずし》が産んだ外孫《がいそん》の貞辰《さだとき》親王を擁立しようとしていたものと思われるが、貞辰を即位させると陽成《ようぜい》上皇と皇太后藤原高子《こうし》が復権するので、それは断念せざるを得ず、外祖父《がいそふ》摂政《せっしょう》の地位に上ることはできなかった。

即位から三年後の仁和《にんな》三年（八八七）八月、死去の四日前に基経から東宮《とうぐう》を立てることを要請された光孝は、臣籍《しんせき》に降下《こうか》させていた第七皇子で二十一歳の源定省《さだみ》を親王に復して皇太子とした。そして定省親王は光孝の死去の日に践祚《せんそ》して宇多《うだ》天皇となった。これによって光孝は一代限りの立場を脱し、光孝・宇多皇統《こうとう》が確立したのである（河内祥輔『古代政治史における天皇制の論理』）。

1　新皇統の確立と宇多源氏

臣下であった宇多王子

先にも述べたように、光孝《こうこう》天皇は元慶《がんぎょう》八年（八八四）に即位すると、自己の皇子女を源《げん》氏《じ》に降下させた。そのうちの一人として源定省《さだみ》となった後の宇多《うだ》天皇には、その時点では子女はいなかったが、翌仁和《にんな》元年（八八五）に藤原胤子《いんし》（藤原高藤《たかふじ》の女《むすめ》）から生まれた一男は源維城《これざね》とされた。後に敦仁《あつぎみ》親王となり、即位して醍醐《だいご》天皇となる人物である。また、生母は不詳ながら、これより前の元慶八年に生まれていた順子《じゅんし》と、臣子《しんし》（生年未詳）も、源氏とされている。順子は後に藤原忠平《ただひら》室となる女性である。

なお、橘《たちばなの》義子《ぎし》（橘広相《ひろみ》の女）から、仁和二年（八八六）に二男斉中《ときなか》、仁和三年（八八七）に三男斉世《ときよ》が生まれたが、この二人は源氏に降下しておらず、親王宣下《しんのうせんげ》も受けていない。

ちなみに、宇多が践祚《せんそ》したのは仁和三年八月、即位したのは十一月であるが、その直後の十二月に胤子から四男が生まれている。これは維蕃《これしげ》と名付けられ、源氏に降下している。

このように、光孝および宇多は、即位前か直後に源定省の子として生まれていた子女の何人かを源氏に降下させたのである。

宇多王子の親王宣下

ところが仁和三年に宇多が即位すると、源氏とされていた二人の男子も含め、寛平《かんぴょう》元年（八八九）に親王に復させた（順子と臣子は源氏のまま）。その後に生まれた皇子女も同様である。つまり宇多源氏《うだげんじ》とは、（順子と臣子を除き）すべてが二世以下の源氏ということになる。

まず第一皇子源維城は、親王宣下を受けた後に、改名して敦仁親王となった。第二皇子斉中と第三皇子斉世も、それぞれ親王宣下を受けた。第四皇子源維蕃も親王宣下を受け、改名して敦慶《あつよし》親王とされた。

この後に生まれた七人の皇子と八人の皇女も同様、親王・内親王とされた。この時期から皇子賜姓《しせい》は実質を伴わなくなり、回帰的な政策として行なわれたに過ぎないという意見もあるが（江渡俊裕「賜姓源氏創出の論理と変遷」）、おそらくはこれも、皇位継承と関連して行なわれたのであって（西松陽介「賜姓源氏の再検討」）、新皇統《こうとう》の確立と継承のため、多くの親王を擁していたいという宇多の思惑によるものであろう。

宇多源氏の誕生

宇多天皇の二世王は、五つの系統で、源氏として臣籍《しんせき》に降下《こうか》している。これらは「寛平御《ご》後《ご》」と称された。まず第三皇子斉世親王の子は、菅原道真《すがわらのみちざね》女の寧子《ねいし》から生まれた英明《ふさあきら》が延《えん》喜《ぎ》二十年（九二〇）頃、橘公廉《きんやす》女から生まれた庶明《もろあきら》が延長《えんちょう》二年（九二四）に、源氏となっている。なお、道真女を妃《ひ》とした斉世は、三品式部卿《しきぶきょう》となったものの、皇位継承争いに巻き込まれて道真左遷の原因となり、それに縁坐《えんざ》して仁和寺《にんなじ》において出家《しゅっけ》した。法名を真寂《しんじゃく》といい、「法三宮《のりさんのみや》」と称した人物である。

英明は醍醐天皇の延長五年（九二七）に左中将《さちゅうじょう》に任じられ蔵人頭《くろうどのとう》に補されたものの、その後は昇進せず、不遇を託《かこ》ちながら詩酒に憂《う》さを紛らし、山寺を訪ねて俗心を払おうとしたが、朱雀《すざく》天皇の天慶《てんぎょう》二年（九三九）に四十歳に満たずに死去した。橘在列《ありつら》との唱和詩（『扶《ふ》桑集《そうしゅう》』）など、その詩は「絶妙奇珍にして、世に比ぶるもの無し」と讃えられ、「詩境には無限の上手である」（『六百番歌合《ろっぴゃくばんうたあわせ》』判詞《はんし》）と称された。

庶明は順調に昇進し、天慶四年（九四一）に参議に任じられ、村上《むらかみ》天皇の天暦《てんりゃく》五年（九五一）に権中納言、天暦七年（九五三）に中納言に上り、天暦九年（九五五）に五十三歳で死去した。

第四皇子敦慶親王は醍醐の同母弟。「容止美麗《ようしびれい》、好色絶倫《こうしょくぜつりん》なり」（『二十一代集才子伝《にじゅういちだいしゅうさいしでん》』）と評され、「玉光宮《たまひかるのみや》」（『河海抄《かかいしょう》』）とも称された人物で、『源氏物語《げんじものがたり》』の光君《ひかるのきみ》のモデルの一人ともされる。二品式部卿となっている。その男の後古《のちふる》と方古《まさふる》は源氏に降下したが、後古

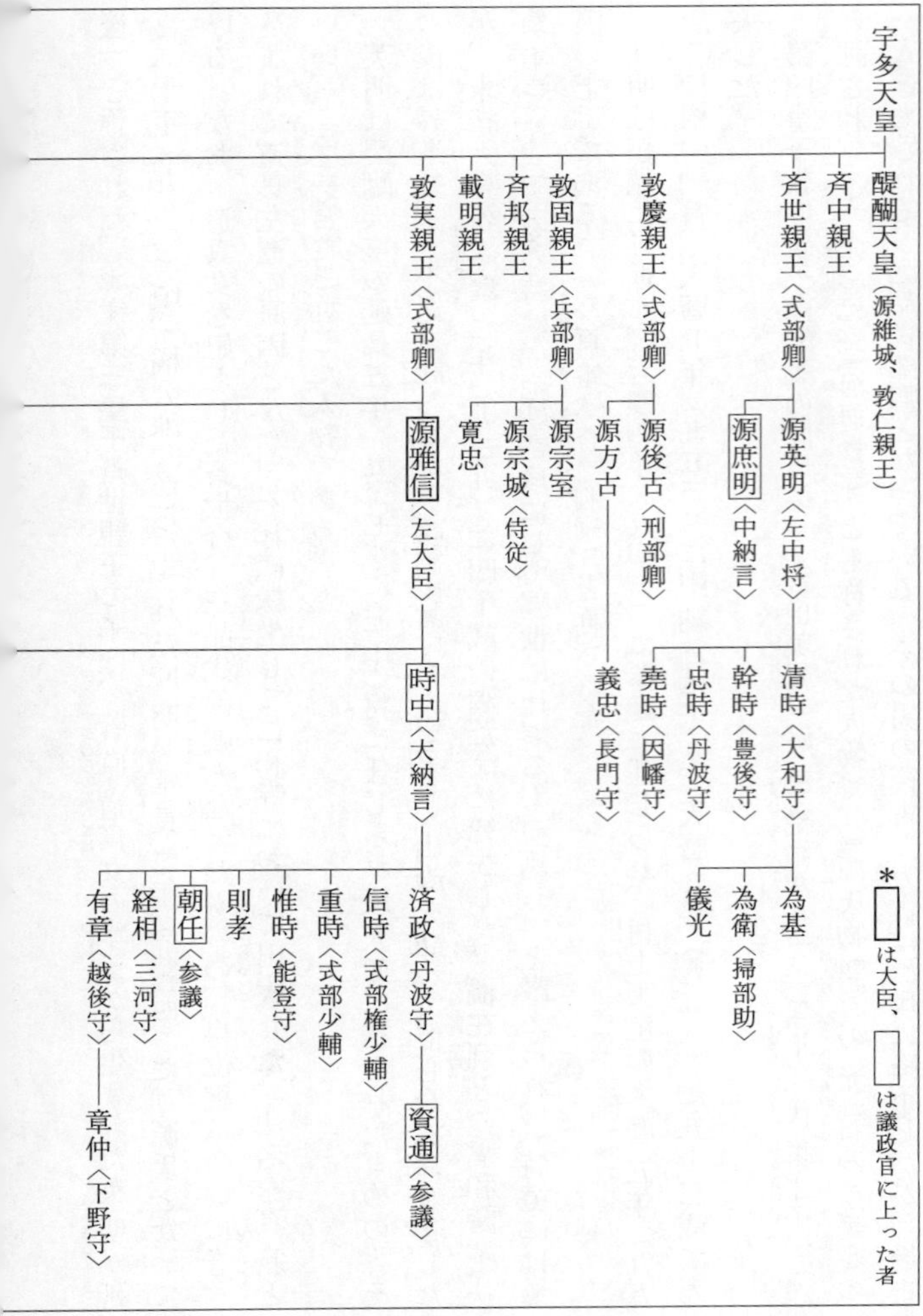
宇多天皇
醍醐天皇（源維城、敦仁親王）
斉中親王
斉世親王〈式部卿〉
源英明〈左中将〉
源庶明〈中納言〉
清時〈大和守〉
為基
幹時〈豊後守〉
為衛〈掃部助〉
忠時〈丹波守〉
儀光
堯時〈因幡守〉
敦慶親王〈式部卿〉
源後古〈刑部卿〉
源方古
義忠〈長門守〉
敦固親王〈兵部卿〉
源宗室
源宗城〈侍従〉
寛忠
斉邦親王
載明親王
敦実親王〈式部卿〉
源雅信〈左大臣〉
時中〈大納言〉
済政〈丹波守〉
資通〈参議〉
信時〈式部権少輔〉
重時〈式部少輔〉
惟時〈能登守〉
則孝
朝任〈参議〉
経相〈三河守〉
有章〈越後守〉
章仲〈下野守〉
＊□は大臣、□は議政官に上った者

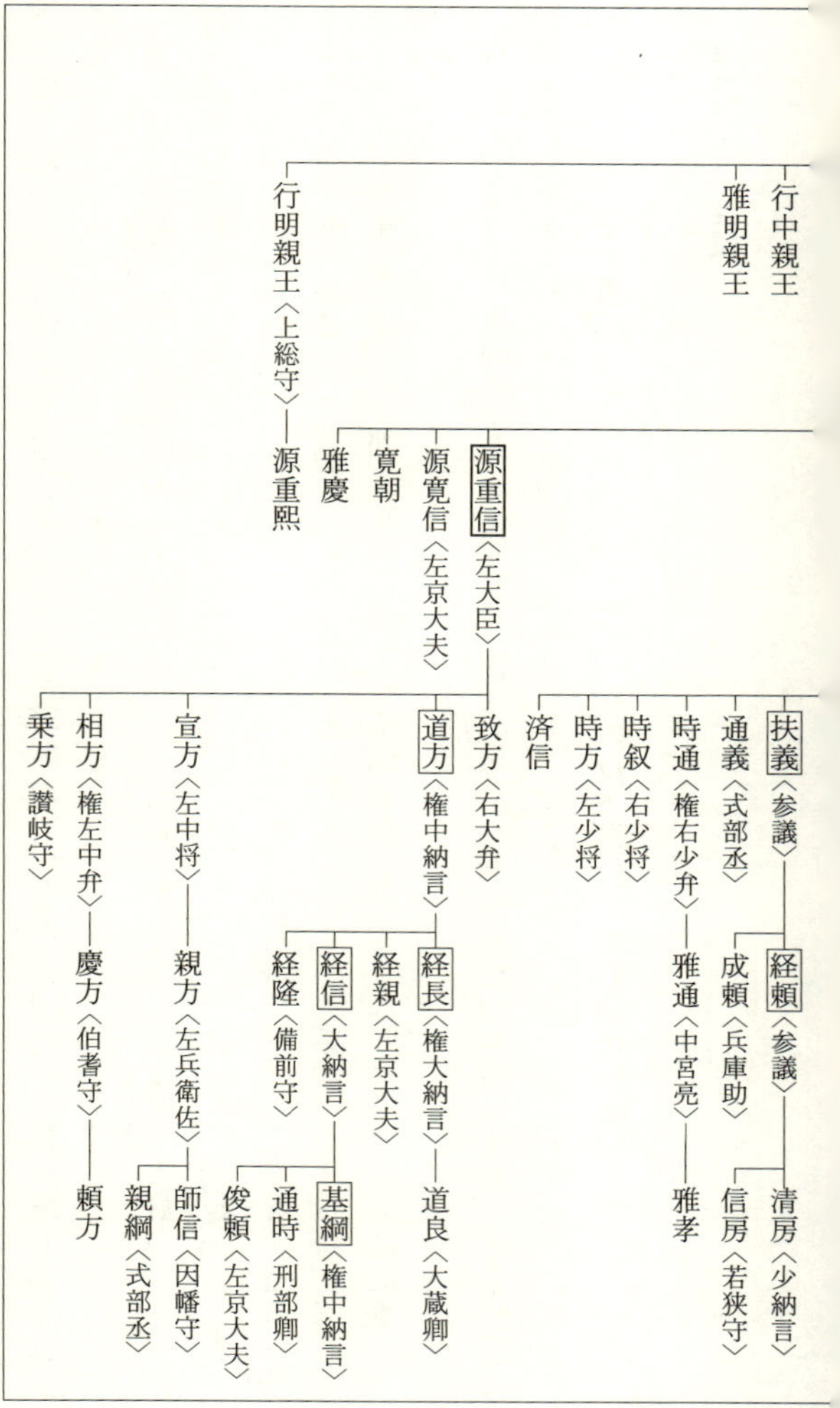

は従四位下刑部卿《ぎょうぶきょう》、方古は従四位下散位《さんい》で終わった。なお、女子が一人あり、歌人として著名な中務《なかつかさ》である。

敦固《あつかた》親王も醍醐の同母弟である。二品兵部卿《ひょうぶきょう》となっている。その男の宗室《むねむろ》と宗城《むねざね》（宗《むね》成《なり》・巨城《ひろざね》とも）が源氏に降下している。宗室は従四位下散位で終わったが、宗城は従四位下侍従《じじゅう》に任じられている（『勅撰作者部類《ちょくせんさくしゃぶるい》』）。ただし、承平《じょうへい》三年（九三三）に民部史生《みんぶのししょう》諸藤《もろふじ》によって、母と一緒に殺害されてしまった（『扶桑略記《ふそうりゃくき》』）。なお、第三子の寛忠《かんちゅう》は有名な真言《しんごん》僧である。これについては、後に述べることとする。

第八皇子の敦実《あつみ》親王も醍醐の同母弟である。有職《ゆうそく》に詳しく、また音曲《おんぎょく》を好み、笛・琵琶・和琴《わごん》などを後世に伝えた。一品式部卿で天暦四年（九五〇）に出家し、康保《こうほう》四年（九六七）に死去した。敦実には五人の男子がおり、出家せずに臣籍に降下したのは、雅信《まさのぶ》・重《しげ》信《のぶ》・寛信《ひろのぶ》の三人である。宇多源氏として後世に存続したのは、この系統である。後に詳しく述べることとする。残る寛朝《かんちょう》と雅慶《がけい》は出家して仏教界に重きをなした。これも後にまとめて述べる。

行明《ゆきあきら》親王は「京極御息所《きょうごくみやすどころ》」と称された藤原褒子《ほうし》から生まれた。宇多の死去後に兄醍醐天皇の猶子《ゆうし》となり、十二親王と呼ばれた。四品上総太守《かずさのたいしゅ》となり、天暦二年（九四八）に死去している。その子の重熙《しげひろ》は源氏に降下したが、従四位下散位で終わっている。

宇多源氏の活躍

棗院故地（源雅信）

これらの中でも、顕著な活躍を見せたのが、敦実親王の系統である。とりわけ三男の雅信と五男の重信は、ともに藤原時平《ときひら》女を母とし、栄進して正暦《しょうりゃく》二年（九九一）以後は左右大臣に列するという栄達を見せた。ただし、その弟（一説に兄）の寛信《ひろのぶ》も時平女から生まれているのであるが、正四位下左京大夫《さきょうだいぶ》を極位極官《ごくいごっかん》としている。あるいは早世したものか。

雅信は延喜二十年（九二〇）の生まれ。承平六年（九三六）に従四位下に叙され、村上天皇の天暦二年（九四八）に蔵人頭、天暦五年（九五一）に参議となり、従一位左大臣まで上った。「進退は甚だ優美で、公事の他は敢《あ》えて談笑しなかった」（『元亨《げんこう》二年具注暦裏書《ぐちゅうれきうらがき》』）という実直な人柄であった。「名臣」「管絃人《かんげんにん》」と称された（『二中歴《にちゅうれき》』）。ただし、一条《いちじょう》天皇が即位して右大臣藤原兼家《かねいえ》が摂政《せっしょう》に補されると、兼家は右大臣を辞して摂政のみとなり、雅信の上位に立つなど、その権力は限定的なものであった。

邸第《ていだい》に因んで「一条左大臣《いちじょうさだいじん》」「鷹司左大臣《たかつかささだいじん》」と称されたが、その一条第《いちじょうてい》と土御門第《つちみかどてい》は女の倫子《りんし》を通して婿《むこ》の藤原道長《みちなが》に伝領された。他に棗院《なつめいん》を源雅信邸とする史料もある（『山城名勝志《やましろめいしょうし》』）。「源家《げんけ》音曲《おんぎょく》の元祖」と称された父敦実親王の血を受け、「音楽に堪能《たんのう》。一代の名匠《めいしょう》である」と称された（『郢曲相承次第《えいきょくそうしょうしだい》』）。一条天皇の正暦四年（九九三）に七十四歳で死去した際には、「三朝の輔佐《ほさ》の臣となり、朝家《ちょうか》が重んじたところである。洛陽《らくよう》の士女は、薨逝《こうせい》を聞いて、皆、恋慕した」と記されている（『権記《ごんき》』）。

嫡妻《ちゃくさい》藤原穆子《ぼくし》が産んだ一女倫子が道長の嫡妻となり、頼通《よりみち》・教通《のりみち》といった摂関《せっかん》、彰子《しょうし》・妍子《けんし》・威子《いし》・嬉子《きし》といった后妃《こうひ》を儲《もう》けた。摂関政治《せっかんせいじ》の主役であるこれらの外戚《がいせき》となったことによって、雅信の子孫は後世も一定の繁栄を続けたのである。

重信は延喜二十二年（九二二）の生まれ。承平七年（九三七）に従四位下に叙され、村上天皇の天徳《てんとく》四年（九六〇）に参議となり、円融《えんゆう》天皇の天禄《てんろく》三年（九七二）に権中納言、天延《てんえん》三年（九七五）に中納言、貞元《じょうげん》三年（九七八）に大納言、一条天皇の正暦二年に右大臣、正暦五年（九九四）に左大臣と累進した。長徳《ちょうとく》元年（九九五）に疫病《えきびょう》によって七十四歳で死去した。「六条左大臣《ろくじょうさだいじん》」と号された。なお、重信が死去してから治暦《じりゃく》元年（一〇六五）に村《むら》上源氏《かみげんじ》の師房《もろふさ》が（摂関家《せっかんけ》の一員として）内大臣に任じられるまでの七〇年間、源氏が大臣に任じられることはなかった。

篤実《とくじつ》な性格で、村上天皇は、「男女間のみそかごと（内緒事）は無才であったが、若々しく愛敬があって、人なつっこい方面は、兄の殿よりすぐれていらっしゃった」と評された重信の方を、雅信よりも愛したという伝えもある（『大鏡《おおかがみ》』）。また、「修理大夫《しゅりだいぶ》であった時分、父宮（敦実親王）のおられる仁和寺への往復の道を、往きは東の大宮大路《おおみやおおじ》を北に向かって行かれ、一条大路《いちじょうおおじ》を西にいらっしゃり、帰りは西の大宮大路を南に向かって下がり、二条大《にじょうおお》路《じ》を東の方にお通りになりながら、内裏《だいり》を一周してご覧になって、破損した箇所があると、修理をさせられた」という説話もあるほど（『大鏡』）、職務に忠実であったとされる。これも父敦実親王の血を受け、兄雅信とともに音曲に長じ、朗詠《ろうえい》・笙《しょう》・笛を能《よ》くした。

重信の子孫にとって不運だったのは、安和《あんな》の変で失脚した源高明《たかあきら》の女を妻としていた他に、重信の女の結婚相手が、中関白家《なかのかんぱくけ》の藤原隆家《たかいえ》や、無能であった藤原道綱《みちつな》であったことにもよるものであろう（雅信の女にも道綱室となった人がいたのだが）。結局、重信は、摂関家の係累《けいるい》に連なることはできなかったのである。

また、これら雅信と重信の活躍は、延喜聖帝《えんぎのせいてい》を知る古老である敦実親王の七光りによるものであったという指摘もある（目崎徳衛「円融上皇と宇多源氏」）。

その後の宇多源氏

第二世代では、雅信の子には八男三女がいたが、公卿《くぎょう》に至ったのは、一男時中《ときなか》（母は源公《きん》忠《ただ》女）が大納言、四男扶義《すけよし》（母は藤原元方《もとかた》女）が参議に上ったのみである。なお、済信《さいしん》（母は源公忠女）は法務大僧正《ほうむだいそうじょう》となっている。時中は笛・琵琶・和琴・笙などの楽器や蹴鞠《けまり》に堪能で、子孫に伝えられてこの系統の家業《かぎょう》となった。

なお、時中の七男である朝任《あさとう》は、蔵人《くろうど》を経て参議に上り、扶義の子の経頼《つねより》は、蔵人や弁官《べんかん》を歴任した有能な実務官人として参議に上り、『左経記《さけいき》』を記録した。雅信系宇多源氏の第三世代で議政官《ぎせいかん》に上ったのは、この二人だけである。

重信の子には致方《むねかた》・道方《みちかた》・宣方《のぶまさ》・相方《すけかた》らがいるが、公卿に至ったのは、五男道方が権中納言に上ったのみであった。道方の母は、『公卿補任《くぎょうぶにん》』は源高明女とし、『尊卑分脈《そんぴぶんみゃく》』は藤原師輔《もろすけ》女としている。弁官を歴任し、その有能ぶりは『小右記《しょうゆうき》』などに記されているところである。また、道方は若い頃から、「道方の少納言は、琵琶がたいそう素晴らしい」（『枕草子《まくらのそうし》』）と称されたほど、これも管絃《かんげん》の才に長じていた。

道方の子として、経長《つねなが》・経親《つねちか》・経信《つねのぶ》・経隆《つねたか》らがいるが、議政官としては経長が権大納言、経信が大納言に至っている。経信は詩歌管絃《しいかかんげん》の三才を兼備した堪能な文人官僚として重きをなした。歌論家としても頭角を現わし、後世、「天下の判者《はんじゃ》」と称された。新風和歌の勃興期にあっても古典主義を守り、「一人、古体《こたい》を存した」と評された（『八雲御抄《やくもみしょう》』）。『後拾遺《ごしゅうい》和歌集《わかしゅう》』以下の勅撰集《ちょくせんしゅう》に八五首を入集させているほか、家集《かしゅう》『大納言経信集《だいなごんつねのぶしゅう》』の一部が遺っている。また、三船の才の逸話など、管絃に関わる逸話や説話の主人公となっている。

ただ、宇多源氏からの議政官は、基綱《もとつな》が権中納言に上ったのを掉尾《ちょうび》とする。もちろん、この基綱も、琵琶の流である経信流（桂《かつらりゅう》流とも）や神楽《かぐら》を受け継いだ管絃の人であった。

2 「延喜の治」と醍醐源氏

醍醐天皇の治世

寛平《かんぴょう》九年（八九七）から三三年間の治世を続けた醍醐《だいご》天皇は、摂政《せっしょう》や関白《かんぱく》を置かず、左大臣藤原時平《ときひら》と右大臣菅原道真《すがわらのみちざね》を政治にあたらせた。後世、「延喜《えんぎ》の治」として聖代視されるが、それは文人貴族が栄達を果たすこともあった醍醐の治世を理想化した後世の文人貴族が、自らの任官の根拠として利用しようとしたものであった（林陸朗「所謂「延喜天暦聖代」説の成立」）。

実際には、醍醐の父院（宇多《うだ》）と祖母（班子《はんし》女王）が存命しており、それぞれ国政に関与する意志を有していた。宇多上皇は道真をはじめとする信任する腹心を介して、自ら国政の大綱を遠隔操作したと言われる（目崎徳衛「宇多上皇の院と国政」）。また、班子女王も時平の同母妹である藤原穏子《おんし》の参入を禁じて、醍醐と時平とのミウチ関係構築を阻止しようとした

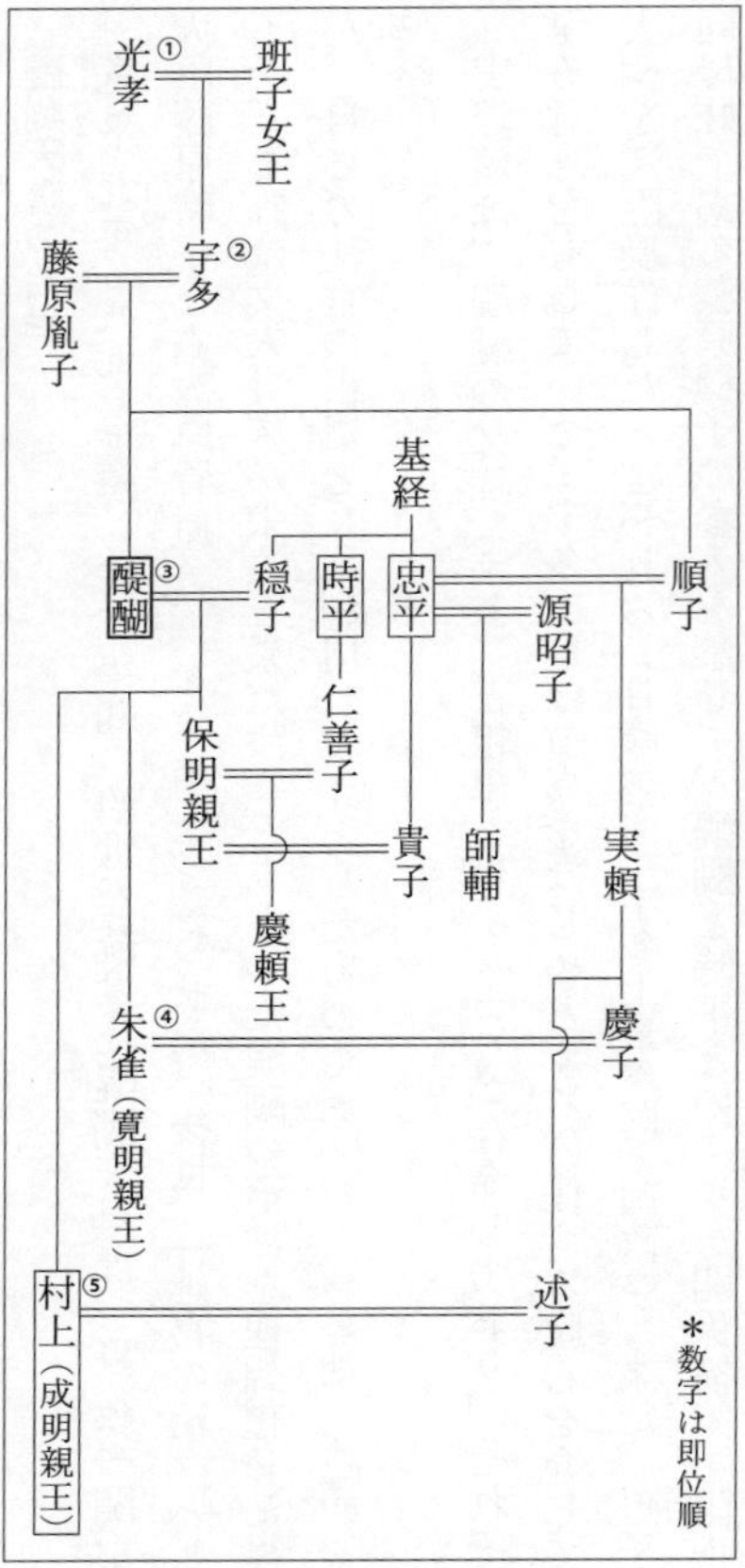

（藤木邦彦「藤原穏子とその時代」）。

班子女王が昌泰《しょうたい》三年（九〇〇）に死去すると、穏子の入内《じゅだい》が実現し、時平は国政を主導することができるようになった。延喜四年（九〇四）には穏子の産んだ保明《やすあきら》親王が立太子し、時平の権力も万全となったと思われたが、時平は延喜九年（九〇九）に三十九歳で死去してしまった。

後を継いだ時平の同母弟藤原忠平《ただひら》は、延喜十一年（九一一）に大納言、延喜十四年（九一四）に右大臣、延長《えんちょう》二年（九二四）に左大臣へと急速に昇進し、醍醐の治政を支えた。忠平はもともと、宇多との関係が強かったため（黒板伸夫「藤原忠平政権に対する一考察」）、宇多がその権威で朝廷に圧力をかけることとなった（目崎徳衛「宇多上皇の院と国政」）。宇多は承《じょう》平《へい》元年（九三一）まで存命している。

そして延長八年（九三〇）、醍醐は死去した。すでに保明皇太子は延長元年（九二三）、その後に立太子した保明親王の子の慶頼《よしより》王（母は時平女《むすめ》の仁善子《にぜし》）も延長三年（九二五）に死去してしまっていたため、醍醐皇子で穏子所生の寛明《ゆたあきら》親王が立太子していた。醍醐の死去の直前、寛明皇太子が八歳で即位した（朱雀《すざく》天皇）。

醍醐源氏の誕生

十三歳で即位した醍醐は、在位中に三七人の皇子女、つまり一八人の皇子と一九人の皇女を得た（他に出家《しゅっけ》後の宇多が儲《もう》けた二人を猶子《ゆうし》としている）。一八人の皇子は、一二人（保明・寛明・成明《なりあきら》・常明《つねあきら》・式明《のりあきら》・有明《ありあきら》・克明《よしあきら》・代明《よりあきら》・重明《しげあきら》・時明《ときあきら》・長明《ながあきら》・章明《のりあきら》）が親王宣下《しんのうせんげ》を受け（うち、寛明が朱雀天皇、成明が村上《むらかみ》天皇として即位）、六人（盛明《もりあきら》・高明《たかあきら》・兼明《かねあきら》・自明《よりあきら》・允《さね》明《あきら》・為明《ためあきら》）が源氏賜姓《げんじしせい》を受けた。なお、後に述べるが、盛明と兼明の二人は親王に復されている。一九人の皇女は、一五人（康子《こうし》・勧子《かんし》・慶子《けいし》・韶子《しょうし》・斉子《せいし》・宣子《せんし》・婉子《えんし》・靖子《せいし》・恭《きょう》子《し》・敏子《びんし》・勤子《きんし》・都子《とし》・英子《えいし》・修子《しゅうし》・普子《ふし》）が親王宣下を受け、四人（兼子《けんし》・雅子《がし》・厳子《げんし》・童《どう》

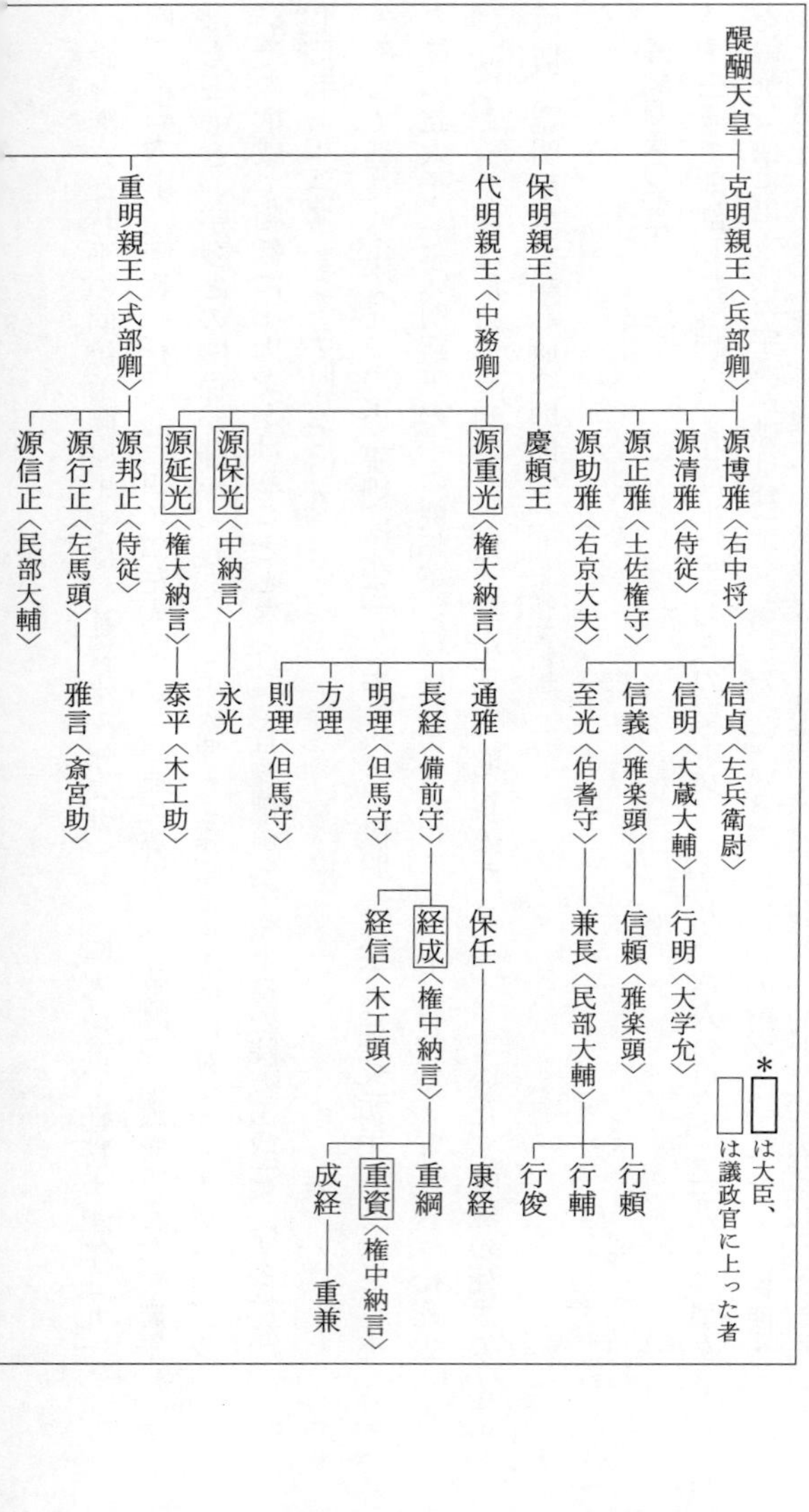

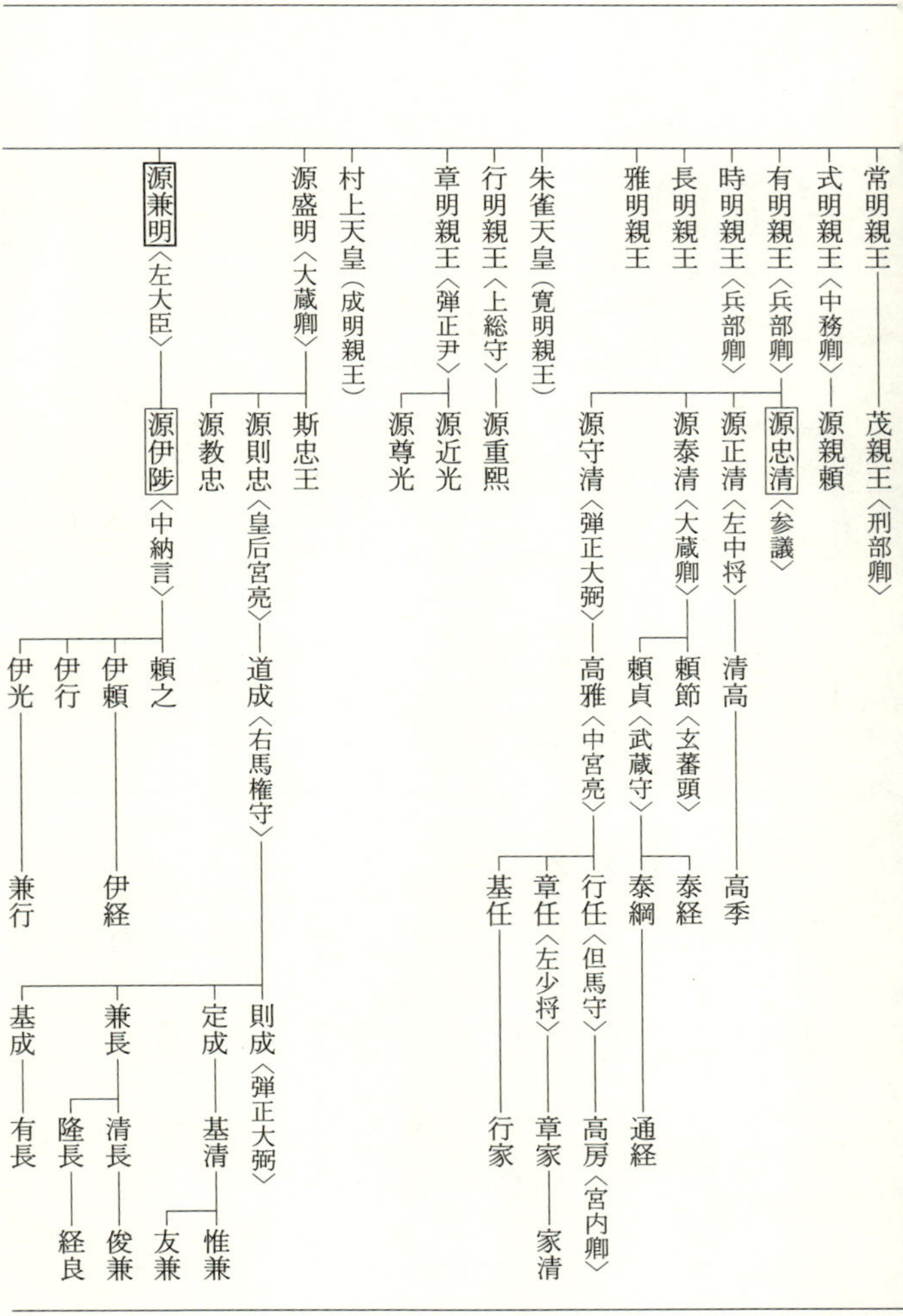
常明親王
茂親王〈刑部卿〉
式明親王〈中務卿〉
源親頼
有明親王〈兵部卿〉
源忠清〈参議〉
時明親王〈兵部卿〉
源正清〈左中将〉
清高
高季
長明親王
源泰清〈大蔵卿〉
頼節〈玄蕃頭〉
頼貞〈武蔵守〉
泰経
泰綱
通経
雅明親王
源守清〈弾正大弼〉
高雅〈中宮亮〉
行任〈但馬守〉
高房〈宮内卿〉
章任〈左少将〉
章家
家清
基任
行家
朱雀天皇（寛明親王）
行明親王〈上総守〉
源重熙
章明親王〈弾正尹〉
源近光
源尊光
村上天皇（成明親王）
源盛明〈大蔵卿〉
斯忠王
源則忠〈皇后宮亮〉
道成〈右馬権守〉
則成〈弾正大弼〉
定成
基清
惟兼
友兼
兼長
清長
俊兼
隆長
経良
基成
有長
源教忠
源兼明〈左大臣〉
源伊陟〈中納言〉
頼之
伊頼
伊経
伊行
伊光
兼行

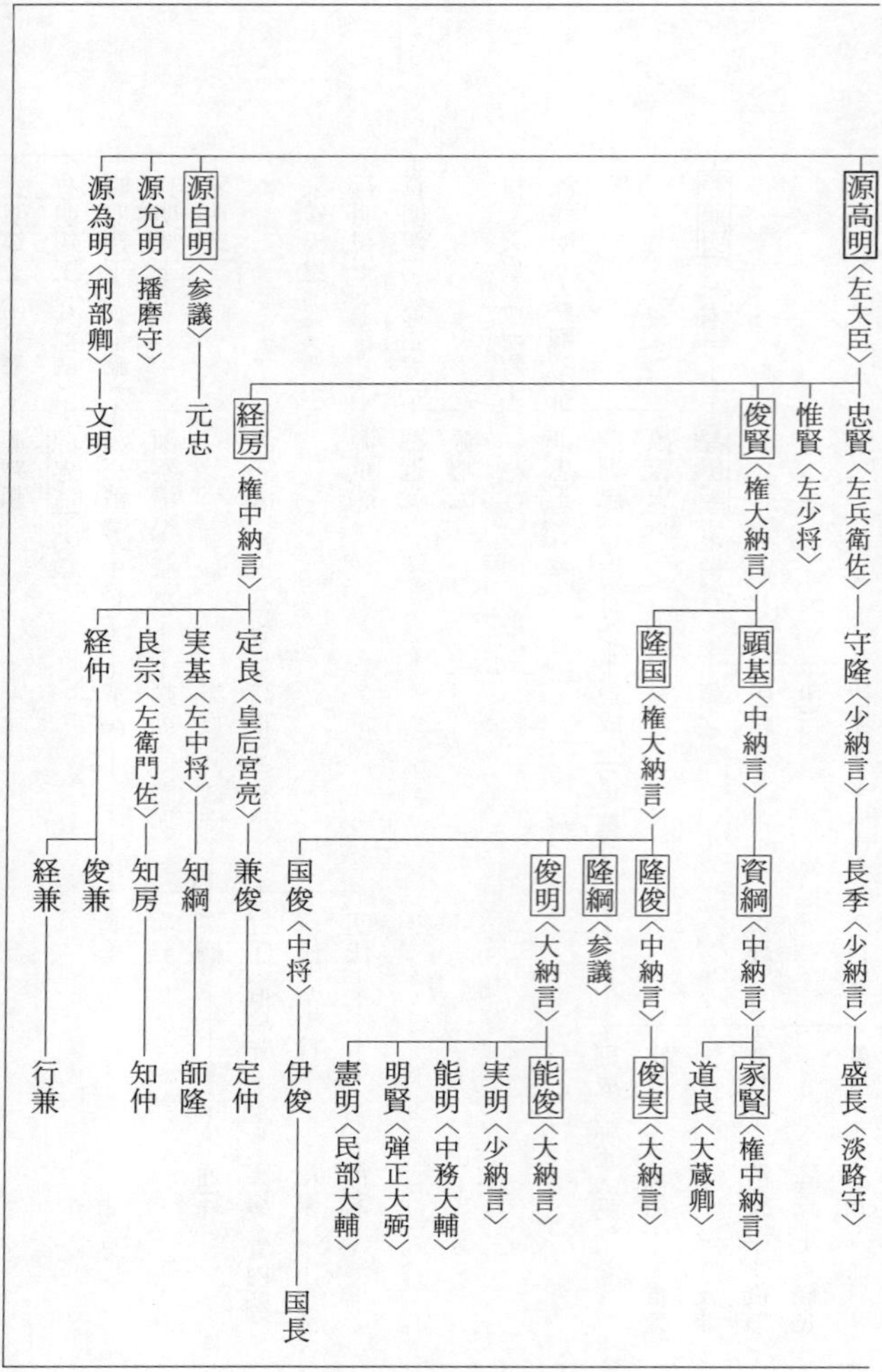

源高明〈左大臣〉
忠賢〈左兵衛佐〉
守隆〈少納言〉
長季〈少納言〉
盛長〈淡路守〉
惟賢〈左少将〉
俊賢〈権大納言〉
顕基〈中納言〉
資綱〈中納言〉
家賢〈権中納言〉
道良〈大蔵卿〉
隆国〈権大納言〉
隆俊〈中納言〉
俊実〈大納言〉
隆綱〈参議〉
俊明〈大納言〉
能俊〈大納言〉
実明〈少納言〉
能明〈中務大輔〉
明賢〈弾正大弼〉
憲明〈民部大輔〉
国俊〈中将〉
伊俊
国長
経房〈権中納言〉
定良〈皇后宮亮〉
兼俊
定仲
実基〈左中将〉
知綱
師隆
良宗〈左衛門佐〉
知房
知仲
経仲
俊兼
経兼
行兼
源自明〈参議〉
元忠
源允明〈播磨守〉
源為明〈刑部卿〉
文明

子《し》）が源氏賜姓を受けた。雅子も後に内親王に復されている。

この際は、これまでのような生母の身分によるものではなさそうである。源周子《しゅうし》が産んだ時明・勤子・都子は親王宣下を受けているのに、盛明・高明・兼子・雅子は源氏賜姓を受けているし、藤原淑姫《しゅくひめ》が産んだ長明・英子は親王宣下を受けているのに、兼明・自明は源氏賜姓を受けているからである。親王宣下を受けた者も源氏賜姓を受けた者も、「明」「子」を通字としているのも、これまでの例とは異なっている。

林陸朗氏によれば、これは誕生した年によるものであった（林陸朗「賜姓源氏の成立事情」）。とりあえず皇子についてのみ述べるが、延喜三年（九〇三）に生まれた第一皇子（以下、源氏も含めた出生順）克明（母は源旧鑑《もとみ》女の封子《ふうし》）が延喜四年に親王宣下を受けたのを皮切りに、同じく延喜三年に生まれた第二皇子保明（母は藤原基経《もとつね》女の穏子）、延喜四年に生まれた第三皇子代明（母は藤原連永《つらなが》女の鮮子《せんし》）、延喜六年（九〇六）に生まれた第四皇子重明（母は源昇《のぼる》女）と第五皇子常明（母は光孝《こうこう》皇女の源和子《わし》）、延喜七年（九〇七）に生まれた第六皇子式明（母は源和子）、延喜十年（九一〇）に生まれた第七皇子有明（母は源和子）、延喜十二年（九一二）に生まれた第八皇子時明（母は源唱《となう》女の周子）と第九皇子長明（母は藤原菅根《すがね》女の淑姫）までは、誕生から一、二年を置いて、すべて親王宣下を受けている。

これに対し、延喜十四年に生まれた第十皇子高明（母は源周子）と第十一皇子兼明（母は藤原淑姫)、延喜十八年(九一八)に生まれた第十二皇子自明(母は藤原淑姫)、延喜十九年(九一九)に生まれた第十三皇子允明(母は源敏相《としすけ》女)は、親王宣下を受けることなく、延喜二十年(九二〇)十二月二十八日勅《ちょく》によって、源氏賜姓を受けた(『日本紀略《にほんきりゃく》』)。

そして延長元年に生まれた第十四皇子寛明(母は藤原穏子)、延長二年に生まれた第十五皇子章明(母は藤原兼輔《かねすけ》女の桑子《そうし》)、延長四年(九二六)に生まれた第十六皇子成明(母は藤原穏子)は、ふたたび誕生から数年で親王宣下を受けるようになったのである。

また、醍醐最晩年の延長五年(九二七)に生まれた第十七皇子為明(母は藤原伊衡《これひら》女)と、延長六年(九二八)に生まれた第十八皇子盛明(母は源周子)は、親王宣下を受けることなく、源氏として史料に現われる。いずれかの時点で源氏賜姓を受けたのであろう。

皇位継承構想と醍醐源氏

これらの変遷は、先に述べた皇位継承構想の変化から読み解けるという(林陸朗「賜姓源氏の成立事情」)。当初、第一皇子克明から第九皇子長明まで親王宣下を受け、第十皇子高明から第十三皇子允明まで源氏賜姓を受けたのは、出生順によるものと考えられる。

しかし、延長元年三月に皇太子の第二皇子保明親王が死去し、直後の四月に続いて立太子した保明の子の慶頼王も延長三年六月に死去してしまった。その間、保明の生母である穏子が、延長元年七月に第十四皇子寛明を産んだのである。穏子としては二〇年ぶりの皇子出産であるが、もちろんこれは偶然ではない。穏子の兄である忠平は、外戚《がいせき》の地位を確保するため、穏子所生の皇子を儲け、これを親王として確保する必要があったのである。寛明は慶頼王が死去した直後の延長三年十月に立太子した。

中宮となった穏子は延長四年六月にも第十六皇子成明を産んだが（四十二歳でのこと）、これもその年の十一月に親王宣下を受けた。その後、穏子所生の親王の確保に目途《めど》がついた後に、他の后妃《こうひ》から生まれた二人は、また源氏に降下した。

つまり一世の醍醐《だいご》源氏《げんじ》というのは、皇位継承構想の変化によって親王宣下が復活した時期の間に挟まれた延喜二十年に臣籍《しんせき》に降下《こうか》した四人と、皇位継承構想が確立した後に生まれた二人ということになる。これらは「延喜御後《ごご》」と称された。

親王への棚上げ

しかし、醍醐源氏には、さらに複雑な状況が生じることとなった。源氏に賜姓された兼明と盛明、そして雅子が、後に親王とされたのである。

第十一皇子兼明は、延喜二十年、七歳の年に源氏に降下した後、朱雀天皇の天慶《てんぎょう》七年（九四四）、三十一歳で参議に任じられた。以降、村上天皇の天暦《てんりゃく》七年（九五三）に四十歳で権中納言、天暦九年（九五五）に四十二歳で中納言、康保《こうほう》四年（九六七）正月に五十四歳で権大納言、冷泉《れいぜい》天皇の治世となっていた十二月に大納言に上った。そして円融《えんゆう》天皇の天禄《てんろく》二年（九七一）に五十八歳で左大臣に任じられたが、六十四歳となった貞元《じょうげん》二年（九七七）四月に至り、勅によって親王とされ、政権から遠ざけられたのである。その直前と直後の公《く》卿《ぎょう》構成は、以下のとおりである。

関白・太政大臣《だいじょうだいじん》　藤原兼通《かねみち》
左大臣→親王　源兼明（醍醐源氏）
右大臣→左大臣　藤原頼忠《よりただ》
大納言→右大臣　源雅信《まさのぶ》（宇多源氏《うだげんじ》）
大納言　藤原兼家《かねいえ》
中納言　源重信《しげのぶ》（宇多源氏）・藤原文範《ふみのり》
中納言→大納言　藤原為光《ためみつ》
権中納言　藤原済時《なりとき》
権中納言→権大納言　藤原朝光《あさてる》
参議→中納言　源重光《しげみつ》（醍醐源氏）

参議→権中納言　藤原顕光《あきみつ》
参　議　源忠清《ただきよ》（醍醐源氏）・源保光《やすみつ》（醍醐源氏）・源惟正《これまさ》（文徳源氏《もんとくげんじ》）・藤原為輔《ためすけ》・藤原時光《ときみつ》
蔵人頭《くろうどのとう》→参議　源伊陟《これただ》（醍醐源氏）

御子左第故地（源兼明）

この措置によって昇進したのは、藤原頼忠・源雅信・藤原為光・藤原朝光・源重光・藤原顕光・源伊陟あたりであるが、いずれにせよ、兼通の謀略という見方は、それほど的を外れたものではないであろう。この謀略を見て見ぬふりをして、自身が昇進する源氏の公卿というのも、何だか気味が悪い。

悲憤した兼明親王は、『菟裘賦《ときゅうのふ》』を作って、「君昏《くら》く臣諛《へつら》ふ（君は暗君、臣はへつらい）」と時勢を批判した（『本朝文粋《ほんちょうもんずい》』）。改めて中務卿《なかつかさきょう》となったことから「中書王《ちゅうしょおう》」と称され、その博学多才を讃えられた。邸第《ていだい》の三条第《さんじょうてい》は、兼明が皇子《みこ》（御子）で左大臣であったところから、御子《みこ》左第《ひだりてい》と称された。

第十八皇子盛明の方は、天慶五年（九四二）に源氏として元服《げんぷく》しているから（『日本紀略』）、それ以前に臣籍に降下していたのであろう。元服の後は官人としての歩みを始め、正四位下大蔵卿《おおくらきょう》にまで至ったが、兼明に先立つ康保四年六月に親王となった。林氏は、その前月に冷泉天皇が即位していることから、冷泉同母弟の為平《ためひら》親王が源高明の女を妃《ひ》としていること、盛明が高明の同母弟であることとの関連を考えておられるが（林陸朗「賜姓源氏の成立事情」）、実際のところは判然としない。

醍醐源氏の活躍

源氏賜姓を受けた第一世代では、後に親王とされた兼明と盛明については、先に述べた。残る四人について述べると、まず高明は、延長八年に十七歳で従四位上に叙され、藤原師輔《もろすけ》の三女と五女（愛宮《あいみや》）を室とした。天慶二年（九三九）に二十六歳で参議に任じられ、天暦元年（九四七）に三十四歳で権中納言、天暦二年（九四八）に三十五歳で中納言、天暦七年に四十歳で大納言と、順調に昇進した。もちろん、儀式書『西宮記《さいきゅうき》』を著わしたほど有職《ゆうそく》故実《こじつ》に通暁した有能ぶりと、師輔との姻戚《いんせき》関係によるものであった。そして康保三年（九六六）に五十三歳で右大臣、翌康保四年には五十四歳で左大臣にまで上りつめた。

西宮故地（源高明）

しかし、冷泉天皇の安和《あんな》二年（九六九）、清和源氏《せいわげんじ》の源満仲《みつなか》（軍事貴族）が、橘敏延《たちばなのとしのぶ》と源連《つらぬ》が東宮守平《もりひら》親王（後の円融天皇）の同母兄為平親王を擁立して守平廃立をはかったとの密告を行ない、累は女を為平の室としていた高明にも及んだ。「安和の変」である。これ以降、政権が同族化した藤原・源両氏の独占的な支配下に置かれると同時に、源氏の変質も明確に現われてきたと言えよう（黒板伸夫「摂関制展開期における賜姓源氏」）。

すでに師輔は死去しており、藤原氏は師尹《もろまさ》のほか、頼忠や伊尹《これまさ》・兼通・兼家といった次世代の時代となっていた。彼らが自分たちの上位にいる高明や兼明の存在を快く思っていなかったことは確実で、伊尹を中心として、一挙に醍醐源氏の排斥を仕組んだのであろう。

高明は出家して留京を請うたが、結局は大宰権帥《だざいのごんのそち》として左遷された。天禄三年（九七二）には京に召還《しょうかん》されたが、天元《てんげん》五年（九八二）に六十九歳で死去した。第宅には西宮《にしのみや》と高松殿《たかまつどの》があり、「西宮左大臣《にしのみやさだいじん》」と称された。

自明は承平四年（九三四）に従四位上に叙され、天徳《てんとく》二年（九五八）正月に参議に任じられたものの、四月に死去した。時に四十八歳。允明は従四位上播磨守《はりまのかみ》としか見えない。天慶五年に二十四歳で死去している。為明は天慶四年（九四一）に叙爵《じょしゃく》され、天徳三年（九五九）の御前の詩合《しあわせ》に刑部卿《ぎょうぶきょう》として参加している。応和《おうわ》元年（九六一）に三十五歳で死去した。

その後の醍醐源氏

二世源氏では、女子はすべて女王を称し、源氏に降下した者はいない。これらはすべて、斎宮《さいぐう》となった者以外は、天皇の女御《にょうご》か摂関家《せっかんけ》の室となっている。この頃から、源氏と摂関家との結合が本格的に始まったのである。

男子の第二世代は夭折《ようせつ》した皇太子慶頼王を除いて、ほとんど源氏に降下している。克明親王の子の世代には源博雅《ひろまさ》などが出たが、議政官《ぎせいかん》に上った者はいない。博雅については後に触れる。

代明親王の子の世代は、重光が権大納言、保光が中納言、延光《のぶみつ》が権大納言に上った。いずれも母は右大臣藤原定方女。この三人は名臣として「延喜時の三光《さんこう》」と称された（『二中《にちゅう》歴《れき》』）。

一男重光は正暦《しょうりゃく》二年（九九一）に権大納言に上ったが、翌正暦三年（九九二）にこれを女《じょ》婿《せい》藤原伊周《これちか》に譲って致仕《ちし》し（『権記《ごんき》』）、「致仕大納言《ちしだいなごん》」と称された。中関白家《なかのかんぱくけ》の没落と、「長《ちょう》徳《とく》の変」に男の明理《あきまさ》が連坐《れんざ》したことが、大きな痛手となった。二男備前守長経《びぜんのかみながつね》の子孫は、権中納言経成《つねなり》や権中納言重資《しげすけ》と議政官を出している。

二男保光は中納言に上ったが、長徳元年（九九五）に疫病《えきびょう》で死去した。居宅に因み、「桃《もも》園中納言《ぞのちゅうなごん》」と号した。桃園第《ももぞのてい》は外孫《がいそん》藤原行成《ゆきなり》に伝領され、世尊寺《せそんじ》が建立された。子孫は従五位下より上っていない。

三男延光は天延《てんえん》三年（九七五）に権大納言となったが、翌貞元元年（九七六）に死去した。名臣として知られた。歌人としても優れ、『拾遺和歌集《しゅういわかしゅう》』以下に入集し、天徳四年内裏詩《だいりし》合《あわせ》、天徳四年・応和二年内裏歌合《うたあわせ》、康保二年内裏前栽合《せんざいあわせ》に出詠《しゅつえい》している。日記『延光記《のぶみつき》』を記録したことが知られる。これも子孫はほとんど知られていない。

重明親王・常明親王・式明親王・時明親王・長明親王・雅明親王・行明親王・章明親王・盛明親王の子孫は、ほとんど官人として姿を現わさない。

有明親王の子では、一男忠清《ただきよ》が参議に任じられたほか、泰清《やすきよ》の女二人が相継いで行成の室となっている。

兼明親王の子は、伊陟しか知られない。伊陟は中納言に上ったものの、その子孫は従五位下を越えることはなかった。なお、伊陟は天徳五年（九六一）に宇佐使《うさのつかい》となった際、中途で

山吹殿故地（源俊賢）

狂疾《きょうしつ》帰京し、除籍《じょしゃく》されている。文盲《もんもう》であったという説話も残しており（『古事談《こじだん》』）、本当にあの兼明の子なのか、信じがたい話である。長徳元年（九九五）にも藤原伊周が関白詔《かんぱくしょう》を蒙《こうむ》ったという噂《うわさ》が立った時、さっそくその直廬《じきろ》に赴いて慶賀《けいが》を申し、「佞人《ねいじん》と称すべきである」と非難されている（『小右記《しょうゆうき》』）。

第二世代以降の醍醐源氏で、議政官を輩出し続けたのは、高明の系統である。三男俊賢《としかた》が権大納言、四男経房《つねふさ》が権中納言に上り、俊賢の子孫からも権大納言隆国《たかくに》（俊賢二男）や大納言俊明《としあきら》（隆国三男）をはじめ、多くの公卿を輩出し、院政期《いんせいき》まで繁栄した。隆国は『宇治大納言物語《うじだいなごんものがたり》』を編集したことで、俊明は白河《しらかわ》院の近臣《きんしん》として、それぞれ著名である。

高明の配流《はいる》にもかかわらず、これらの繁栄をもたらしたのは、ひとえに俊賢や経房の生母が師輔の女であったことによる摂関家との血縁関係（藤原道長《みちなが》とは従兄弟となる）、および彼らの姉の明子《めいし》（高松殿）が道長の室となったこと、加えて道長や藤原彰子《しょうし》に臣従《しんじゅう》し、常に行動をともにしていたことに基づくものである。その密着ぶりは、後に述べることになろう。もちろん、高明の鎮魂《ちんこん》といった側面もあったであろう。「延喜の聖帝《せいてい》」と讃えられた醍醐天皇の子孫でも、このようにしなければ、子孫の繁栄は期せなかったのである。

3　「天暦の治」と村上源氏

村上天皇の治世

醍醐《だいご》天皇の次の朱雀《すざく》天皇には、冷泉《れいぜい》天皇の中宮となった昌子《しょうし》内親王しか子はおらず、皇統《こうとう》は同母弟の村上《むらかみ》天皇（成明親王《なりあきら》）に移った。

天慶《てんぎょう》九年（九四六）に即位して村上天皇となった成明皇太子は、すでに二十一歳に達していた。藤原忠平《ただひら》が天暦《てんりゃく》三年（九四九）に七十歳で致仕《ちし》するまでは関白《かんぱく》を勤めたが、それ以降、村上は関白を置くことはなかった。後代、醍醐の時代と並べて、天皇親政《しんせい》が行なわれた「延喜《えんぎ》・天暦の治」と聖代《せいだい》視されるが、それは藤原氏官人に摂関《せっかん》に相応しい高官がいなかったという偶然と、文人《ぶんじん》貴族を人事的に優遇したという傾向が合わさって、主に後世の文人

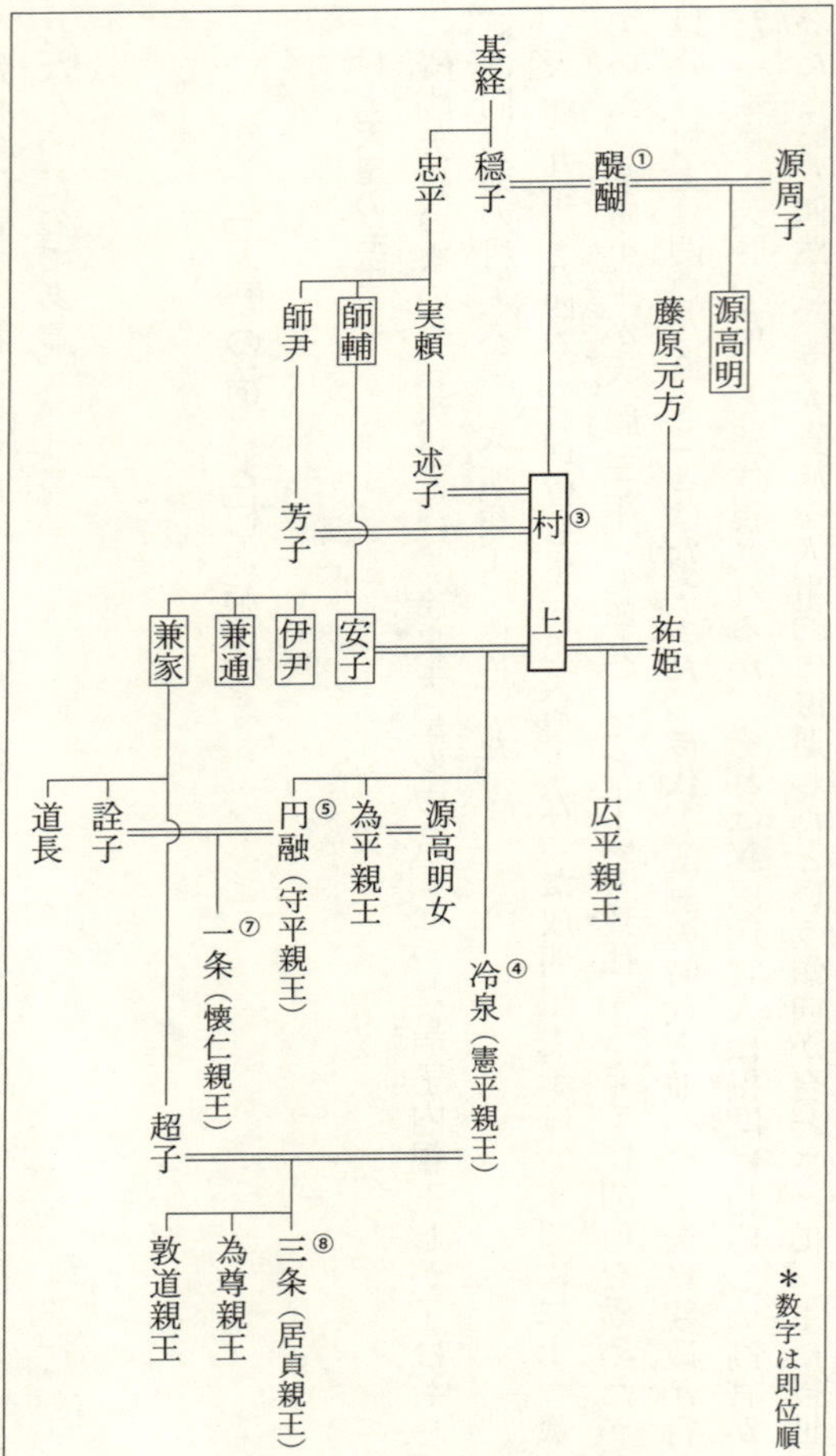

が唱えたものである（林陸朗「所謂「延喜天暦聖代」説の成立」）。

忠平の後、政権を担当したのは、一男の左大臣藤原実頼《さねより》と、二男の右大臣藤原師輔《もろすけ》であったが、師輔女《むすめ》の安子《あんし》が三人の皇子を産み、より強固なミウチ関係を築いた。師輔の記録した『九暦《きゅうれき》』逸文《いつぶん》には、天暦四年（九五〇）に村上・朱雀・穏子《おんし》・師輔が「密かに」策を定めて、安子所生で生後二箇月の憲平《のりひら》親王（後の冷泉《れいぜい》天皇）の立太子を進めたことが見える。第一皇子の広平《ひろひら》親王は南家《なんけ》で中納言の藤原元方《もとかた》しか後見《こうけん》を持っていなかったことから、第二皇子憲平が選ばれたのである。

師輔は、伊尹《これまさ》・兼通《かねみち》・兼家《かねいえ》・安子などを産んだ藤原盛子《せいし》（藤原経邦《つねくに》女）の他に、醍醐天皇第四皇女の勤子《きんし》内親王、第十皇女の雅子《がし》内親王（為光《ためみつ》の母）、第十四皇女の康子《こうし》内親王（公季《きんすえ》の母）といった醍醐皇女と結婚するなど、天皇家とのミウチ的結合に腐心した。ただし、師輔は外孫《がいそん》憲平の即位を見ることなく、天徳《てんとく》四年（九六〇）に死去している。

村上源氏の誕生

村上は皇子九人と皇女一〇人を儲《もう》けた。これらのうち、皇子は末子の昭平《あきひら》だけが源氏《げんじ》の賜《し》姓《せい》を受け（『類聚符宣抄《るいじゅうふせんしょう》』）、他はすべて親王宣下《しんのうせんげ》を受けている。ただ、昭平も後に親王とされている。また皇女は全員、内親王となっているから、結局、一世の村上源氏《むらかみげんじ》は一人もいないということとなった。

正四位下右兵衛督《うひょうえのかみ》に至った源昭平が、貞元《じょうげん》二年（九七七）に親王とされた事情はわからないが、それが先に述べた醍醐源氏《だいごげんじ》の左大臣源兼明《かねあきら》が親王とされたのと同時であった（『日《に》本紀略《ほんきりゃく》』）ことと、何か関係があるのかもしれない。林陸朗氏は、兼明の親王宣下を合理化する意味もあって、昭平も一緒に親王にされたと推定された（林陸朗「賜姓源氏の成立事情」）。なお、昭平は永観《えいかん》二年（九八四）に三井寺《みいでら》において出家《しゅっけ》し、岩倉《いわくら》の大雲寺《だいうんじ》に移った。「入道九宮」「岩倉宮」などと号し、能書《のうしょ》の聞こえが高かったという。

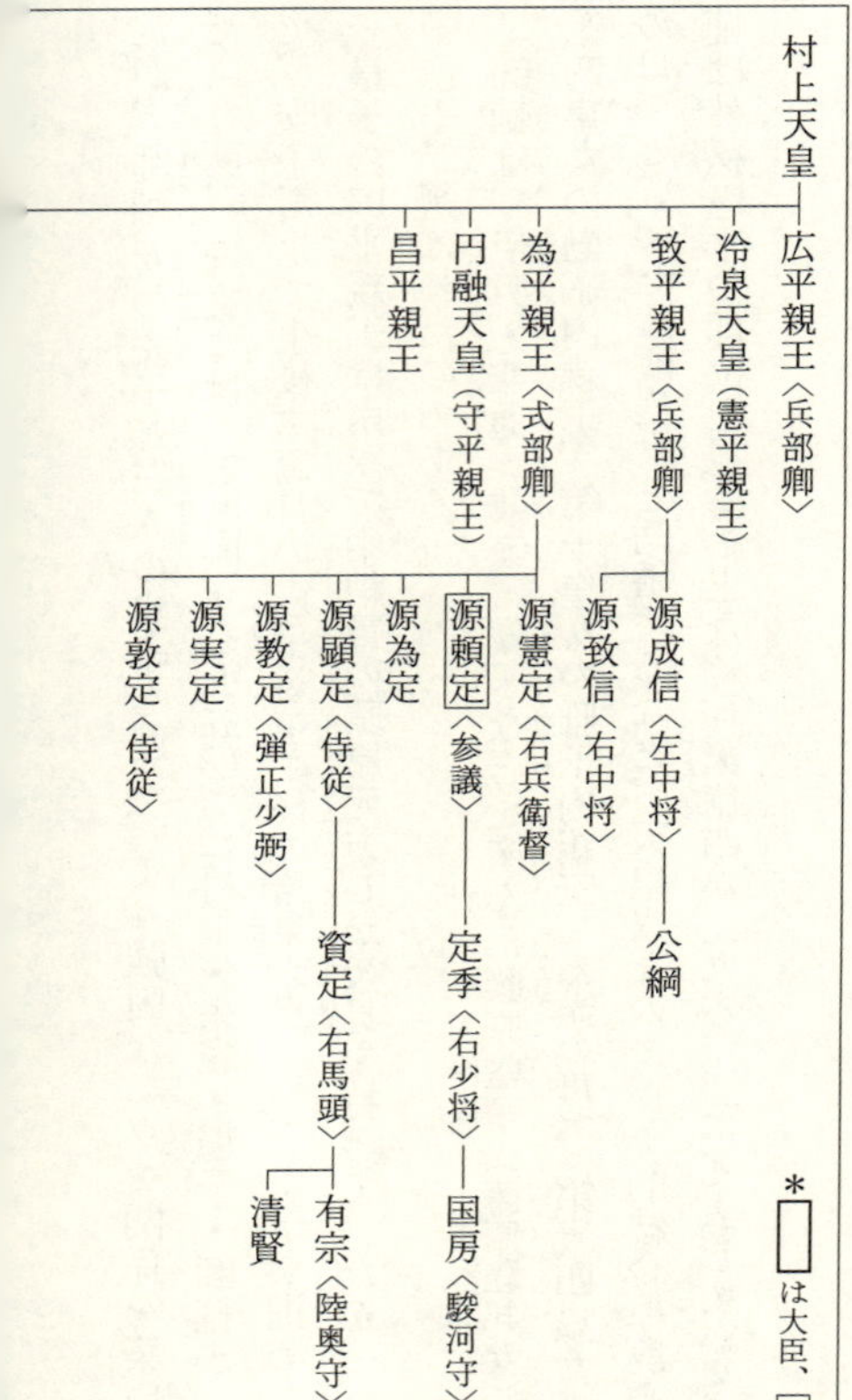

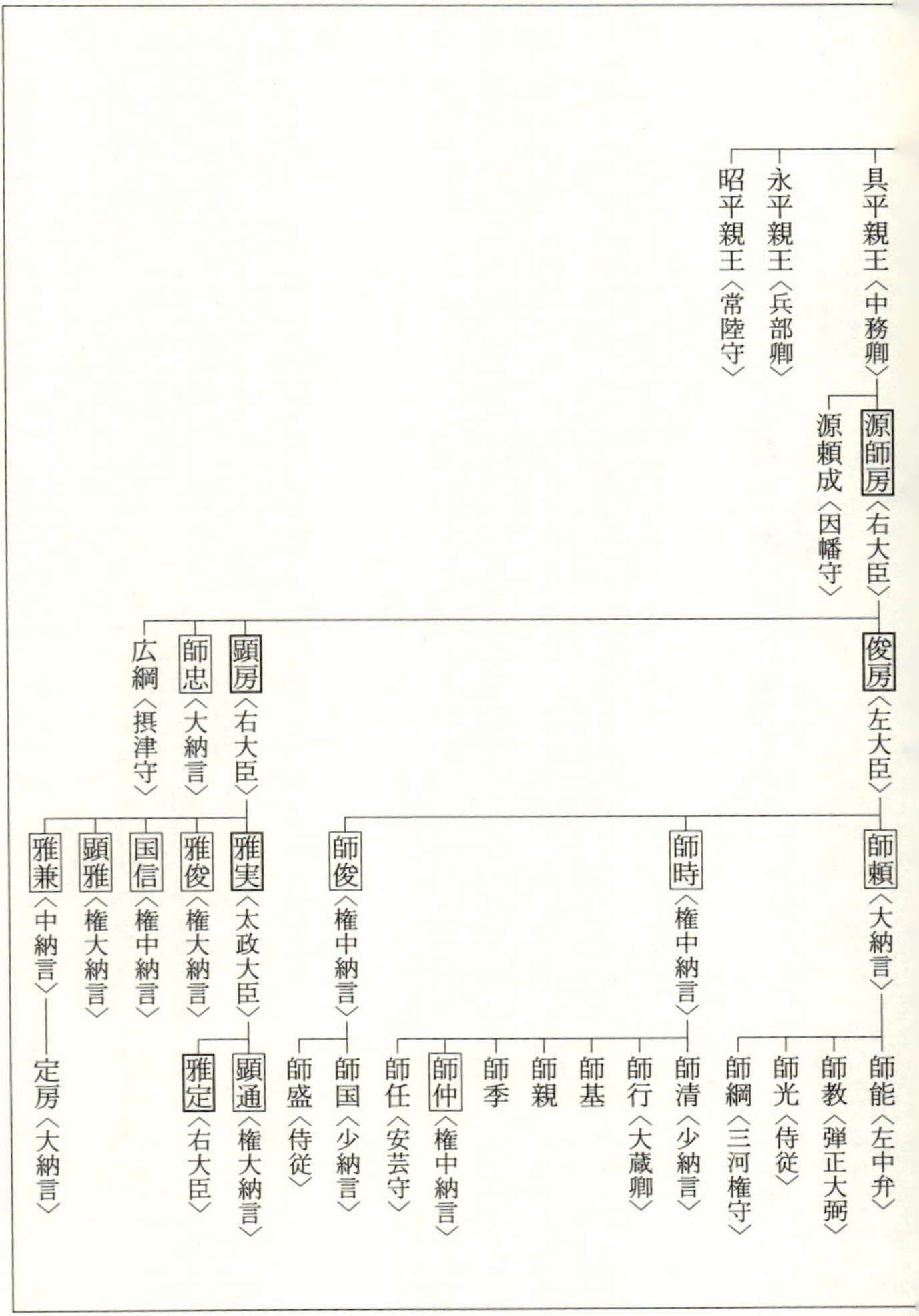

具平親王〈中務卿〉
永平親王〈兵部卿〉
昭平親王〈常陸守〉
源師房〈右大臣〉
源頼成〈因幡守〉
俊房〈左大臣〉
顕房〈右大臣〉
師忠〈大納言〉
広綱〈摂津守〉
師頼〈大納言〉
師時〈権中納言〉
師俊〈権中納言〉
雅実〈太政大臣〉
雅俊〈権大納言〉
国信〈権中納言〉
顕雅〈権大納言〉
雅兼〈中納言〉
師能〈左中弁〉
師教〈弾正大弼〉
師光〈侍従〉
師綱〈三河権守〉
師清〈少納言〉
師行〈大蔵卿〉
師基
師親
師季
師仲〈権中納言〉
師任〈安芸守〉
師国〈少納言〉
師盛〈侍従〉
顕通〈権大納言〉
雅定〈右大臣〉
定房〈大納言〉

ということで、村上源氏とはもっぱら二世以下の源氏のことを指すのであるが、男子は僧一人を除いてすべて源氏の賜姓を受け、女子はすべて女王を称している。

二世の村上源氏のうち、名前が判明するのは、致《むね》平《ひら》親王の子の成信《なりのぶ》（母は源雅信《まさのぶ》女）と致《むね》信《のぶ》（母は不明）、為《ため》平《ひら》親王の子の憲定《のりさだ》（母は源高明《たかあきら》女）・頼定《よりさだ》（母は源高明女）・為定《ためさだ》（母は源高明女）・顕定《あきさだ》（母は源高明女）・教定《のりさだ》（母は不明）・実定《さねさだ》（母は不明）・敦定《あつさだ》（母は不明）、具《とも》平《ひら》親王の子の師房《もろふさ》（母は為平親王女）と頼成《よりしげ》（母は不明）である。これらは「天暦御後《ごご》」と称された。

これらのうち、議政官《ぎせいかん》に上ったのは、参議となった頼定と右大臣となった師房の二人のみで、他は主に四位の官人として終わっている（憲定は非参議《ひさんぎ》の従三位）。

成信は生母が藤原道長《みちなが》嫡妻《ちゃくさい》の源倫子《りんし》と姉妹であった関係から、道長の猶子《ゆうし》となった。道長が重病に陥った際、人心が露骨に変改したのを見て、無常《むじょう》を感じて三井寺で出家を遂げた（『権記《ごんき》』）。いまだ二十三歳。若年の貴顕《きけん》の出家の嚆矢《こうし》とされる。藤原行成《ゆきなり》は、「才学は乏しいとはいっても、情操には取るべきものがある」と評し（『権記』）、清少《せいしょう》納言《なごん》も、「容貌がたいそう素晴らしく、心ばえも見事でいらっしゃる」と賞している（『枕草子《まくらのそうし》』）。

憲定は、「をんな（女）しき様」と称され（『栄花物語《えいがものがたり》』）、また「人からたいそう重んじられなかった」と伝えられるなど（『大鏡《おおかがみ》』）、軽んじられた人物であったようで、実際にも長《ちょう》和《わ》二年（一〇一三）に皇太后藤原彰子《しょうし》からその女の女房出仕《にょうぼうしゅっし》を求められた際、藤原実資《さねすけ》に意見を求め、実資から「甚だ愚かである」と罵《ののし》られている（『小右記《しょうゆうき》』）。ただ、この女（対《たい》の君）は後に藤原頼通《よりみち》家の女房となって頼通と通じ、一男通房《みちふさ》を産んでいる。

これに対し、頼定は憲定の同母弟でありながら、寛弘《かんこう》六年（一〇〇九）に参議に上ったのみならず、一条《いちじょう》朝の「天下の一物《いちぶつ》」と称された高名の雲客《うんきゃく》で（『続本朝往生伝《ぞくほんちょうおうじょうでん》』）、「容貌のよい君達」（『枕草子』）とか、「世に立派に思われている人」（『栄花物語』）などと評された。また、三条《さんじょう》天皇が東宮であった時代に尚侍《ないしのかみ》の藤原綏子《すいし》（兼家女）、一条天皇が死去した後に女御《にょうご》であった藤原元子《がんし》（顕光《あきみつ》女）などとの密通事件で浮名を流した（元子は後に許されて頼定の女子を産んでいる）。

顕定は弾正大弼《だんじょうだいひつ》・斎宮別当《さいぐうべっとう》・民部大輔《みんぶのたいふ》・侍従《じじゅう》で終わった。紫宸殿《ししんでん》で陰根を掻《か》き出し、蔵人《くろうど》平範国《のりくに》に笑われたという説話を残している（『江談抄《ごうだんしょう》』『今昔物語集《こんじゃくものがたりしゅう》』）。

なお、彼らの姉妹である婉子《えんし》女王は花山《かざん》天皇の女御となり、後に実資の室となった。また、具平親王室となって師房を産んだ姉妹もいる。

その後の村上源氏

これら村上源氏も、三世以降になると、摂関家《せっかんけ》の一員となった師房の子孫を除くと、いずれも中下級官人となり、受領《ずりょう》となった者も多い。

師房のその後の歩み、また三世以下の師房流村上源氏の活躍については、後に詳しく述べることとなろう。

4 冷泉皇統と花山源氏（冷泉源氏）

嫡流としての冷泉皇統

村上《むらかみ》天皇の後は、冷泉《れいぜい》天皇、そして冷泉の後は為平《ためひら》親王を飛ばして円融《えんゆう》天皇が即位した。後年、結果的には、円融—一条《いちじょう》—後朱雀《ごすざく》と続く円融系皇統《こうとう》が皇位を嗣《つ》いできたのではあるが、当時の情勢としては、むしろ冷泉系の方が嫡流《ちゃくりゅう》として認識されていた可能性が高い。円融と藤原兼家《かねいえ》、そして兼家の女《むすめ》の詮子《せんし》との間のぎくしゃくした関係、そして兼家女の超子《ちょうし》が冷泉との間に産んだ居貞《おきさだ》親王（後の三条《さんじょう》天皇）・為尊《ためたか》親王・敦道《あつみち》親王と兼家との緊密な関係からは、兼家が円融や懐仁《やすひと》親王（後の一条天皇）よりも、冷泉系の皇子の方に、一層強いミウチ意識を抱いていたことは確実であろう（倉本一宏『三条天皇』）。やがて冷泉や花山《かざん》といった冷泉系の天皇には、狂気説話が作られていく（倉本一宏『平安朝　皇位継承の闇』）。

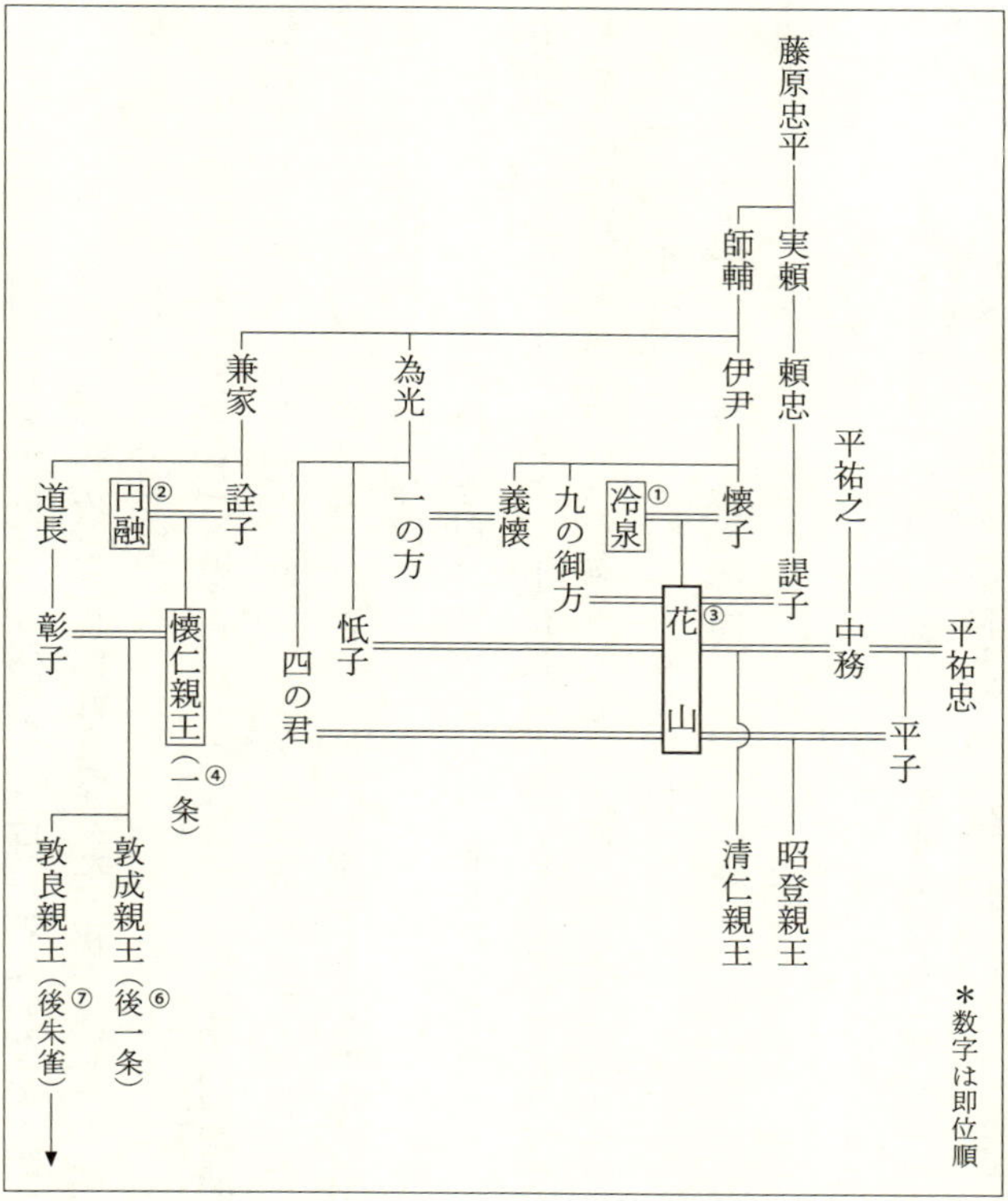
藤原忠平
実頼
師輔
頼忠
伊尹
為光
兼家
平祐之
諟子
懐子
冷泉①
九の御方
義懐
一の方
詮子
円融②
道長
花山③
中務
平祐忠
忯子
四の君
平子
懐仁親王（一条）④
彰子
敦成親王（後一条）⑥
敦良親王（後朱雀）⑦
清仁親王
昭登親王
＊数字は即位順

さて、冷泉や円融の皇子には、源氏賜姓《げんじしせい》を受けた者はいなかった（そもそも、円融の子は一条天皇しかいなかったが）。次に源氏賜姓を受けた子孫を残したのは、何と在位中には皇子女を儲《もう》けなかった花山天皇であった。

花山は冷泉の第一皇子として生まれた。諱《いみな》は師貞《もろさだ》。母は藤原師輔《もろすけ》嫡男伊尹《これまさ》の女の懐子《かいし》。永《えい》観《かん》二年（九八四）に十七歳で即位し、外舅《がいきゅう》藤原義懐《よしちか》（伊尹の男）や藤原惟成《これしげ》（花山の乳母《めのと》子《ご》）を側近とし、格《きゃく》後の荘園《しょうえん》の停止《ちょうじ》や、破銭《はせん》を嫌うことを停止するなど、積極的な政治を行なった（阿部猛「花山朝の評価」）。

しかし、一年十箇月後の寛和《かんな》二年（九八六）、兼家らの策略によって突然退位《たいい》させられ、花山寺《かざんじ》（元慶寺《がんぎょうじ》）で出家《しゅっけ》した。退位後は各地で仏道修行を行なったという説話が作られ、帰京後は色好みと風流の日々を過ごしたとされた（狂気説話も作られたが）。上皇生活二二年の後、寛弘《かんこう》五年（一〇〇八）に四十一歳で死去した。

花山天皇の皇子女

各地の仏道修行説話は、後世に作られたもののようであるが（倉本一宏『平安朝　皇位継承の闇』）、「色好みと風流」の方は、基になる史実も存在した。花山は平祐之《すけゆき》の女で自身の乳母《めのと》であった中務《なかつかさ》と、平祐忠《すけただ》と中務との間に生まれていた平子《へいし》とを、出家後にともに懐妊《かいにん》させ、長徳《ちょうとく》四年（九九八）、それぞれ皇子が生まれた。

二人の皇子は、出家後の誕生であったから、冷泉院の子ということにして、寛弘元年（一〇〇四）に親王宣旨《しんのうせんじ》を下され、（冷泉の皇子も数えて）五宮《ごのみや》は昭登《あきなり》親王、六宮《ろくのみや》は清仁《きよひと》親王と名付けられた。昭登を「女腹御子《むすめばらのみこ》」、清仁を「親腹御子《おやばらのみこ》」と呼ぶ向きもある（『栄花物語《えいがものがたり》』）。

昭登は長元《ちょうげん》八年（一〇三五）に四品中務卿《なかつかさきょう》で死去。三十八歳であった。子に東寺長者《とうじちょうじゃ》となった良深《りょうしん》がいる。清仁の方は長元三年（一〇三〇）に四品弾正尹《だんじょういん》で死去。三十三歳であった。この清仁の子孫が、源氏の賜姓を受けることになる。

なお、花山には出家した皇子が二人いた。東大寺別当《とうだいじべっとう》や東寺長者となった深観《しんかん》と覚源《かくげん》であるが、いずれも生母は不明である。

また、『栄花物語』では、中務と平子がそれぞれ皇女を二人ずつ産み、花山が死去に際して四人の皇女をあの世に連れていくと呪言《じゅごん》を吐き、三人の皇女が引き続いて死亡したということになっているが、もちろん、史実としては確認できない。ちなみに、花山には皇女が一人いたことが確認できる（母は不明）。この皇女は藤原彰子《しょうし》に伺候《しこう》していたのであるが、万《まん》寿《じゅ》元年（一〇二四）に盗人のために殺害されて路頭に引き出され、夜中に犬に喰われてしまうという悲惨な最期を迎えてしまった（『小右記《しょうゆうき》』）。

花山源氏（冷泉源氏）の誕生

清仁の子としては、清和源氏《せいわげんじ》（大和源氏《やまとげんじ》）の頼房《よりふさ》の女との間に生まれた延信《のぶざね》が知られる。延信は万寿二年（一〇二五）、清仁の奏請《そうせい》によって源氏に賜姓された（『尊卑分脈《そんぴぶんみゃく》』）。官位は従四位上神祇伯《じんぎはく》に至っている。この延信が「寛和御後《ごご》」と称された花山源氏《かざんげんじ》ということになるが、清仁が冷泉院の戸籍に入ったことによって、冷泉源氏《れいぜいげんじ》（「安和《あんな》御後」）と称されることもあったと考えられる。

延信が「安和御後」として万寿二年に四位に直叙《ちょくじょ》されたことは、廣橋《ひろはし》家旧蔵『後法性寺《ごほっしょうじ》殿御抄《どのごしょう》』に見えるが、これは冷泉源氏の二世王としてのものであったという（赤坂恒明「冷泉源氏・花山王氏考」）。

花山天皇─┬清仁親王〈弾正尹〉─┬源延信〈神祇伯〉─康資王〈神祇伯〉─源顕康〈正親正〉─顕広王〈神祇伯〉
　　　　　└昭登親王〈中務卿〉　└兼文王〈正親正〉─兼長王〈正親正〉─兼範王〈正親正〉─源範綱

その後の花山源氏（冷泉源氏）

ところが、延信の子の康資《やすすけ》は、「康資王母」と称された歌人の高階成順《たかしなのなりのぶ》女から生まれた。清仁の猶子《ゆうし》となり、二世王ということになった。ただし、清仁は康資が生まれた長久《ちょうきゅう》二年

（一〇四二）に先立つ長元三年に死去しているから、これは蔭位《おんい》のための擬制《ぎせい》的な措置と見られる。天喜《てんぎ》四年（一〇五六）に二世王として四位に直叙され、神祇伯に任じられた。

康資王の子の顕康《あきやす》は、源顕房《あきふさ》（村上源氏《むらかみげんじ》）の猶子となって源氏を称したのであって（『尊卑分脈』）、これを花山源氏に含めるのは、いささか躊躇《ためら》われる。正親正に任じられている。

その子の顕広《あきひろ》は、白川伯王《しらかわはくおう》家の祖とされる人物である。これも擬制的に祖父康資王の猶子となって、三世王として出身した。はじめ源氏を称したが、永万《えいまん》元年（一一六五）に神祇伯に任じられる際に王氏となって顕広王と称した。そして安元《あんげん》元年（一一七五）に神祇伯を子の仲資《なかすけ》に譲る際に、仲資が仲資王と称し、顕広は源顕広に戻った（『伯家記録考《はくけきろくこう》』）。

この子孫が白川伯王家として神祇伯の官を継承し、「明治維新」まで続くことになった。白川家が絶家《ぜっけ》となったのは、実に一九六二年（昭和三十七）のことであったという。

5　冷泉皇統の廃絶と三条源氏

冷泉皇統の廃絶

村上《むらかみ》天皇の後、皇統《こうとう》は冷泉《れいぜい》系と円融《えんゆう》系に分かれ、迭立《てつりつ》状態にあった。村上以降の皇位は、冷泉天皇、円融天皇、冷泉系の花山《かざん》天皇、円融系の一条《いちじょう》天皇と受け継がれ、冷泉系の三条《さんじょう》天皇、円融系の後一条《ごいちじょう》天皇（敦成《あつひら》親王、一条皇子）、冷泉系の敦明《あつあきら》皇太子（三条皇子）というように、交互に天皇位を嗣《つ》いでいった。後に敦明親王が皇太子の地位を辞退し、一条皇子の敦良《あつなが》親王（後の後朱雀《ごすざく》天皇）が立太子したことによって、円融皇統の独占が確立したのである（倉本一宏『三条天皇』）。

しかも、結果的に一条の子孫が皇統を嗣いでいったので、あたかも最初から円融系が天皇家の嫡流《ちゃくりゅう》であったかのような認識に陥りがちである。しかしながら、当時の常識的な皇位継承順というのは、あくまで冷泉系が嫡流だったのであり、数々の偶然の積み重ねによって、円融―一条系が皇統を嗣いでいくこととなったに過ぎない。幾度かのチャンスのうち、一つでも三条に有利にはたらいていれば、三条の子孫、あるいは三条の弟の子孫が皇統を嗣いでいった可能性が高かったのである。

藤原兼家《かねいえ》がもっと長命であったなら、花山があれほど早く退位しなかったなら、為尊《ためたか》親王や敦道《あつみち》親王が早世《そうせい》しなかったならば、逆に病弱な懐仁《やすひと》親王（一条）が早世したならば、一条が彰子《しょうし》との間に皇子を残す前に死去したならば、藤原道長《みちなが》の女《むすめ》の妍子《けんし》と三条との間に生まれたのが皇子であったならば、そして三条が道長よりも後まで生きて敦明皇太子が無事に即位していたならば、皇統の行く末はまったく異なる方向に向かっていたはずである。

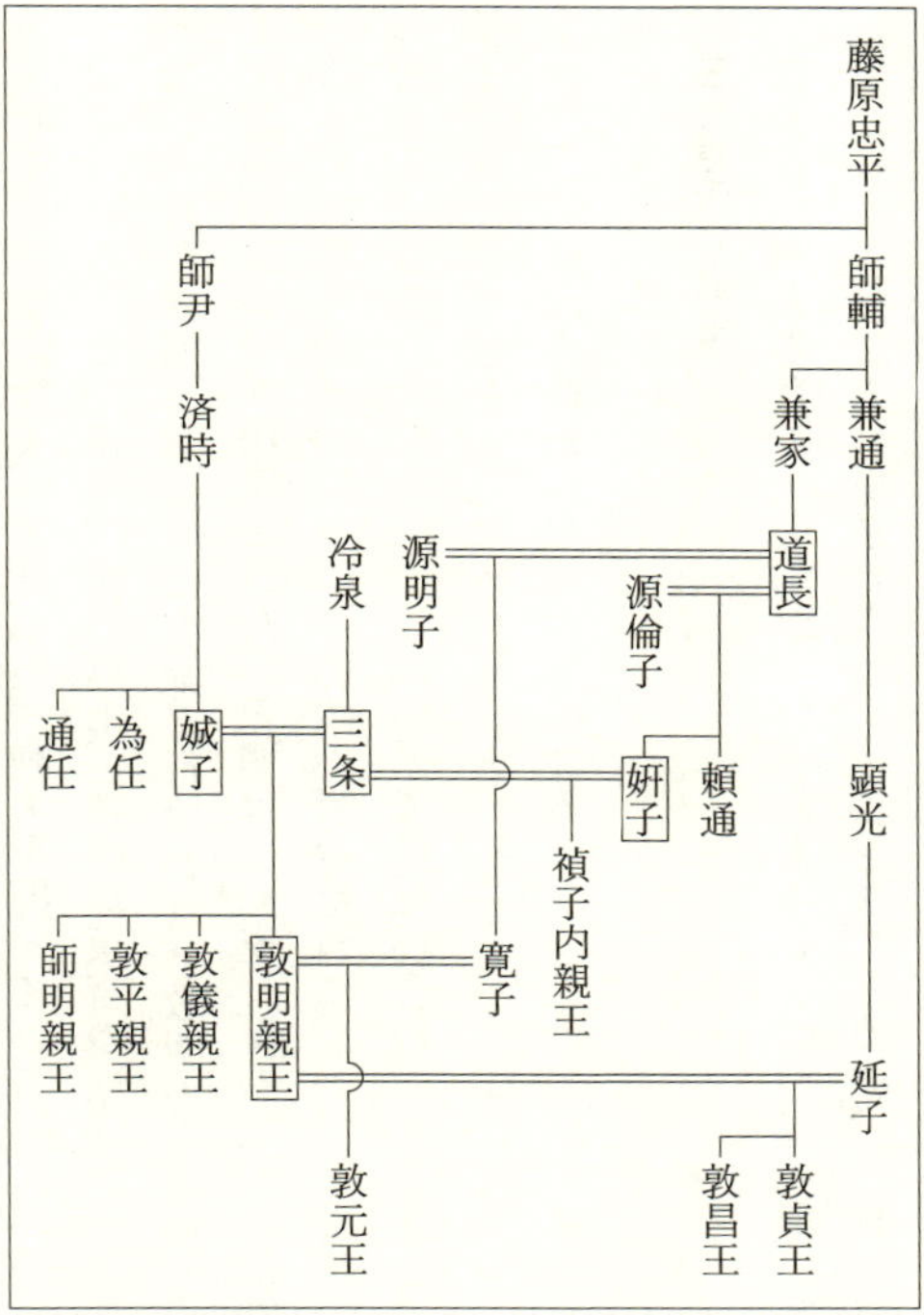

しかし、歴史は道長に有利な方にばかり動いていく。寛仁《かんにん》元年（一〇一七）五月、三条が死去すると、敦明皇太子の権力基盤は、きわめて脆弱《ぜいじゃく》なものとなった。しかも、本人に皇位への執着があまりなく、その外戚《がいせき》（藤原通任《みちとう》や為任《ためとう》）も姻戚《いんせき》（藤原顕光《あきみつ》）も頼りにならず、

春宮坊《とうぐうぼう》もやる気がなく、相変わらず権力を握っている道長が後一条の弟である敦良の立太子を望んでいることが自明である以上、敦明が東宮の地位から降りることは、時間の問題であった。八月、敦明と道長との会談が行なわれ、敦明の東宮辞退と小一条院《こいちじょういん》の院号奉呈、そして敦良の立太子が決定された。敦明は後に道長女の寛子《かんし》と結婚し、道長に婿《むこ》取られている。

こうして数々の局面における偶然の積み重ねによって、皇統が円融系に移動してしまったのである。しかしながら、それは男系で見た場合のことである。三条が妍子との間に残した禎子《ていし》内親王は、敦良親王に入侍《にゅうじ》し、尊仁《たかひと》親王を産んでいる。この尊仁が後に後三条《ごさんじょう》天皇となり、摂関政治《せっかんせいじ》を終わらせることになる。

三条源氏の誕生

三条には四人の皇子がいたが、いずれも道長とは血縁の薄い藤原娍子《せいし》が産んだものであった。しかもこの四人の皇子のうち、王子を残したのは、一時は東宮であった第一皇子の敦明だけであった（これは偶然だったのであろうか）。

敦明の第一王子敦貞《あつさだ》と第二王子敦昌《あつまさ》は、藤原顕光女の延子《えんし》から生まれている。寛仁三年（一〇一九）、祖父である三条の皇子として親王宣下《しんのうせんげ》を受けたが、これは三条が死去した二年後のことであったので、反撥《はんぱつ》を買った（『小右記《しょうゆうき》』）。敦明が即位していれば、この二人が東宮候補となり、外祖父《がいそふ》である顕光の摂政《せっしょう》も、まったくあり得ないことではなかったのである。敦貞は三品式部卿《しきぶきょう》、敦昌は出家《しゅっけ》して、阿闍梨《あじゃり》に補された。

第三王子敦元《あつもと》は、道長女寛子から生まれた。敦明が東宮から退位した後の王子で、三条の皇子に准じて長元《ちょうげん》二年（一〇二九）に親王宣下を受けたが、長元五年（一〇三二）に十歳で死去した。

第四王子基平《もとひら》と第五王子敦賢《あつかた》は、道長二男の藤原頼宗《よりむね》女から生まれており、道長の血を引いている。万寿《まんじゅ》三年（一〇二六）に生まれた基平は、いずれかの時期に源氏《げんじ》の賜姓《しせい》を受け、長久《ちょうきゅう》二年（一〇四一）に従四位上に直叙《ちょくじょ》されている。永承《えいしょう》元年（一〇四六）に従三位に上り、永承五年（一〇五〇）に参議に任じられている。この基平から三条源氏《さんじょうげんじ》が始まり、「長和御後《ちょうわごご》」とも称された。なお、基平の女基子《きし》（母は藤原隆家《たかいえ》男の良頼《よしより》女）は、後に後三条天皇の寵愛《ちょうあい》を得て、実仁《さねひと》・輔仁《すけひと》両親王を産んでいる。

一方、敦賢の方は三条の猶子《ゆうし》として、親王宣下を受けた。三品式部卿で死去している。三条系の皇族に、式部卿に任じられる者が多いのは、敦明以来の伝統であろうか。

他に源氏の賜姓を受けたのは、小一条院女房《にょうぼう》（源政隆《まさたか》女）から生まれた信宗《のぶむね》と、生母不明の顕宗《あきむね》・当宗《まさむね》である。信宗は民部大輔《みんぶのたいふ》や左中将《さちゅうじょう》を歴任している。

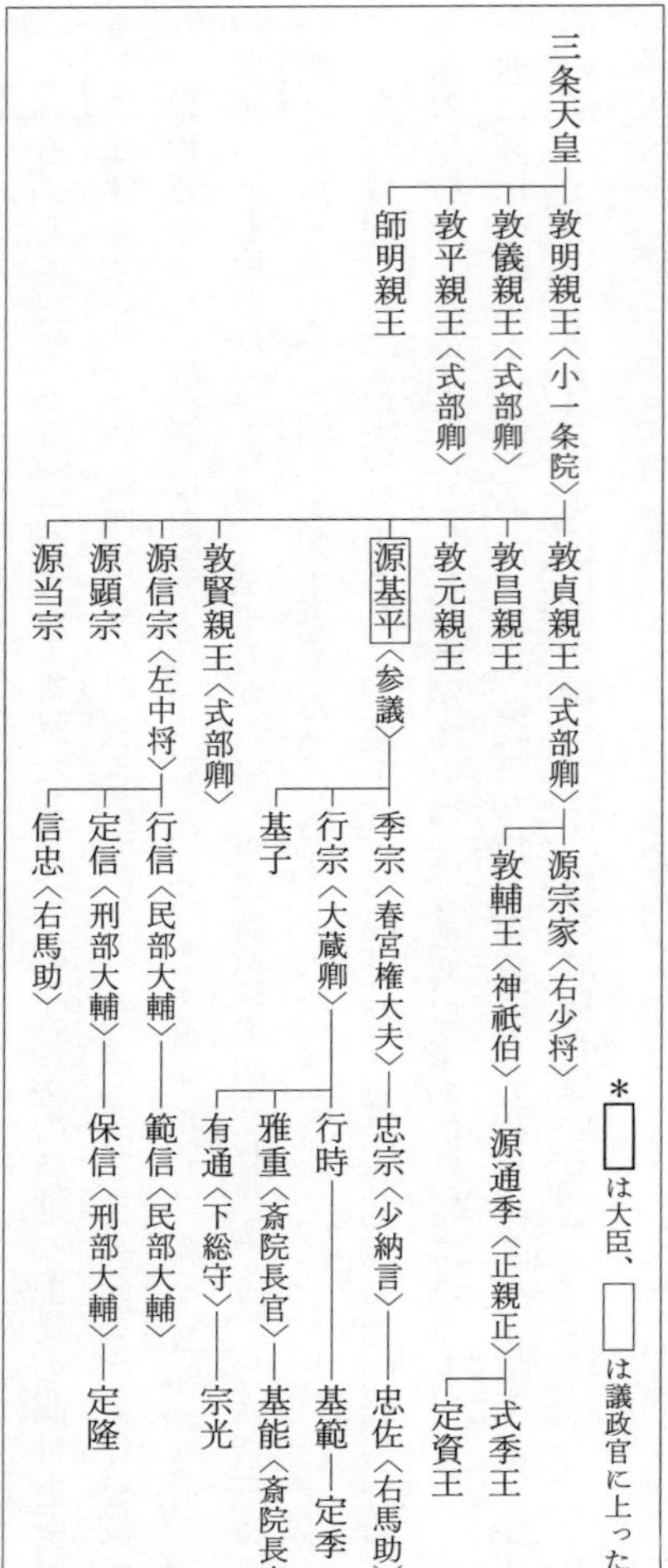

その後の三条源氏

次の世代以降では、基平の子の季宗《すえむね》（母は藤原良頼女）が、姉妹の基子が後三条女御《にょうご》として寵愛され、所生の実仁親王が皇太弟《こうたいてい》に立てられると、春宮権大夫《とうぐうごんのだいぶ》に任じられた。一族にもふたたび日が当たるかと思われたが、実仁は応徳《おうとく》二年（一〇八五）に死去し、季宗も応徳三年（一〇八六）に死去した。三十八歳、非参議《ひさんぎ》従三位であった。

その同母弟の行宗《ゆきむね》は、院の近臣《きんしん》として権勢のあった藤原顕季《あきすえ》との親交によって大蔵卿《おおくらきょう》に任じられ、非参議従三位に上ったが、康治《こうじ》二年（一一四三）に八十歳で死去した。歌道に執心して崇徳《すとく》院の側近として厚遇され（『今鏡《いまかがみ》』）、鳥羽《とば》・崇徳朝の専門歌人として多くの歌会・歌合《うたあわせ》に列席した。崇徳院歌壇に重きをなし、初度堀河百首《ほりかわひゃくしゅ》の作者となった。

信宗の子の定信《さだのぶ》、行宗の子の雅重《まさしげ》も、歌人として著名である。定信は藤原忠通家《ただみちけ》歌壇で活動し、『金葉和歌集《きんようわかしゅう》』に三首、『千載和歌集《せんざいわかしゅう》』に一首、入集したほか、数々の歌合に参加している。雅重は『千載和歌集』に一首、入集したほか、これも数々の歌合に参加している。

一方、敦輔《あつすけ》王の子の源通季《みちすえ》（母は藤原経季《つねすえ》女）は、弾正大弼《だんじょうだいひつ》や正親正《おおぎのかみ》を歴任した。天喜《てんぎ》三年（一〇五五）、村上天皇の後の王氏となすとの宣下を受け、子孫は代々、王を称して正親正を世襲した。

6　摂関家としての村上源氏

頼通後継者としての猶子

藤原道長《みちなが》の権力を受け継いだ頼通《よりみち》は、不比等《ふひと》の代に藤原氏が成立して以来、はじめて嫡《ちゃく》子《し》として権力を継承したことになる（倉本一宏『藤原氏　権力中枢の一族』）。

ところがこの頼通は、なかなか子女に恵まれなかった。不妊体質と思われる隆姫《たかひめ》女王（村《むら》上《かみ》皇子の具平《ともひら》親王の女《むすめ》）だけを妻としたことが原因なのであるが、こうして偶然の僥倖《ぎょうこう》によって権力を得た摂関政治《せっかんせいじ》が、偶然（この場合は必然であるのだが）の要因によって終焉《しゅうえん》へと向かうことになったのである。

頼通には后妃《こうひ》として入内《じゅだい》させる女子もなかなか生まれなかったが、当初は男子にも恵まれなかった。頼通に子女のいなかった（というより、隆姫女王としか接しようとしなかった）ことを憂慮した道長は、まず隆姫女王の同母弟で、父の具平親王を寛弘《かんこう》六年（一〇〇九）、外《がい》祖父《そふ》の為平《ためひら》親王を寛弘七年（一〇一〇）に、それぞれ喪《うしな》っていた万寿宮資定《ますのみやすけさだ》王（寛弘五年〔一〇〇八〕生まれ）を、頼通と隆姫女王の猶子《ゆうし》として養育させた。なお、資定王の同母兄の頼《より》成《しげ》は、すでに藤原伊祐《これすけ》の養子となっており、藤原頼成を名乗っていた（頼成の生母は「大《おお》顔《がお》」という身分の低い女性であるという説もある）。頼成は因幡守《いなばのかみ》で終わっているが、女の祇子《ぎし》は後に頼通の寵を受け、師実《もろざね》以下を産んでいる。

この資定王が元服《げんぷく》後に源師房《もろふさ》と名乗ることになるのであるが、道長が、このまま頼通が男子を得られなかった場合、この資定王を摂関家《せっかんけ》の後継者としようとしていたという意見もある（坂本賞三『藤原頼通の時代』）。そうすると、資定王が元服した際には、藤原姓に替えさせ

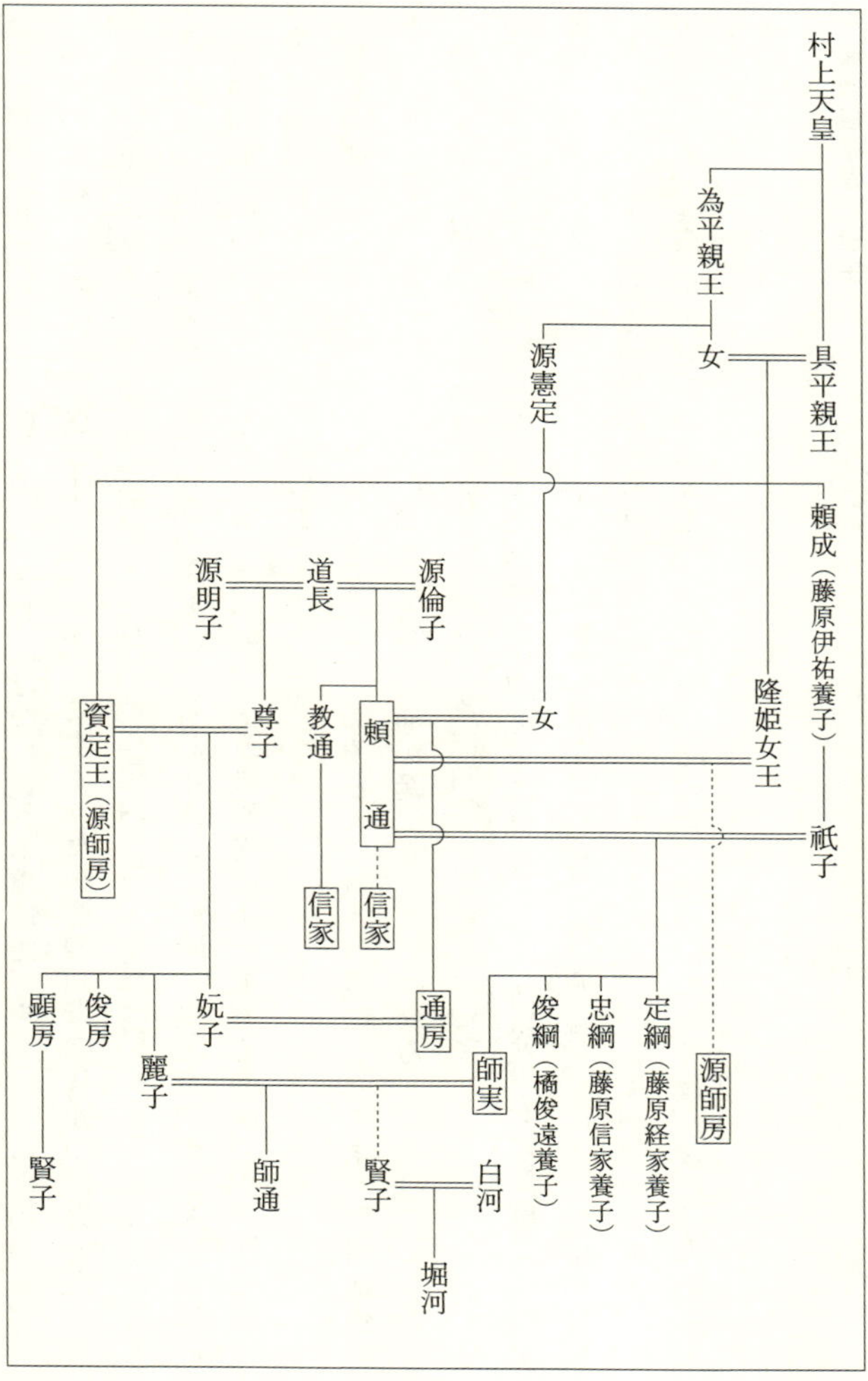
村上天皇
為平親王
女
具平親王
源憲定
頼成（藤原伊祐養子）
隆姫女王
祇子
源倫子
道長
源明子
女
頼通
教通
尊子
資定王（源師房）
信家
信家
通房
妧子
顕房
俊房
麗子
賢子
師実
俊綱（橘俊遠養子）
忠綱（藤原信家養子）
定綱（藤原経家養子）
源師房
師通
賢子
白河
堀河

ることを予定していたことになるが、実際には次に述べる事情で、そうはならなかった。

事情が変わったのは、寛仁《かんにん》二年（一〇一八）に生まれた頼通の同母弟教通《のりみち》の一男である信《のぶ》家《いえ》（母は藤原公任《きんとう》女）を、頼通が猶子としたことに起因する。道長は早くから頼通を後継者と定めていたのであるが（倉本一宏『藤原道長の日常生活』）、同時に摂関家内部における頼通と教通の嫡流《ちゃくりゅう》争いを予防しようとしていた。それは両者の生母である源倫子《りんし》や、姉で国母《こくも》である藤原彰子《しょうし》にとっても、同様であったに違いない。

信家が猶子となった時期は特定できないが、おそらくは誕生直後のことであった可能性が高い。ともあれこれで、藤原氏のままの摂関候補が誕生したことになる。

資定王が元服して、源師房となったのは、寛仁四年（一〇二〇）のことであった（『左経《さけい》記《き》』）。「二世、天暦御後《てんりゃくごご》」として十三歳で従四位下に直叙《ちょくじょ》され、侍従《じじゅう》、右近衛権中将《うこのえのごんのちゅうじょう》を経て、万寿《まんじゅ》元年（一〇二四）、十七歳の時に三日間で従三位に昇叙《しょうじょ》され、次いで参議を経ずに権中納言に上るなど、異数《いすう》の昇進を果たした。しかし、それはけっして頼通の後継者としてではなく、また別の立場によるものであった。その後の師房については、後に述べることとする。

頼通後継者の誕生

皮肉なことに、この直後に頼通に実子が誕生したのである。頼通家の女房《にょうぼう》として頼通の世話をしていた源憲定《のりさだ》の女（対《たい》の君）に頼通が通じ、万寿二年（一〇二五）に通房《みちふさ》を産んだのである。こういったことに寛容な道長の喜びぶりは、『左経記』に「禅門《ぜんもん》（道長）並びに殿下《てんが》（頼通）が喜悦されたことは、限り無かった」と記されるところであるが、ともあれ卑しからぬ出自（隆姫の従妹《いとこ》にあたる）の女性から生まれた頼通第一子は、摂関家後継者としての期待を一身に集めることとなった。

なお、信家の方は、長元《ちょうげん》三年（一〇三〇）に十三歳で正五位下に叙されてから、順調に昇進した。長元六年（一〇三三）に従三位、長元九年（一〇三六）に従二位に上り、非参議《ひさんぎ》から直ちに権中納言に任じられ、永承《えいしょう》二年（一〇四七）には三十歳で権大納言に任じられた。しかし、その後の昇進は止められ、康平《こうへい》四年（一〇六一）に四十四歳で死去している。

通房は、長元八年（一〇三五）に元服して正五位下に叙され（『日本紀略《にほんきりゃく》』）、左近衛少将《さこのえのしょうしょう》、右近衛権中将を経て、長暦《ちょうりゃく》三年（一〇三九）には十五歳で権中納言に任じられたが、寛徳《かんとく》元年（一〇四四）に二十歳で死去してしまった。

何という不運かと思われたが、何と通房が死去する二年前の長久《ちょうきゅう》三年（一〇四二）に、師実が生まれていたのである。頼通五十一歳の年であった。生母は源師房の同母兄である藤原頼成女で源倫子の女房であった祇子（進命婦《しんのみょうぶ》）である。

実は祇子はその前にも、定綱《さだつな》・忠綱《ただつな》・俊綱《としつな》・覚円《かくえん》・寛子《かんし》を産んでいる。これらのうち、出《しゅっ》家《け》した覚円と後冷泉《ごれいぜい》天皇の皇后となった寛子を除き、定綱は藤原経家《つねいえ》、忠綱は藤原信家《のぶいえ》、俊綱は橘俊遠《たちばなのとしとお》の、それぞれ養子とされた。その時期には、摂関家後継者を信家、後に通房に限定するための措置であったのであろう。最後に生まれた師実だけは、通房に万一のことが起こった場合の保険として頼通の子のまま育てていた矢先に、はからずも通房が死去してしまい、師実が摂関家後継者の座を手にしたといったところであろう。

師実は天喜《てんぎ》元年（一〇五三）に元服すると、天喜四年（一〇五六）に十五歳で権中納言、康平元年（一〇五八）に十七歳で権大納言、康平三年（一〇六〇）に十九歳で内大臣、治暦《じりゃく》元年（一〇六五）に二十四歳で右大臣、延久《えんきゅう》元年（一〇六九）に二十八歳で左大臣と昇進し、承保《じょうほ》二年（一〇七五）に三十四歳で関白《かんぱく》となって、摂関家嫡流を継いでいく。

源師房と村上源氏の立場

師房は長元八年に二十八歳で権大納言に上ったが、その後の昇進は停滞した。この長元八年が、頼通一男の通房が元服した年であることは、偶然ではない。五十八歳の治暦元年（一〇六五）になって、やっと内大臣に上ったが、それは頼通の後継者である二十四歳の師実の後任としてであった。源氏の大臣は、実に七〇年ぶりのことである。その後、延久元年に六十二歳で右大臣に上り、承保四年（一〇七七）に病を得、上表《じょうひょう》して諸官を辞した。白河《しらかわ》天皇（と関白師実）は辞表を返し、太政大臣《だいじょうだいじん》に任じるという宣旨を下したが、同日、死去した。七十歳。

土御門第《つちみかどてい》に居住したので、「土御門右大臣《つちみかどうだいじん》」と称された。この土御門第は道長の土御門第（土御門大路《つちみかどおおじ》の南側）ではなく、土御門大路の北側、左京《さきょう》北辺四坊六町に所在した、具平親王以来の村上源氏《むらかみげんじ》の本邸のことである（角田文衞「村上源氏の土御門第」）。他に師房は蚑松殿《はいまつどの》も領有している。なお、師房は、日記として『土御門右大臣記《つちみかどうだいじんき》』、略して『土右記《どゆうき》』『土記《どき》』、儀式書として『土御門右府次第《つちみかどうふしだい》』を残している。

この間、摂関家との重層した婚姻関係を結んだことが特筆される。まず師房は、万寿元年に道長六女（母は源明子《めいし》）の尊子《そんし》（隆子《りゅうし》）と結婚している。前年の治安《じあん》三年（一〇二三）には、藤原実資《さねすけ》鍾愛《しょうあい》の女である千古《ちふる》（「かぐや姫」）との縁談が、頼通から持ちかけられていたにもかかわらず、である。頼通は道長から何も聞かされていないと実資に伝えていることから、師房と尊子との縁談が道長の独断で進められたことを示している。実資は、この縁談は諸人が許さないと憤慨している（『小右記《しょうゆうき》』）。

ともあれ、これで師房は道長の婿《むこ》という立場にも立ったことになる。先に述べた、三日間で一挙に従三位に昇叙されたのは、この年のことであった。

土御門第故地（源師房）

蛟松殿故地（源師房）

尊子は、万寿四年（一〇二七）に妧子《がんし》、長元八年に俊房《としふさ》、長暦元年（一〇三七）に顕房《あきふさ》、その後、麗子《れいし》を儲《もう》けた。俊房と顕房については、後に詳しく述べることになるが、妧子が藤原通房と、麗子が藤原師実と、それぞれ結婚していることに注目すべきであろう。麗子は師実の後継者である師通《もろみち》を産んでいる。また、師実は顕房の女賢子《けんし》を養女とし、延久三年（一〇七二）に東宮貞仁《さだひと》親王（後の白河天皇）に入侍《にゅうじ》させた。賢子は第一皇子敦文《あつふみ》親王や第三皇子善仁《たるひと》親王（後の堀河《ほりかわ》天皇）を産んでいる。

王権としての村上源氏

その時には道長はすでに死去していたが、師房流村上源氏と摂関家との濃密な婚姻関係が構築されたことがわかる。道長がその妻を、源倫子と源明子にほぼ限定したことに始まる、摂関家と源氏を一体化させた究極の貴種《きしゅ》の創造が、ここに完結したことになる。いわば摂関家の一員として、村上源氏は王権の一部に組み込まれたのである。

後に、「源氏とはいっても、土御門右丞相《つちみかどうじょうしょう》（師房）の子孫は御堂《みどう》（道長）の末葉《まつよう》に入る。あの右府（師房）は宇治殿《うじどの》（頼通）の御子となったからである」と称されたように（『台記《たいき》』）、また村上源氏の庶流から出た北畠親房《きたばたけちかふさ》の『神皇正統記《じんのうしょうとうき》』に、道長・頼通を「遠祖《えんそ》のごとく思っている」と記されたように、ここに天皇家、摂関家、村上源氏が結合した王権中枢が形成されたことになる。

源氏としても、始祖の天皇とのミウチ意識だけに頼っていたのでは、世代が降るにつれて没落していくのは、これまでの歴史から自明である。ここに新たな道を切り拓いて、せめて師房流村上源氏だけでも生き残りをはかることに決したのであろう。

こうして摂関家との一体化によって、村上源氏は貴種として存続し、繁栄を続けることとなったのであるが、ただし、たとえば長保《ちょうほう》元年（九九九）に南都《なんと》を訪れた藤原行成《ゆきなり》が、興福《こうふく》寺《じ》・大安寺《だいあんじ》に参った後、薬師寺《やくしじ》に詣でようとして、「他氏（源氏）の建立《こんりゅう》した寺に詣でることは、意味のないことである」と考えて参らず、法華寺《ほっけじ》に参ったり（『権記《ごんき》』）、寛仁二年（一〇一八）に藤原実資が、源氏長者《げんじちょうじゃ》の俊賢《としかた》から、仁和寺親王《にんなじしんのう》（敦実《あつみ》親王）の遺骨を粉砕してしまったことを根拠に故中宮藤原遵子《じゅんし》を木幡《こはた》に移葬《いそう》しなくてもよいのではないかという書状を受け取った際に、敦実の例は一門（藤原氏）の事ではないので関係なく、一門の骨は木幡山の藤原氏の墓所に埋葬するのであると反駁《はんばく》したりしている（『小右記』）。道長や頼通のような摂関家の人々はともかく、他の藤原氏諸家にとっては、村上源氏との距離感は、微妙に異なっていたのである。

源氏の側も、藤原師実が九条流《くじょうりゅう》の故実《こじつ》に従ったのに対し、師房以下の源氏諸卿は源高《たか》明《あきら》の作法を守ったという例がある（『土右記』）。諸流を超越した貴種意識というのは、あくまで源氏に通底していたのであろう。

第四章　公家源氏群像

ここで視点を変えて、様々な公家源氏の人々の様相を眺めていくことにしよう。『平安時代史事典』を参照しながら、主に院政期《いんせいき》以前の公家源氏群像を追っていくこととしたい。

1 公家源氏のすごい人たち

まずは源氏《げんじ》に賜姓《しせい》された人物のうち、様々な分野で特筆すべき事績の伝えられている人々（つまりすごい人たち）について、並べて眺めてみよう。これらから、公家源氏の特徴が浮かび上がるはずである。村上源氏《むらかみげんじ》については、後に述べることとする。

なお、仁明源氏《にんみょうげんじ》・陽成源氏《ようぜいげんじ》・花山源氏《かざんげんじ》（冷泉源氏《れいぜいげんじ》）・三条源氏《さんじょうげんじ》については、これまでに述べてきた以外に、あまり「すごい人たち」もいなかったので、ここでは省略する。

嵯峨源氏のすごい人たち

先に述べたように、一世嵯峨源氏《さがげんじ》は高官に上るか、さもなくば出家《しゅっけ》するといった傾向が見られた。「天皇の藩屏《はんぺい》」としての役割を負ったという説もあるくらいである。しかし、二世以降の嵯峨源氏は、その地位を著しく低下させていた。二世嵯峨源氏は、おおむね五位の中級官人に転落し、三世ともなるとほとんどは官位も残らないか、名さえも残さないほどの地位の低下を招いていたのである。

しかしながら、彼らの意識という視点ではどうだろうか。現天皇とは等親《とうしん》が離れていったとはいっても、彼らも「皇胤《こういん》」なのであり、その高い貴種《きしゅ》意識と、現実の政治世界における地位の低下との間に、拭《ぬぐ》いがたい意識の乖離《かいり》を抱いていたのではないだろうか。そのような自我の崩壊に直面しながらも、精一杯生きていった「すごい人たち」を何人か挙げてみたい。

源明《あきら》——一世源氏。信《まこと》らとともに弘仁《こうにん》五年（八一四）に源氏の賜姓を受けた。性朗悟《ろうご》で才学があり、嵯峨天皇の勉学奨励の勅《ちょく》を受けて学問に励み、諸子百家《しょしひゃっか》をほぼ閲覧した。大学頭《だいがくのかみ》に任じられ、この官を長く勤めた。嘉祥《かしょう》二年（八四九）に参議に任じられたが、承和《じょうわ》九

延暦寺横川中堂

年（八四二）に嵯峨上皇が死去すると人生の無《む》常《じょう》を感じ、嘉祥三年（八五〇）に兄仁明天皇の死去に際して出家し、沙門《しゃもん》となった（法名は素《そ》然《ぜん》）。「横川宰相入道《よかわさいしょうにゅうどう》」とも称し、比叡《ひえい》山中で生涯を終えた。当時の人々はその節操《せっそう》の高きを以て慕ったという。

源興《おこる》——二世源氏。左大臣常《ときわ》の男。承和十二年（八四五）に従五位下に直叙《ちょくじょ》され、侍従《じじゅう》、左兵衛権佐《さひょうえのごんのすけ》、右中将《うちゅうじょう》などを歴任、蔵人頭《くろうどのとう》の職にもあった。貞観《じょうがん》十四年（八七二）に死去。四十五歳。「姿質《ししつ》を美くし、挙止《きょし》を能《よ》くす。外《がい》貌《ぼう》は雄峻《ゆうしゅん》、内性は寛柔《かんじゅう》」であり、幼くして学ぶことなく百氏の書をそらんじていたと評された。

源実《さね》——三世源氏。参議舒《のぶる》の男。寛平《かんぴょう》六年（八九四）に叙爵《じょしゃく》、左近衛少将《さこのえのしょうしょう》、信濃守《しなののかみ》とな

『佐竹本三十六歌仙絵』より源順（サントリー美術館蔵）

り、昌泰《しょうたい》三年（九〇〇）に死去。筑紫《つくし》に湯治《とうじ》に出かけた際の山崎《やまさき》における遊女白女《ゆうじょしろめ》（大江音人《おおえのおとんど》の孫で玉淵《たまふち》の女《むすめ》）との贈答歌が『古今和歌集《こきんわかしゅう》』に収められている。

源善《よし》――三世源氏。参議舒の男。後院別当《ごいんべっとう》として宇多《うだ》法皇《ほうおう》に仕《つか》えたが、菅原道真《すがわらのみちざね》が右大将であった時にその中将の任にあり、延喜《えんぎ》元年（九〇一）の道真左遷の際、それを誘引《ゆういん》した疑いで左遷された。

源順《したごう》――四世源氏。挙《あがる》の男。承平《じょうへい》年中（九三一～九三八）、二十代の時に、母が出仕《しゅっし》している勤子《きんし》内親王のために辞書『和名類聚抄《わみょうるいじゅうしょう》』を撰び、天暦《てんりゃく》五年（九五一）に梨壺《なしつぼ》の五人に選ばれて第二の勅撰集《ちょくせんしゅう》『後撰和歌《ごせんわか》集《しゅう》』の撰集に従事したが、天暦七年（九五三）に文章《もんじょう》生《しょう》となるまで学生《がくしょう》のままであった。天徳《てんとく》三年（九五九）の内裏詩合《だいりしあわせ》、天徳四年（九六〇）の内裏歌合《うたあわせ》の作者となった。以後、民部少丞《みんぶのしょうじょう》、和泉守《いずみのかみ》、能登守《のとのかみ》などに任じられ、永観《えいかん》元年（九八三）に七十三歳で死去した。後に三十六歌仙《かせん》の一人に列せられた。学問の業績に比べて官位が伴わず、不遇、沈淪《ちんりん》、無常の意識を強く抱いた。特に仕えていた源高明《たかあきら》が安和《あんな》二年（九六九）に失脚してからは老貧《ろうひん》を訴え、不遇にあえいだ。

文徳源氏のすごい人たち

文徳《もんとく》―清和《せいわ》―陽成という旧嫡《ちゃくりゅう》流の皇統《こうとう》から降下した源氏にとっては、皇統が光孝《こうこう》―宇多―醍醐《だいご》と替わってからは、天皇からのミウチ意識も薄れていき、その地位を低下させていった。皇統の交替を横目で眺めつつ、彼らは彼らなりに「すごい人たち」を輩出していたのである。

源時明《ときあきら》――四世源氏。仲舒《なかのぶ》の男。藤原兼家《かねいえ》や藤原道長《みちなが》に近仕し、長徳《ちょうとく》二年（九九六）に藤原伊周《これちか》周辺による呪詛《じゅそ》事件と関連して播磨守《はりまのかみ》に任じられたが、改めて行なわれた除目《じもく》で藤原信理《のぶまさ》に替えられた。藤原実資《さねすけ》は「時明が辞退して替わった事は、（道長の）頗《すこぶ》る意に任せている」と非難している（『小右記《しょうゆうき》』）。

源忠良《ただよし》――四世源氏。仲連《なかつら》の男。武官として左兵衛尉《さひょうえのじょう》、右衛門尉《えもんのじょう》を勤め、検非違使《けびいし》を兼ねた。正暦《しょうりゃく》三年（九九二）に阿波国海賊追討使《あわのくにかいぞくついとうし》として、海賊一六人の首を梟《さら》し、二十余人を捕らえ、獄に下した（『日本紀略《にほんきりゃく》』）。

源兼資《かねすけ》――五世源氏。参議惟正《これまさ》の三男。薩摩《さつま》・美濃《みの》・伊予《いよ》などの国守《こくしゅ》を歴任した。薩摩では治績により一階を叙され、伊予においては、任終《にんじゅう》の年、諸郡の吏が入洛《にゅうらく》し、能治《のうじ》を以て兼資の重任《ちょうにん》を請うた。死去に際し、藤原行成《ゆきなり》は、「蓬萊宮《ほうらいきゅう》（内裏《だいり》）・仙院《せんいん》（上皇《じょうこう》）・少陽宮《しょうようきゅう》（東宮）、皆、その籍に通じた。仙骨《せんこつ》が有ると称すべきである」と讃えている（『権記《ごんき》』）。

源方弘《まさひろ》――五世源氏。時明の男。文章生から出身し、道長の家司《けいし》的存在として、寛弘《かんこう》七年（一〇一〇）に一条院東北対《いちじょういんとうほくのたい》を道長の意のごとく期日どおりに造営して馬を賜わるなど、道長の信任を得た。ただし、後宮《こうきゅう》における振舞いは苦手であったらしく、清少納言《せいしょうなごん》には、「方弘はたいそう人に笑われる者であるよ」（『枕草子《まくらのそうし》』）と酷評されている（道長派であった故か）。

源光清《みつきよ》――六世源氏。致文《むねふみ》の男。文章生から兵部大丞《ひょうぶのだいじょう》、式部丞《しきぶのじょう》、斎院長官《さいいんのかみ》、伊賀守《いがのかみ》を歴任。斎院長官としての勤仕《ごんし》の状況が『小右記』に見える。ただし、長元《ちょうげん》二年（一〇二九）、伊勢神宮《いせじんぐう》の伊賀神民《しんみん》が伊賀守であった光清の非法を訴え、光清は長元三年（一〇三〇）に伊豆《いず》国に流された。長元四年（一〇三一）に配流《はいる》の途上で近江《おうみ》国で盗人に遭い、衣を奪われた。しかし長元五年（一〇三二）に赦《ゆる》されている（『小記目録《しょうきもくろく》』）。

清和源氏のすごい人たち

清和源氏《せいわげんじ》は、それまでの他の公家源氏に比べても、官人としてはきわだって低迷した。もちろん、彼らが官人として出身した頃には、すでに皇統が替わっていたからである。その時々の天皇からは、「遠き皇胤」どころか、ミウチとも認識されていなかったのではないだろうか。

ここでは、公家《くげ》として活動することに早く見切りをつけ、地方に活動の道を求めた武家以外の、都に残った清和源氏について触れよう。

源重之《しげゆき》――三世源氏。兼信《かねのぶ》の男。帯刀先生《たちはきせんじょう》の後、右近将監《うこんのしょうげん》、左馬助《さまのすけ》などの武官を勤めたほか、相模権介《さがみのごんのすけ》、相模権守《さがみのごんのかみ》に任じられた。藤原済時《なりとき》に名簿《みょうぶ》を奉って正暦年間（九九〇～九九五）に肥後《ひご》や大宰府《だざいふ》に赴任し、大宰大弐《だざいのだいに》の藤原佐理《すけまさ》の「仮名の御手本」の歌を詠《よ》んで奉るなど、佐理と交際を結んだ。最晩年には、長徳元年（九九五）に陸奥守《むつのかみ》に任じられた藤原実方《さねかた》に随行して陸奥に下り、長徳四年（九九八）の実方の没後も陸奥に土着し、同地で没したとされる。若くして歌人としての名声は高かったが、官途《かんと》は閉ざされており、家集《かしゅう》『重之集《しげゆきしゅう》』には身の不遇を嘆く歌が多い。三十六歌仙の一人。

源能遠《よしとお》――三世源氏。参議兼忠《かねただ》の男。永祚《えいそ》元年（九八九）に少納言として余慶《よけい》を天台座主《てんだいざす》に補す宣命使《せんみょうし》となったが、登山の間、山中の法師数百人に妨げられ、宣命を破棄された

（山門《さんもん》・寺門《じもん》の抗争の故）。早帰の故を召問《しょうもん》され、宣命使を交替されている（『小右記』）。

源忠重《ただしげ》――三世源氏。満政《みつまさ》の男。長和《ちょうわ》二年（一〇一三）に美濃の自宅辺りの河で異魚《いぎょ》を射取り、その絵図を源憲定《のりさだ》を介して送進した。魚の長さは六尺六寸（約二メートル）、頭に水を吹き出す穴が有り、鱗《うろこ》は無く、色は黒いとのことで、「人魚《にんぎょ》ではないでしょうか」などと言っている（『小右記』）。それにしても、木曾三川に迷い込んだイルカが哀れでならない。

源成任《なりとう》――五世源氏。信成《のぶなり》の男。万寿《まんじゅ》元年（一〇二四）に蔵人式部丞《くろうどしきぶのじょう》であった時、夜、紫宸殿《ししんでん》の前で藤原経輔《つねすけ》（隆家《たかいえ》の男）と相撲《すまい》を取ったところ、闘乱となり、経輔は成任を殴打し、経輔の従者《じゅうしゃ》は成任の宿所を破壊した（『小右記』）。

源致親《むねちか》――五世源氏。為清《ためきよ》の男。長暦《ちょうりゃく》二年（一〇三八）に安楽寺《あんらくじ》の愁訴《しゅうそ》によって中納言藤原実成《さねなり》が解官《げかん》された際、その共犯として安楽寺の雑物を捜取した強盗の罪に問われ、隠岐《おき》国に配流された（『百練抄《ひゃくれんしょう》』）。

光孝源氏のすごい人たち

一世光孝源氏《こうこうげんじ》は三人が議政官《ぎせいかん》に上ったが、世系が降ると、わずかに是忠《これただ》の子の清平《きよひら》と正明《ただあきら》が参議に任じられた以外は、議政官に上った者はいなくなり、ほとんどは下級官司の長官か地方官などに任じられている。新皇統の祖である光孝の子孫であっても、段々と世系を経るにしたがって、その時々の天皇との等親は離れていったのである。

源宗于《むねゆき》――二世源氏。中納言是忠の男。丹波権守《たんばのごんのかみ》、摂津権守《せっつのごんのかみ》、兵部大輔《ひょうぶのたいふ》、右馬頭《うまのかみ》などを経て、承平三年（九三三）に右京大夫《うきょうだいぶ》となり、天慶《てんぎょう》二年（九三九）に死去した。『古今和歌集』に六首、『後撰和歌集』に三首、『新勅撰和歌集《しんちょくせんわかしゅう》』以下の勅撰集にも六首、入集しているほか、『大和物語《やまとものがたり》』に関係説話が八編あるなど、歌人として活躍した。三十六歌仙の一人。

源公忠《きんただ》――二世源氏。国紀《くにのり》の男。掃部助《かもんのすけ》、内蔵権頭《くらのごんのかみ》、民部少輔《みんぶのしょう》、近江守《おうみのかみ》などを歴任し、天慶六年（九四三）に右大弁《うだいべん》に任じられたが、病により辞し、天暦二年（九四八）に死去した。六十歳。蔵人と弁官《べんかん》を長く勤め、有能な官人であったが、性また風流に富み、和歌や合香《あわせごう》などの才芸豊かであった。また、「ひたぶるの鷹飼《たかかい》」として、久世《くぜ》の鳥、交野《かたの》の鳥の味を見分けたという（『大鏡《おおかがみ》』）。説話にも、『大和物語』『今昔物語集《こんじゃくものがたりしゅう》』『江談抄《ごうだんしょう》』『古事談《こじだん》』などに登場する。三十六歌仙の一人。子の信明《のぶあきら》も三十六歌仙に加えられている。

源為憲《ためのり》――三世源氏。忠幹《ただもと》の男。源順に師事して文章生となり、康保《こうほう》元年（九六四）に創始された勧学会《かんがくえ》の結衆《けっしゅ》となった。天禄《てんろく》元年（九七〇）に藤原誠信《さねのぶ》（藤原為光《ためみつ》男）のために『口遊《くちずさみ》』を撰し、天禄三年（九七二）の空也《くうや》の死に際して『空也誄《くうやるい》』を執筆し、永観二年（九八四）に尊子《そんし》内親王に『三宝絵詞《さんぽうえことば》』を献じた。寛和《かんな》二年（九八六）には円融《えんゆう》院旧臣として東大寺《とうだいじ》に随行し、『円融院御受戒記《えんゆういんごじゅかいき》』を記した。長徳三年（九九七）に美濃守《みののかみ》となり、藤原致忠《むねただ》殺害事件により釐務《りむ》を停止《ちょうじ》されるも、百姓《ひゃくせい》の申請によって旧に復した（『権記』）。寛弘四年（一〇〇七）にも藤原頼通《よりみち》のために『世俗諺文《せぞくげんぶん》』を撰した。

源国盛《くにもり》――四世源氏。信明の男。但馬守《たじまのかみ》、常陸介《ひたちのすけ》、讃岐守《さぬきのかみ》などを歴任。長徳二年（九九六）に越前守《えちぜんのかみ》に任じられるも、急に藤原為時《ためとき》（紫式部《むらさきしきぶ》の父）に替えられた。家中の上下は涕泣《ていきゅう》し、病を受け、秋には播磨守に任じられたが、病により死去した。

源兼澄《かねずみ》――四世源氏。信孝《のぶたか》の男。大中臣能宣《おおなかとみのよしのぶ》の女婿《じょせい》となり、その男輔親《すけちか》と並ぶ一条《いちじょう》朝の専門歌人となった。各種の障子絵歌《しょうじえか》や屏風歌《びょうぶか》、行幸和歌《ぎょうこうわか》を詠進し、道長家歌合に出詠《しゅつえい》した。

源為貞《ためさだ》――四世源氏。清延《きよのぶ》の男。永祚元年（九八九）に怠慢により右兵衛尉《うひょうえのじょう》を解任《げにん》されるも、大赦《たいしゃ》により赦免された。長徳二年（九九六）に左衛門尉《さえもんのじょう》として伊周を大宰府に送る使となったが、伊周の「病」によって、播磨《はりま》に留めた。

源為文《ためふみ》――四世源氏。清邦《きよくに》の男。寛弘元年（一〇〇四）に道長に馬四疋、頼通に一疋を献上するなど、道長家に接近したが、伊周の姻戚《いんせき》でもあり、寛弘六年（一〇〇九）に藤原彰《しょう》子《し》・敦成《あつひら》親王・道長呪詛の造意《ぞうい》者となって罪を勘申《かんじん》された。

源政職《まさもと》――五世源氏。国盛の男。長和元年（一〇一二）に加賀守《かがのかみ》の時、百姓に非法の政三十二箇条を訴えられたが、国司の側も百姓を訴える解文《げぶみ》を提出した。政職と百姓を勘問《かんもん》する段になり、政職は任用国司《にんようこくし》や郡司書生《ぐんじしょしょう》を具して参上し無実の申し立てをしたが、愁訴《しゅうそ》した百姓側は出頭せず、政職は非法無実ということで放免《ほうめん》された。寛仁《かんにん》四年（一〇二〇）に群盗《ぐんとう》に襲撃されて殺害されたが、あるいは加賀守在任中に不満を持った者の仕業であろう。

源道済《みちなり》——五世源氏。方国《まさくに》の男。文章生から蔵人、式部大丞《しきぶのだいじょう》を経て筑前守《ちくぜんのかみ》兼大宰少弐《だざいのしょうに》に至り、寛仁三年（一〇一九）に刀伊《とい》の入寇《にゅうこう》を撃退し（『小右記』）、当年、任地で死去した（『赤染衛門集《あかぞめえもんしゅう》』）。漢詩・和歌ともに優れ、『拾遺和歌集《しゅういわかしゅう》』の撰者にも擬せられている。気分屋で感情の起伏が激しかった藤原頼貞《よりさだ》に「船路君《ふなじのきみ》」というあだ名をつけたという（『江談抄』）。鷹狩《たかがり》を題とした歌の優劣を藤原長能《ながよし》と競い、藤原公任《きんとう》に評価されたともいう（『俊頼髄《としよりずい》脳《のう》』）。

源国挙《くにたか》——五世源氏。通理《みちまさ》の男。備中《びっちゅう》・若狭《わかさ》・美濃・但馬《たじま》などの国守を歴任し、長和四年（一〇一五）に病のため出家し、治安《じあん》三年（一〇二三）に死去した。『今昔物語集』には、一旦、死んで閻魔庁《えんまちょう》に召されたが、地蔵菩薩《じぞうぼさつ》に生存中の非を懺悔《ざんげ》して再生し、定朝《じょうちょう》作の等《とう》身皆金色地蔵菩薩像《しんかいこんじきじぞうぼさつぞう》を六波羅蜜寺《ろくはらみつじ》に献じたとの説話を載せる。東三条院《ひがしさんじょういん》藤原詮子《せんし》に別当《べっとう》として仕え、また道長に故源伊行《これゆき》家文書《けもんじょ》四百余巻を持参し、出家後も道長家法華三十講《ほっけさんじっこう》に僧の非時食《ひじじき》を送るなど（『御堂関白記《みどうかんぱくき》』）、道長に近侍した。

宇多源氏のすごい人たち

宇多源氏《うだげんじ》のうち、とりわけ敦実《あつみ》親王三男の雅信《まさのぶ》の系統は、道長との姻戚関係も手伝って、後世に至るまで議政官を出し続けた。また、詩歌管絃《しいかかんげん》の世界で突出した人物を数多く輩出した。後に触れるが、多くの名僧も出している。

源扶義《すけよし》――三世源氏。雅信四男。文章生から左右少弁、左中弁《さちゅうべん》などを歴任し、正暦五年（九九四）に参議に任じられたが、長徳四年（九九八）に四十八歳で死去した。有能な事務官僚として、一条朝における九卿の一人と評された（『続本朝往生伝《ぞくほんちょうおうじょうでん》』）。また近江源氏《おうみげんじ》佐々木《ささき》氏一流の祖とされる。

源雅通《まさみち》――時通《ときみち》男の四世源氏だが、祖父雅信の養子となった。源倫子《りんし》との関係から、道長の眷顧《けんこ》にも浴した。長和五年（一〇一六）に後一条《ごいちじょう》天皇が病悩した際、「これは心肋《しんろく》と申す病で、自分も何年か煩《わずら》っており、□□という薬を付けると治ります」などと道長に勧めている（『御堂関白記』）。寛仁元年（一〇一七）に疫病《えきびょう》により死去。心直く人に媚《こ》びることはなかったものの、春秋の逍遥《しょうよう》・遊戯に惹《ひ》かれ、狩猟にふけり、栄華を好むなど罪業《ざいごう》を積んだが、道心《どうしん》があり平素より法華経《ほけきょう》を誦したことから往生《おうじょう》を得たとされる（『本朝法華験記《ほんちょうほっけげんき》』）。

源済政《なりまさ》――四世源氏。時中《ときなか》の男。信濃・讃岐・近江・播磨・丹波などの国守を歴任。道長の家司を勤めた。源家音曲《げんけおんぎょく》の元祖とされる敦実親王の血脈《けつみゃく》を受け、郢曲《えいきょく》・催馬楽《さいばら》・神楽《かぐら》・

和琴《わごん》・横笛などに優れた。口が軽く誤解を招きやすい性格で、万寿二年（一〇二五）に虚言・放言《ほうげん》により道長から勘当《かんどう》を受けたこともある。また、長保《ちょうほう》二年（一〇〇〇）には藤原寧《やす》親郎等《ちかろうどう》射殺事件を起こした（『権記』）。清少納言とは親しかった（『枕草子』）。

源経頼《つねより》――四世源氏。扶義の男。二五年間にわたって弁官を歴任し、蔵人頭を経て、長元三年（一〇三〇）に参議に任じられた。道長室倫子との近親関係に加えて、有能精勤ぶりは特筆すべきである。日記『左経記《さけいき》』を遺し、部類記《ぶるいき》の作成をはかるとともに、『西宮記《さいきゅうき》』勘物《かんもつ》を作成した。『類聚符宣抄《るいじゅうふせんしょう》』も経頼が編纂《へんさん》したものとされる。浄土念仏《じょうどねんぶつ》の世界に強く惹かれていたが、頼通の勘発《かんぱつ》を被《こうむ》り、程なく病を得て没したという（『江談抄』）。死去したのは長暦三年（一〇三九）のことであった。五十五歳。

源経相《つねすけ》――四世源氏。時中の男。国司を歴任したが、長暦三年、三河守《みかわのかみ》で死去した。女は実資孫の資房《すけふさ》と結婚したが、仲が悪く、経相は「至愚《しぐ》の人」と酷評されている（『春記《しゅんき》』）。万寿元年（一〇二四）に自宅内の材木を藤原教通《のりみち》の雑人に奪われ、道長に訴えている。一方、万寿二年（一〇二五）には備前守《びぜんのかみ》として実資に米八百石を貢進している。

源経隆《つねたか》――四世源氏。権中納言通方《ごんちゅうなごんみちかた》の男。信濃守、備前守、常陸介などを歴任した。壮年より仏典に親しみ、出家後は私財を造仏寺に投じず、乞者《こつしゃ》に惜しみなく与えた。生前は釈《しゃ》迦入滅《かにゅうめつ》の日である二月十五日に没することを願っていたが、永保《えいほ》元年（一〇八一）二月十四日に念仏を唱えながら乱れることなく入滅した（『拾遺往生伝《しゅういおうじょうでん》』）。

源資通《すけみち》——五世源氏。済政の男。参議勘解由長官《かげゆのかみ》に至り、康平《こうへい》三年（一〇六〇）に五十六歳で死去。重代《じゅうだい》の管絃者で、郢曲・琴・笛、特に琵琶の名手としての逸話が多い。『更級日記《さらしなにっき》』には、作者菅原孝標女《すがわらのたかすえ》たちと音楽の話をからませながら春秋優劣論を語り、斎宮裳着《さいぐうもぎ》使《し》として下向した時の思い出など、「世の中のあはれなることどもなどこまやかに」話す風流人の姿が描かれている。

醍醐源氏のすごい人たち

後世に至るまで数多くの議政官を輩出して、村上源氏と並んで繁栄した醍醐源氏《だいごげんじ》は、これまた多くの「すごい人」を出した。

源邦正《くにまさ》——二世源氏。重明《しげあきら》親王男、母は藤原忠平《ただひら》女。容姿・所作が甚だ異様、滑稽《こっけい》で、色は露草の花を塗ったように青白かったので、人々は「青経《あおつね》の君」と称して笑ったという（『今昔物語集』）。『落窪物語《おちくぼものがたり》』の「面白の駒」のモデルかとされている。

源博雅《ひろまさ》——二世源氏。克明《よしあきら》親王男、母は藤原時平《ときひら》女。中務大輔《なかつかさのたいふ》、右近衛中将、右兵衛督《うひょうえのかみ》などを歴任。天延《てんえん》二年（九七四）に従三位に叙された（非参議《ひさんぎ》）。天元《てんげん》三年（九八〇）に死去。六十三歳。御遊《ぎょゆう》に重用され、和琴を奏した。横笛を源雅信に学んだ。勅命により『新撰《しんせん》楽譜《がくふ》』を撰進。その他、郢曲、箏《しょう》、琵琶、大篳篥《おおひちりき》、神楽篳篥《かぐらひちりき》を学んだ。琵琶の秘曲「流《りゅう》泉《せん》・啄木《たくぼく》」を学ぶために逢坂《おうさか》山に隠棲《いんせい》していた蟬丸《せみまる》を夜ごと訪れた説話や、鬼に奪われた琵琶の名器「玄象《げんじょう》」を取り戻した説話（『今昔物語集』）、盗人が彼の篳篥を聴いて改心した説話（『古今著聞集《ここんちょもんじゅう》』）、笛の名器「葉二《はふたつ》」を朱雀門《すざくもん》の前で手に入れた説話（『十訓抄《じっきんしょう》』）など、楽才を讃える説話が多い。ただ、緩怠《かんたい》を非難された藤原定頼《さだより》に対し、そのたとえとして、「博雅のようなものである。博雅は文筆・管絃の者である。但し天下の懈怠《けたい》の馬鹿者である。世は相伝えている」と挙げられてもいる（『小右記』）。

源信明《のぶあきら》――三世源氏。博雅の子で、これも管絃の名人。特に琵琶に長じていた。一条天皇御前での弟信義《のぶよし》との琵琶玄象・牧馬《ぼくば》をめぐる勝劣の争いの話は有名である（『文机談《ぶんきだん》』）。

源高雅《たかまさ》――三世源氏。守清《もりきよ》の男。道長家家司。米や邸第《ていだい》の寄進、非時食の奉仕など、道長への奉仕が『御堂関白記』に見える。寛弘六年に病により出家した際は、道長は「歎き思ったことは少なくなかった」と記している。

源明理《あきまさ》――三世源氏。権大納言重光《しげみつ》の男。右近衛少将、左京大夫を勤める。父が伊周の岳《がく》父《ふ》であった関係から中関白家《なかのかんぱくけ》と深く結び、長徳の変に連坐《れんざ》したが、翌年には昇殿《しょうでん》を聴《ゆる》されている。実資や行成とも親しく交際していた。長徳元年（九九五）に中宮（藤原定子《ていし》）の女《にょう》房《ぼう》が陰陽寮《おんみょうりょう》の楼に登り、侍従所《じじゅうしょ》を巡検《じゅんけん》した際には、これに陪従《べいじゅう》している（『枕草子』）。

源方理《かたまさ》――三世源氏。明理の兄弟。長徳の変に連坐した。寛弘三年（一〇〇六）には方理の寝所に抜刀者が走り登った（『小記目録』）。寛弘六年の彰子・敦成親王・道長呪詛に関与し、官位を解却《げきゃく》されたが、翌年に赦された。

源則理《のりまさ》――三世源氏。明理の兄弟。因幡《いなば》・美作《みまさか》・尾張・但馬の国守を歴任。長暦元年（一〇三七）に石清水八幡別宮神人《いわしみずはちまんべつぐうじにん》と闘乱事件を起こし、土佐《とさ》国に配流された。実資は則理を信頼し、則理もたびたび任地から実資に物を贈っている（『小右記』）。

源顕基《あきもと》――三世源氏。俊賢《としかた》の嫡男。頼通の猶子《ゆうし》となり、蔵人頭、参議を歴任し、権中納言に上ったが、長元九年（一〇三六）に後一条天皇が死去すると、「忠臣《ちゅうしん》は二君に仕えず」と出家して横川に隠棲した。漢詩・和歌・舞楽・琵琶・弓射《きゅうしゃ》に堪能《たんのう》で、数多の説話に語り伝えられている。ただ、長元三年（一〇三〇）に馬の頭を牛の尾に結び付け、その牛が紫宸殿南庭に入るなどの奇行も伝わる（『小右記』）。

源隆国《たかくに》――三世源氏。俊賢の二男。蔵人頭、参議を経て権大納言に至った。晩年、宇治《うじ》平等院《びょうどういん》の南泉房《なんせんぼう》に籠って『宇治大納言物語《うじだいなごんものがたり》』を編集したと伝える（『宇治拾遺物語《うじしゅういものがたり》』）。ただし、「日夜、追従《ついしょう》を行ない、讒言《ざんげん》を自分の任としている」とも評されている（『春記』）。

源章任《あきとう》――四世源氏。高雅男。伊予守、但馬守などを歴任。万寿四年（一〇二七）に頼通に銀作の鯉や雉《きじ》で饗応《きょうおう》するなど、派手なもてなしを行なった。蓄財に関して貪欲《どんよく》で、但馬守在任中の寛徳《かんとく》元年（一〇四四）に宋商《そうしょう》が但馬国に漂着した際、都から派遣された存問使《そんもんし》を待たずに独断で交渉し、翌年には雑物押領《ぞうもつおうりょう》を訴えられた。長元元年（一〇二八）には東寺《とうじ》の塔を修造している。

源行任《ゆきとう》——四世源氏。高雅男。諸国の受領《ずりょう》を歴任。万寿三年（一〇二六）には上東門院《じょうとうもんいん》別当《べっとう》になり（『左経記』）、長元六年（一〇三三）には行任第で禎子《ていし》内親王が尊仁《たかひと》親王を出産しているなど（『日本紀略』）、上東門院藤原彰子をはじめとする摂関家《せっかんけ》に永年にわたって奉仕した。

源経成《つねなり》——四世源氏。長経《ながつね》の男。永承《えいしょう》二年（一〇四七）に参議、康平四年（一〇六一）に権中納言に任じられた。検非違使別当《けびいしべっとう》時代、左獄《さごく》が火災にあった際に獄囚《ごくしゅう》を免じなかったため、経成の子重資《しげすけ》らの子孫は繁栄しなかったという逸話（『十訓抄』）や、石清水八幡宮《いわしみずはちまんぐう》に願をかけ、強盗百人の首を斬る功によって中納言に任じられることを望んだとの逸話がある（『古事談』）。

源俊賢について

ここで特に、公家源氏として繁栄した人物の典型である源俊賢について述べることとする。

俊賢は左大臣高明の嫡男として、天徳四年に生まれた。母は藤原師輔《もろすけ》三女。姉に道長室となった明子《めいし》がいた。正暦三年に蔵人頭、長徳元年に参議に任じられ、権大納言まで上った。寛仁三年に致仕《ちし》したが、彰子の太皇太后宮大夫《たいこうたいごうぐうだいぶ》と民部卿《みんぶきょう》には留まった。万寿四年に出家し、死去した。六十八歳。

道長のもっとも強力な支持者の一人であり、後世には行成・公任・藤原斉信《ただのぶ》とともに「寛弘の四納言」と讃えられたが、実資は俊賢の道長に対する追従ぶりを非難している（『小右記』）。

道長に批判的な実資の立場からは、道長に追従する「恪勤《かくご》の上達部《かんだちめ》」たちは、非難の対象となったのであろうが、日頃、彼らの日記である古記録を読んでいると、当時の宮廷が俊賢抜きでは機能していかなかったであろうことも、容易に看取される。各政務や行事の上卿《しょうけい》を勤め（特にその日に限った日《ひ》の上卿《しょうけい》）、後院別当など、皇室や源氏の長者《ちょうじゃ》として政治や宮廷経済を統轄している姿は、彼がいかに道長や時々の天皇に信頼されていたかがわかる。

寛弘八年（一〇一一）に三条《さんじょう》天皇の即位式や大嘗会《だいじょうえ》の儀式を、大嘗会御禊装束司長官《だいじょうえごけいしょうぞくしちょうかん》として、次官の行成と頻繁に打ち合わせしている様子は『権記』に詳しいが、この時の各公卿《くぎょう》の調整が、儀式の完成に大きく寄与したものと思われることを考えると、『西宮記』を著わした高明嫡男としての俊賢の面目躍如といった観がある。

俊賢の行動を、古記録から抜き出してみよう。正暦四年（九九三）に行成と面会した俊賢は内々に、「先夜、比叡山（延暦寺《えんりゃくじ》）において、汝《なれ》（行成）のために吉想《きっそう》を夢に見た」と語った。行成は、「仏法《ぶっぽう》の霊験《れいげん》である」と記している（『権記』）。実際にも行成は俊賢の後任の蔵人頭に抜擢《ばってき》されており、俊賢の推挙があったという説話もある。後輩を思う俊賢の姿である。

長徳元年、伊周が随身《ずいじん》を賜わった際、また道隆《みちたか》が伊周を関白《かんぱく》とするよう奏上した際、さらには道長に内覧宣旨《ないらんせんじ》が下った際、俊賢は蔵人頭として一条天皇との連絡にあたり、実資からの質問に答えている。道長と伊周が仗座《じょうのざ》において口論に及んだことを実資に告げてきたのも俊賢であった（『小右記』）。この時点では、俊賢は有能な天皇側近として、実資からも信用されていたのである。

風向きが変わったのは、俊賢が参議に任じられて公卿の仲間入りをした頃、また道長長女の彰子が入内《じゅだい》して道長の権力が確定しかかった頃であろうか。長保元年（九九九）に、道長が彰子入内の屏風和歌《びょうぶわか》を諸卿に課した際、道長の使者として諸卿を説得してまわったのが俊賢であった。それに応じなかった実資に対しては、俊賢は特に譴責《けんせき》に来ている。実資は、「上達部の役は、荷汲《かきゅう》（荷物運びと水汲み）に及ぶというのか」と非難している（『小右記』）。

寛弘元年に大宰権帥《だざいのごんのそち》平惟仲《これなか》と宇佐八幡宮《うさはちまんぐう》の紛争が勃発し、推問使《すいもんし》を発遣しようとしたものの、なかなか下向しなかった際、道長側近の平生昌《なりまさ》が大宰府に向かったところ、時の人は、

金峯山

「或いは近習《きんじゅう》の納言〈源（俊賢）〉が力を貸している」と言い合った（『小右記』）。紛争解決の手法を、俊賢が道長に示唆している様子が窺《うかが》える。

寛弘四年に道長が金峯山《きんぶせん》詣《もうで》を行なった際には、俊賢は潔斎《けっさい》の精進所《しょうじどころ》に籠り（『御堂関白記』）、金峯山にも供奉《ぐぶ》した（『権記』）。山上では道長に続いて、経供養を行なっている（『御堂関白記』）。

寛弘五年（一〇〇八）に彰子が敦成親王（後の後一条天皇）を産んだ際には、俊賢は道長の招集を受けて見参《げんざん》し（『御堂関白記』）、寛弘六年に敦良《あつなが》親王（後の後朱雀《ごすざく》天皇）を産んだ際には、俊賢は三夜の産養《うぶやしない》に御膳を奉仕した。「入れた銀は四百余両である」と自ら語ったという（『小右記』）。

寛弘八年に一条が死去し、三条天皇が践祚《せんそ》すると、俊賢は驚くべき行動に出た。まず道長の直廬《じきろ》に近習の上達部が会合し、一条院を誹謗《ひぼう》・嘲弄《ちょうろう》したことがあったが、その先頭は俊賢であったという情報が実資の許《もと》にもたらされた。実資は、「年齢は五十歳を過ぎ、本人は院の一族ではないか。ああ、ああ」と嘆いている（『小右記』）。

次いで斉信と俊賢が、近日、道長の直廬で頻《しき》りに実資を讒言《ざんげん》しているという情報も届いた。「特に俊賢は、狂ったようである」ということで、実資は、「未だその意味がわからない」と記している（『小右記』）。

さらに届いた情報は、「俊賢は、先主《せんしゅ》（一条天皇）の代のように、顧問《こもん》の臣となるということを、書状で女房〈天皇の御乳母《おんめのと》〉の許に送った。すぐに奏聞《そうもん》を経たところ、三条天皇の機嫌は不快となった」というものであった。実資は、「聞く毎《ごと》に、このような事ばかりである。もしかしたら尋常ではないのではないか。貪欲・謀略の風聞が、ともに高い人である」と俊賢を評している（『小右記』）。これは政権担当に関わるものである。俊賢の真意は、いかなるものだったのであろうか。また、俊賢は三条に道長の奉った礼服《らいふく》を届けた。三条はこれにも感心しなかったとある。実資は、「事情を知る人は、近習に挙げられるのか」と記している（『小右記』）。

長和元年に三条が藤原娍子《せいし》を皇后に立てようとした際、道長は中宮の妍子《けんし》を同日に内裏に参入させて妨害しようとした。それを道長に教唆したのも、俊賢であった（『小右記』）。道長にとっては、さぞかし信頼できる側近だったことであろう。

長和二年にその妍子が皇女禎子を出産した際、道長は不快感を露《あら》わにしたが、俊賢は実資に、「丑剋の頃、遂げられました。但し、女子です」と答えながらも、「憚《はばか》るところが有って、参入しませんでした」と続けた（『小右記』）。道長の機嫌を忖度《そんたく》したのであろう。

この長和二年に俊賢邸（小二条殿《こにじょうどの》）が焼亡しているが、その際、道長は俊賢邸の東《ひがしのたい》対に置いていた彰子等身《とうしん》の仏像二十七体を取り出させた。これは土御門第《つちみかどてい》の御堂《みどう》を未だ造営していなかったので、仮に預からせていたものである（『御堂関白記』）。道長は俊賢に、これほどの信頼と親しみを感じていたのである。

長和四年には三条が眼病を患ったが、冷泉院の御霊《ごりょう》が示顕《じげん》したことがあった。その御霊は、「源中納言《げんちゅうなごん》俊賢を御前に召して、雑事をおっしゃられるべきである。甚だ善い者である」と言ったという。道長は、「冷泉院は、私（道長）さえも知っておられない。どうしてましてや、源中納言は、まったく知っておられない者である。甚だ奇怪な事である」と不審に思った。実は「託宣《たくせん》した女蔵人《にょくろうど》は、俊賢の人であった」ということで、何となく背景がわかる。実資は、「納言は相府《しょうふ》（道長）に親昵《しんでい》しているので、あれこれをおっしゃられなかったのか」と記している（『小右記』）。

同じ頃、三条の加持祈禱《かじきとう》をめぐって、道長と天台座主慶円《きょうえん》は険悪な関係となっていた。慶円は弁明のために下山したが、道長の機嫌は、まだ宜《よろ》しくなかった。実資は、「この事は、源中納言俊賢の讒言である」と推測している(『小右記』)。

道長は頻りに三条に譲位《じょうい》するよう責めたてていたが、三条が言うには、これは公任と俊賢が道長を教唆したものとのことである。三条は怒って、「大納言公任と中納言俊賢は、吾(三条天皇)のために不善《ふぜん》の事が多い。左大臣(道長)をそそのかして、吾の禅位《ぜんい》を責めさせている。この事は、安心できない。そこで神明《しんめい》に訴え申す。あの身及び子孫は宜しくはないであろう。吾は十善《じゅうぜん》の故に宝位《ほうい》に登ったのである。ところが臣下が、どうして吾の位を危うくすることが有るであろうか。憂心《ゆうしん》は一時も休まらない」と罵《ののし》った(『小右記』)。

寛仁元年、死を目前にした三条は、後院である三条院《さんじょういん》を禎子内親王に伝領させることを、俊賢に伝えるよう命じた(『御堂関白記』)。後院別当としての俊賢への信任は揺らぐことはなかったのである。

同じ年、頼通が内大臣に任じられた際、俊賢も権大納言に上った。道長は、「今回の新任の大納言(俊賢)は、勤公《きんこう》が人に勝《すぐ》れ、代々の天皇に仕えてきた。そこで彼を任じた」と、その理由を記している(『御堂関白記』)。もちろん、道長から見た評価である。

ただし、寛仁二年(一〇一八)に学生の詩判《しはん》の評定《ひょうじょう》をめぐって、見落としが問題となった際、道長と三大納言《だいなごん》（藤原斉信・藤原公任・俊賢）が見付けられなかったということで、実資は、「ここに古人《こじん》より劣っていることがわかる。ところが、自ら「賢」を称している。ああ、ああ」と俊賢の名に引っかけて皮肉を記している（『小右記』）。

以上、俊賢をめぐる動きを追ってみた。現代的な感覚で考えると、権力者に追従する近臣《きんしん》というのは、あまり尊敬できそうにない存在であるが、現代と違って当時の上級貴族には公卿しか職業がなかったのである。宮廷社会における栄達だけが、自己の子孫を存続させる唯一の方策であってみれば、そしてまた、実父が謀反《むへん》で流罪《るざい》となっている立場を考えれば、俊賢のこれらの行動を、誰も笑ったり憎んだりはできないはずである。

私はかつて、一条天皇の時代の陣定《じんのさだめ》をはじめとする公卿議定における各公卿の発言を、発言順に分析したことがある（倉本一宏「一条朝の公卿議定」）。それを読み直してみると、俊賢は寛弘二年（一〇〇五）八月までは原則論を述べていたのであるが、寛弘二年十一月を境として、道長と同じ意見を述べるようになっている（『御堂関白記』『小右記』『権記』）。陣定というのは最末席の参議から順に意見を述べるので、俊賢が発言する際には道長はまだ意見を述べてはいないのではあるが、議定以前に道長が側近の公卿を呼んで、あらかじめ「内々の議」を行ない、コンセンサスを得ている場合も多い。ある時期を境として、俊賢もそのメンバーに加えられたということであろうか。三条天皇の時代以降の公卿議定では、俊賢が道長と同じ意見を述べることが多いのは、言うまでもなかろう。

結果、俊賢の子孫は多くの公卿を輩出し、院政期《いんせいき》まで繁栄することができた。俊賢もさぞや満足なことであろうが、姉の明子が産んだ頼宗《よりむね》や能信《よしのぶ》、長家《ながいえ》たちが、倫子の生んだ頼通・教通と対立し、禎子内親王から生まれた尊仁親王を即位させて（後三条《ごさんじょう》天皇）、摂関政治《せっかんせいじ》を終わらせる結果となったのは、まことに皮肉なことであった。

以上、公家源氏のすごい人たちを眺めてきた。随分と変な人たちも多かったが、一方では本人が文化の創造に寄与した人たちのほか、皇族や貴族の教育に関わった人も出ており、彼らは高度な王朝文化に影響を与えたと評価することもできよう。

2　摂関家の妻たち

藤原氏と皇族との婚姻

延暦《えんりゃく》十二年（七九三）、藤原氏の地位に大きな影響を与えた詔《しょう》が出された（『日本後紀《にほんこうき》』）。

詔して云ったことには、「云々《しかじか》。見任《げんにん》の大臣と良家の子孫が、三世以下の女王と結婚することを許可する。ただし、藤原氏については代々相承けて執政《しっせい》の任に就いてきているので、他氏と同等とすることはできない。そこで特別に二世以下の女王を妻とすることを許す。云々」と。

律令の原則では、四世王（後に五世王）以上の皇親《こうしん》の女性と諸臣との婚姻は禁止されていたが（養老継嗣令《ようろうけいしりょう》・王娶親王条）、ここに至って、藤原氏だけは累代《るいだい》の輔政《ほせい》によって二世以下の女王を娶ることが許されたのである。

実はそのはるか以前から、中臣鎌足《なかとみのかまたり》が鏡《かがみ》女王（系譜不詳）を夫人にしたり（『藤氏家伝《とうしかでん》』）、采女《うねめ》を天智《てんじ》から賜わったと伝えられたり（『万葉集《まんようしゅう》』）、藤原不比等《ふひと》が天武《てんむ》夫人であった異母妹の藤原五百重 娘《いおえのいらつめ》と結婚したり、藤原房前《ふささき》が牟漏《むろ》女王（橘 三千代《たちばなのみちよ》所生。大王敏達《びだつ》の四世王）を妻にしていたりと、藤原氏は特別な氏族として、天皇家と婚姻関係で結ばれていた。

しかし、この詔によって、藤原氏の准 皇親《じゅんこうしん》としての地位が、正式に認められたことになる（倉本一宏『藤原氏　権力中枢の一族』）。

摂関家の妻たち

その後、北家《ほっけ》の嫡 流《ちゃくりゅう》を継いだ藤原良房《よしふさ》は、弘仁《こうにん》十四年（八二三）に嵯峨《さが》皇女である源潔《きよ》

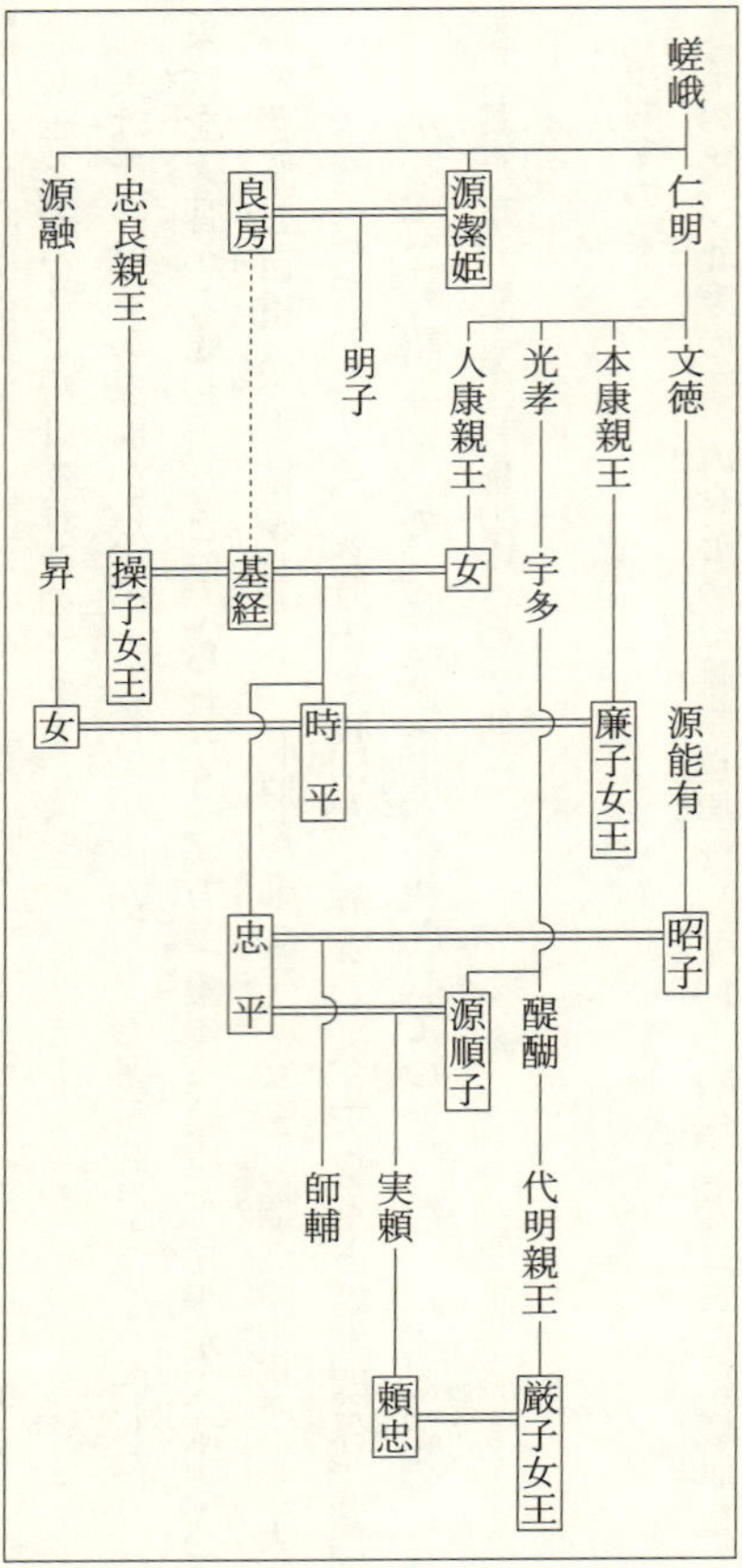

姫《ひめ》と結婚した。「弱冠《じゃっかん》（二十歳）の時、天皇はその風操《ふうそう》が倫を越えているのを悦《よろこ》んで、特に勅《ちょく》してこれを嫁がせた」とあるように、嵯峨が良房の資質を評価してのことであった（『日《に》本文徳天皇実録《ほんもんとくてんのうじつろく》』）。源氏《げんじ》に降下しているとはいえ、皇女との婚姻は、これがはじめてのことである。

潔姫と良房との間には、天長《てんちょう》六年（八二九）に明子《めいし》が生まれた。明子は後に文徳《もんとく》天皇に入内《じゅだい》して、惟仁《これひと》親王（後の清和《せいわ》天皇）を産んだ。前期摂関政治《せっかんせいじ》の形成に、明子が皇女である潔姫から生まれたことの果たした意義は大きい。なお、良房は男子には恵まれず、甥の藤原基経《もとつね》を猶子《ゆうし》とした。潔姫は斉衡《さいこう》三年（八五六）に四十八歳で死去した。琵琶に巧みであったと伝えられる。

良房の後継者となった基経は、嵯峨の皇子である忠良《ただよし》親王の女《むすめ》の操子《そうし》女王と、人康《さねやす》親王の女を妻とした。人康親王女は、時平《ときひら》・忠平《ただひら》・中宮穏子《おんし》を産んでいる。

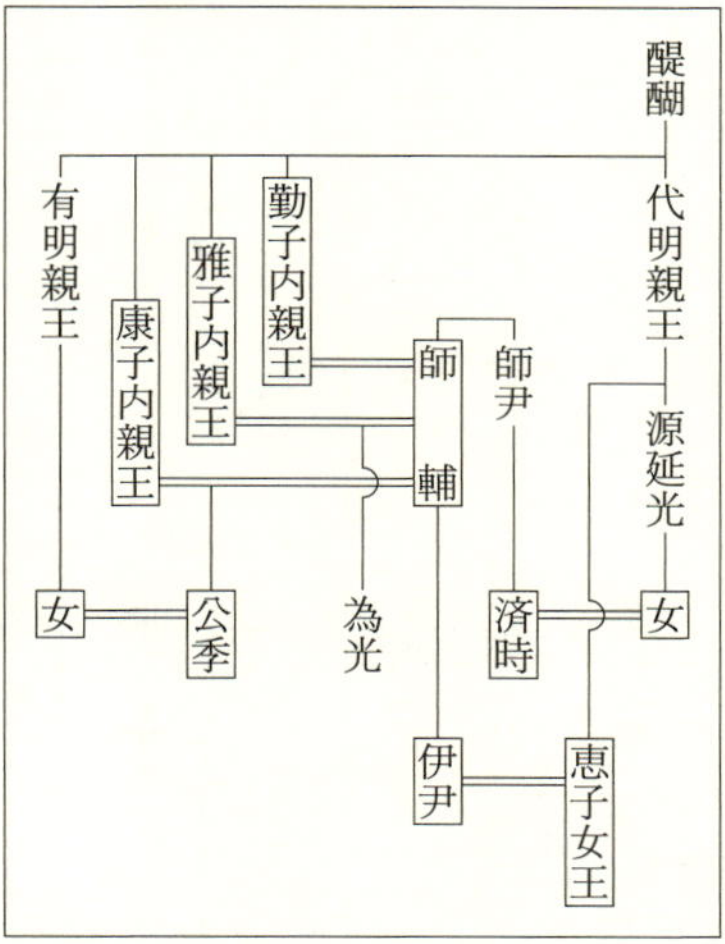

時平・忠平兄弟も、時平が仁明《にんみょう》の皇子である本康《もとやす》親王の女の廉子《れんし》女王、および嵯峨源《さがげん》氏《じ》の源昇《のぼる》（堪《たたう》とも）の女を妻とし、忠平が源能有《よしあり》の女の源昭子《しょうし》、および宇多《うだ》の皇女（実は養女か）の源順子《じゅんし》を妻としている。昭子は師輔《もろすけ》を産み、順子は実頼《さねより》を産んでいる。

そして醍醐《だいご》皇女を三人も妻としたのが、師輔である。師輔は、伊尹《これまさ》・兼通《かねみち》・兼家《かねいえ》・安子《あんし》などを産んだ藤原盛子《せいし》のほか、醍醐天皇第四皇女の勤子《きんし》内親王、第十皇女の雅子《がし》内親王

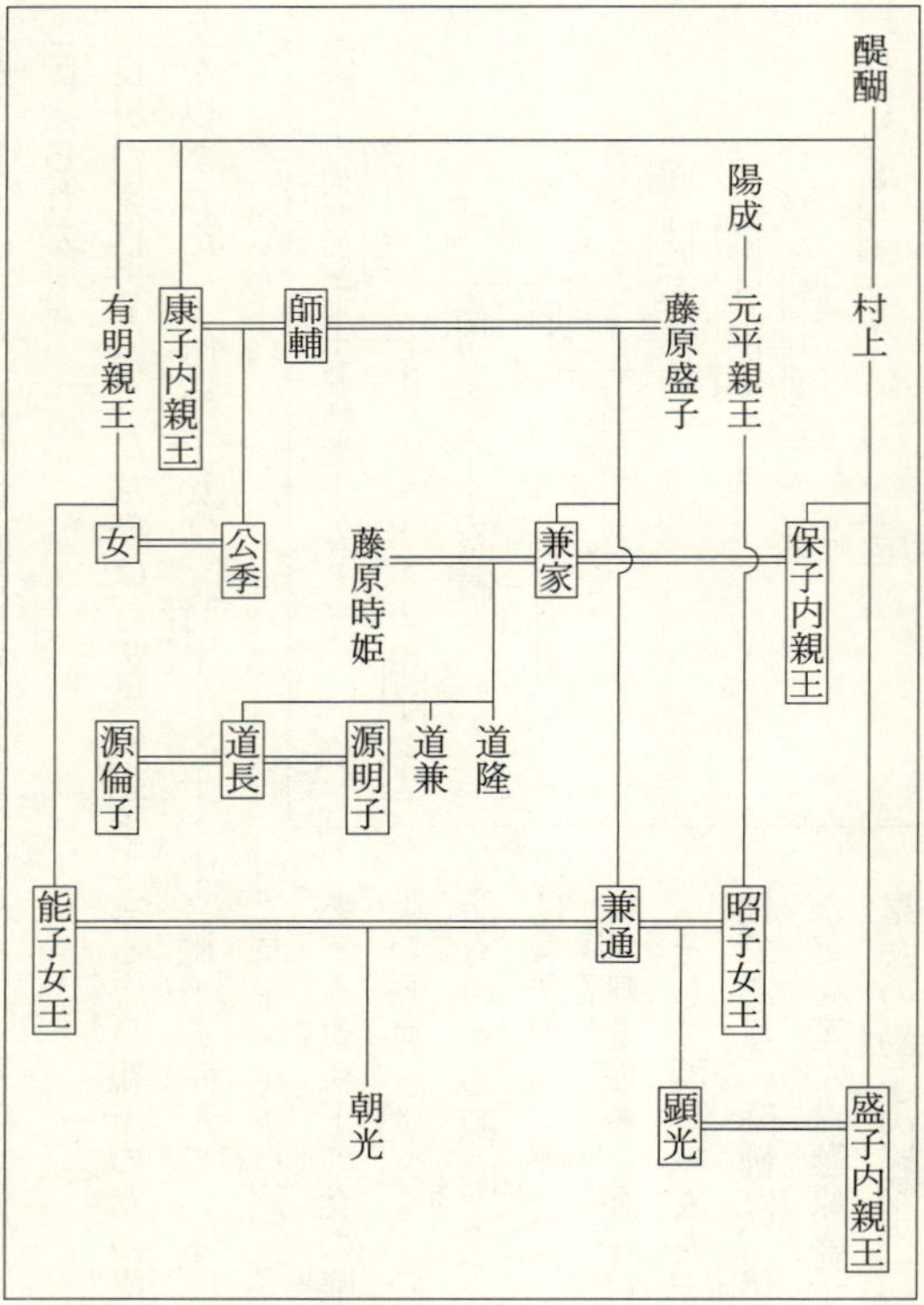

（為光《ためみつ》の母）、第十四皇女の康子《こうし》内親王（公季《きんすえ》の母）といった醍醐皇女と結婚するなど、天皇家とのミウチ的結合と尊貴性獲得に腐心した。

なお、醍醐皇女では、他に普子《ふし》内親王が藤原俊連《としつら》、靖子《せいし》内親王が藤原師氏《もろうじ》に降嫁《こうか》している。師輔の息男も、嫡男の伊尹が醍醐天皇孫で代明《よりあきら》親王女の恵子《けいし》女王、兼通が醍醐天皇孫で有明《ありあきら》親王女の能子《のうし》女王、および陽成《ようぜい》天皇孫で元平《もとひら》親王女の昭子女王、兼家が村上《むらかみ》天皇皇女の保子《ほし》内親王、清和源氏《せいわげんじ》の源兼忠《かねただ》女を、それぞれ室としている。恵子女王は義孝《よしたか》・義懐《よしかね》、懐子《かいし》（冷泉《れいぜい》天皇女御《にょうご》で花山《かざん》天皇母）、能子女王は朝光《あさてる》、昭子女王は顕光《あきみつ》を、それぞれ産んでいる。道長《みちなが》の妻については後に述べるとして、道長政権で次席にあった大臣も、顕光が村上皇女の盛子《せいし》内親王、公季が醍醐の孫である有明親王女を室としている。盛子内親王は元子《がんし》（一《いち》条《じょう》天皇女御）や延子《えんし》（小一条院《こいちじょういん》女御）、有明親王女は実成《さねなり》や義子《ぎし》（一条天皇女御）を産んでいる。

小野宮家の妻たち

実頼を祖とする小野宮家《おののみやけ》も、皇親や源氏の女性と多くの婚姻関係を結んでいる。忠平の嫡流を自任する彼らにとっても、皇親や源氏の女性との結婚は、自らの権威を高めるのに寄与したのであろう。

実頼嫡男の頼忠《よりただ》は、醍醐皇子代明親王の三女である厳子《げんし》女王と結婚し、公任《きんとう》や円融《えんゆう》天皇皇后遵子《じゅんし》、花山天皇女御諟子《ていし》を儲《もう》けた。その公任も、村上皇子昭平《あきひら》親王の女を妻とし、公任

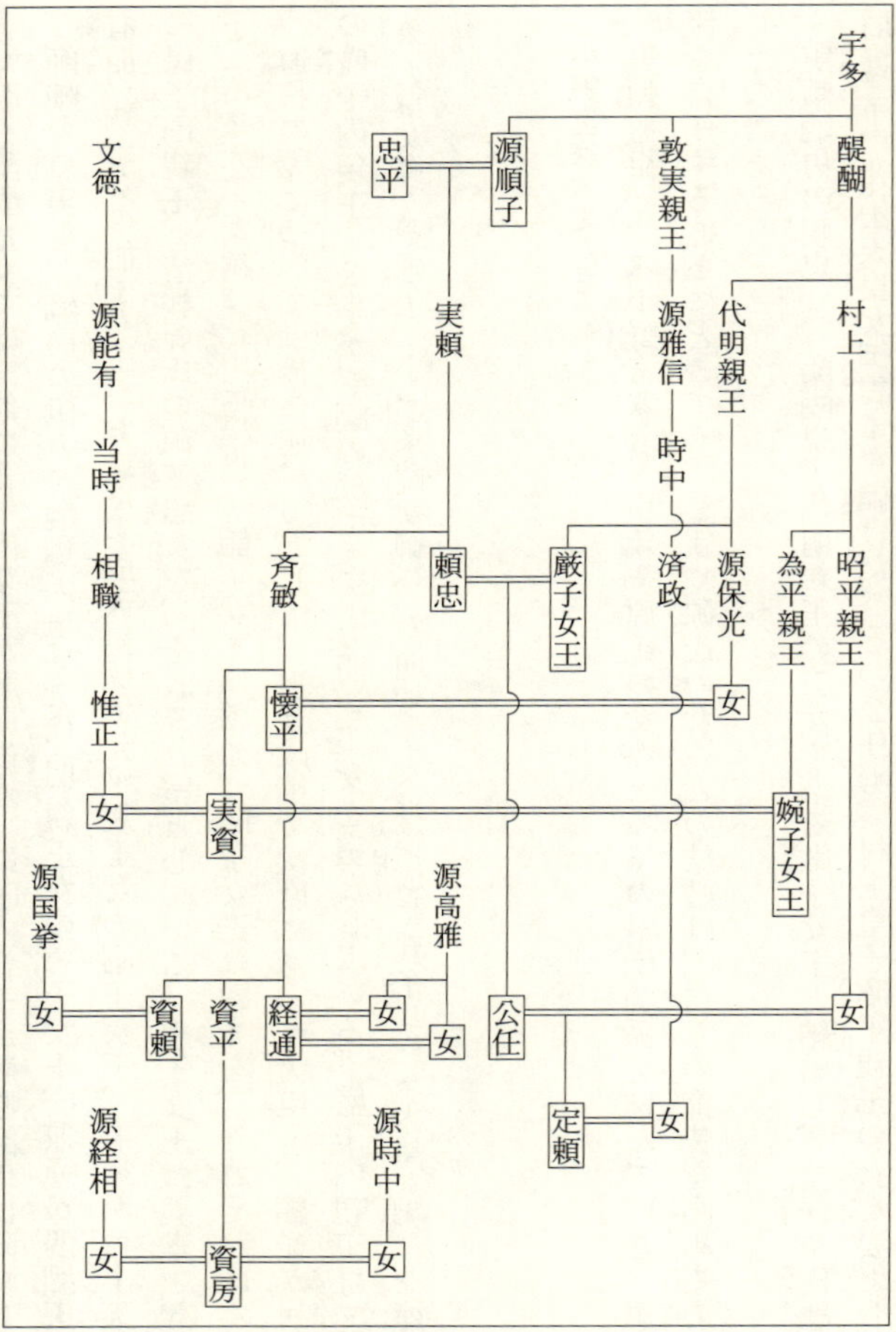
宇多
醍醐
源順子
忠平
敦実親王
源雅信
時中
済政
村上
代明親王
源保光
女
昭平親王
為平親王
婉子女王
女
実頼
頼忠
厳子女王
公任
定頼
女
斉敏
懐平
実資
経通
資平
資頼
資房
文徳
源能有
当時
相職
惟正
女
源高雅
女
女
源国挙
女
源経相
女
源時中
女

嫡男の定頼《さだより》も、源済政《なりまさ》女を室とした。

斉敏男で実頼の養子となり、小野宮流を継承した実資《さねすけ》も、文徳源氏《もんとくげんじ》の源惟正《これまさ》女、続いて花山女御であった婉子《えんし》女王（村上皇子の為平《ためひら》親王女）を正室としているが、婉子の死後は妻帯することはなかった。実資の実兄である懐平《かねひら》も、代明親王の子である源保光《やすみつ》の女を妻としている。

摂関を望むべくもなくなった次の世代でも、懐平の男の経通《つねみち》に三世醍醐源氏《だいごげんじ》高雅《たかまさ》の女（二人）、実資の養子となった資頼《すけより》に五世光孝源氏《こうこうげんじ》国挙《くにたか》の女、同じく実資の養子となった資平《すけひら》の男の資房《すけふさ》に、三世宇多源氏《うだげんじ》時中《ときなか》の女（『尊卑分脈《そんぴぶんみゃく》』の誤りか）と四世宇多源氏経相《つねすけ》の女が、それぞれ妻となっている。もはやかつての栄光が消えかかっていることが明らかになった後にも、名門の誇りが、源氏の女性との婚姻を選ばせたのであろうか。

中関白家の妻たち

一時は栄華を謳歌《おうか》した中関白家《なかのかんぱくけ》も、多くの源氏の女性との婚姻関係を結んだ。長徳《ちょうとく》元年（九九五）に道隆《みちたか》が死去しなければ、彼らこそが摂関家《せっかんけ》の祖としての地位を確立するはずであった、との思いは、道隆の死去や「長徳の変」の後にも残存したのであろう。

道隆嫡男の伊周《これちか》は、醍醐源氏の源重光《しげみつ》の女を嫡妻《ちゃくさい》とした。伊周嫡男として摂関を継ぐこ

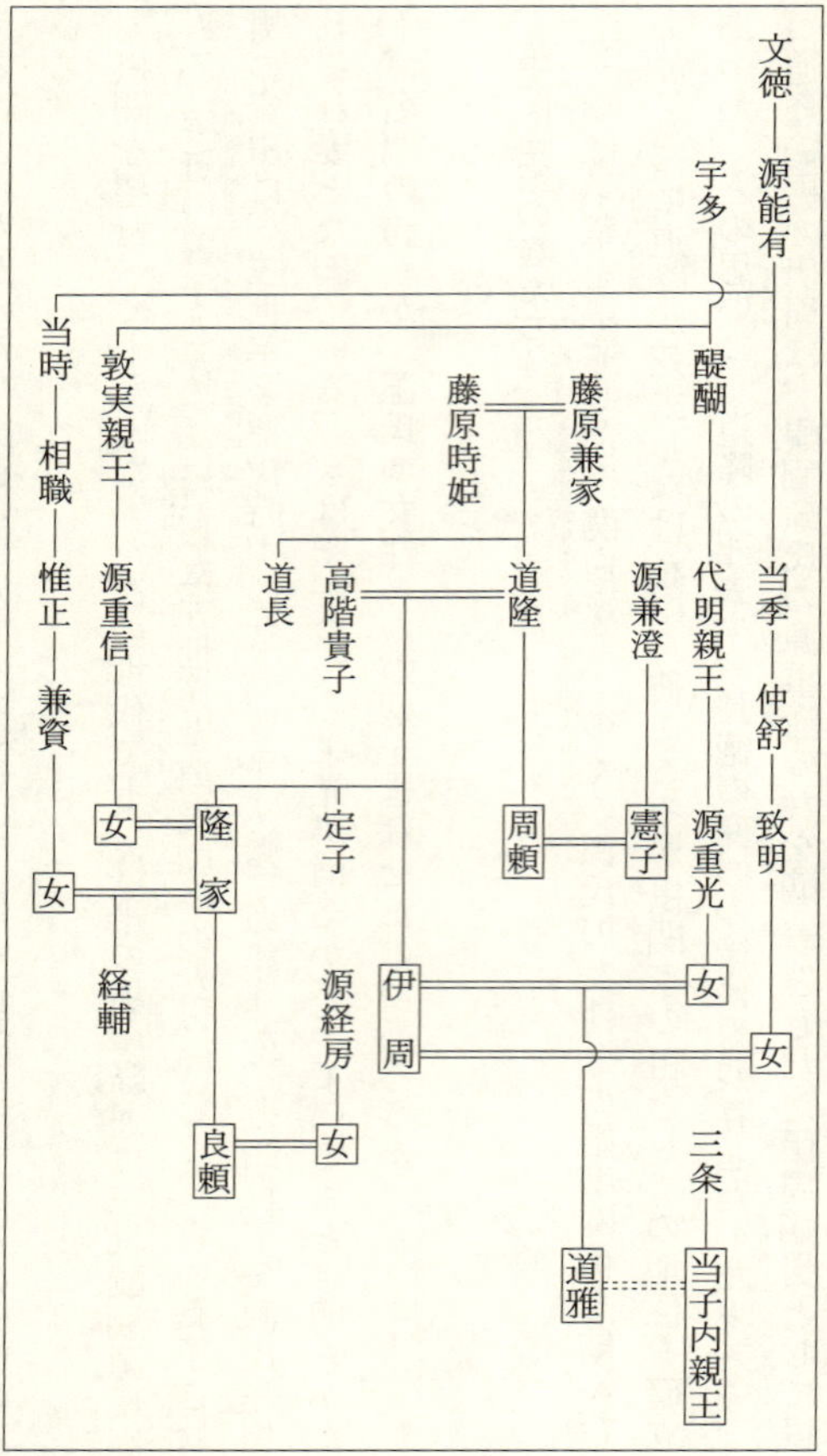

とを期待されながら、「荒三位《あらざんみ》」と称されることとなった道雅《みちまさ》を産んでいる。なお、伊周には他に、文徳源氏の致明《むねあきら》の女が室となっている。

伊周の異母兄弟にあたる周頼《ちかより》も光孝源氏の源兼澄《かねずみ》の女を室としているし、同母弟の隆家《たかいえ》の方も、宇多源氏の重信《しげのぶ》の女を室としたほか、文徳源氏兼資《かねすけ》の女を室とした。こちらが嫡妻となったようで、経輔《つねすけ》を産んでいる。

隆家長男の良頼《よしより》（母は藤原宣斉《のぶただ》〔景斉《かげただ》か〕女）も、醍醐源氏の源経房《つねふさ》の女と結婚している。

このように、この一家と源氏の結び付きも、きわめて強固なものがあった。なお、道雅は三《さん》条《じょう》天皇皇女の当子《とうし》内親王と密通事件を起こしているが、これも当子の乳母《めのと》が手引きしたものので（『御堂関白記《みどうかんぱくき》』）、当子の将来に不安を感じた乳母が、不良でもいいから有力貴族と当子を結び付けようとしたのであろう（倉本一宏『三条天皇』）。

道長の妻

次に道長の妻について述べる（以下、倉本一宏『藤原道長の日常生活』）。道長の正式な配偶者は、源倫子《りんし》と源明子しか確認できない。

道長の嫡妻である源倫子は、道長より二歳年上で、左大臣源雅信《まさのぶ》の長女、宇多《うだ》天皇の三世孫にあたる。結婚したのは永延《えいえん》元年（九八七）。道長二十二歳、倫子二十四歳と、当時としては二人とも晩婚であった。

倫子は、永延二年（九八八）に彰子《しょうし》、正暦《しょうりゃく》三年（九九二）に頼通《よりみち》、正暦五年（九九四）に妍子《けんし》、長徳二年（九九六）に教通《のりみち》、長保《ちょうほう》元年（九九九）に威子《いし》、寛弘《かんこう》四年（一〇〇七）に嬉子《きし》

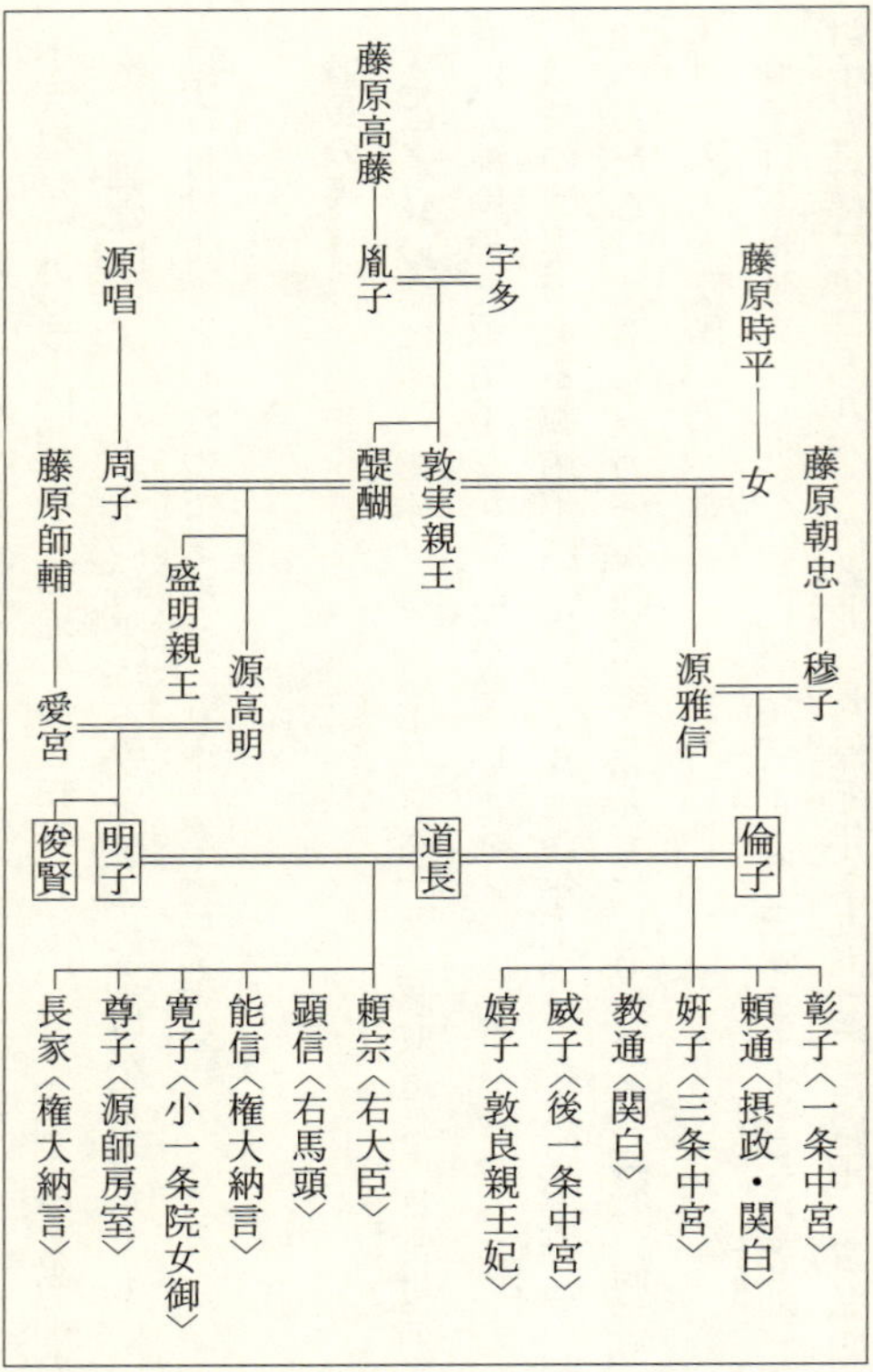

と、二人の男子と四人の女子を出産した。嬉子を産んだのは四十四歳の年のことであった。

このうち、男子二人は、昇進も明子所生の男子より早く、二人とも関白《かんぱく》に補されている。

また、道長から邸第《ていだい》を譲られるなど、明らかに優遇を受けている。女子四人も、天皇または

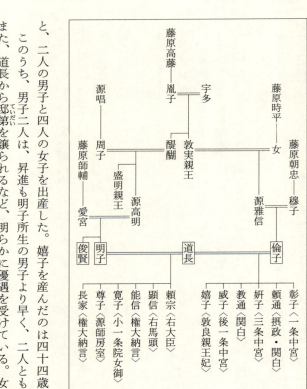

鷹司殿故地（源倫子）

東宮の后妃《こうひ》となっており、早くに死去した嬉子を除いては、いずれも立后している。そしてこの四人も、道長から邸第を譲られているのである。

倫子自身も位階を進められ、寛弘五年にはついに従一位に達した。道長でも正二位であったことを考えると、倫子の地位の高さは際立っている。自身も土御門第《つちみかどてい》に隣接して鷹司殿《たかつかさどの》という邸第を営んで政所《まんどころ》を設け、後に述べるように仁和《にんな》寺《じ》に堂舎を建立したりするなど、独自の政治力や経済力を保持していた。そして長和《ちょうわ》五年（一〇一六）、道長とともに三宮《さんぐう》に准じて年官年爵《ねんかんねんしゃく》・封戸《ふこ》三千戸を賜わった。治安《じあん》元年（一〇二一）に出家《しゅっけ》し、天喜《てんぎ》元年（一〇五三）、九十歳の長寿を得て死去した。道長は『御堂関白記』において、倫子のことを主に「女方《にょうぼう》」という語で表記している。

源明子の方は醍醐《だいご》天皇の孫で、父は左大臣源高明《たかあきら》であるが、明子が五歳であった安和《あんな》二年（九六九）、安和の変が起こって高明は大宰権帥《だざいのごんのそち》に左遷された。明子は叔父の盛明《もりあきら》親王に養われ、盛明の死後は東三条院《ひがしさんじょういん》藤原詮子《せんし》に引き取られた。道長よりも一歳年上である。

高松殿故地（源明子）

道長との結婚も、詮子の縁であることが推定される。その時期は、道長と倫子の結婚の少し後であったと思われる。ただし、倫子との婚姻が正式な婿《むこ》取りであったのに対し、後見《こうけん》のない明子との結婚は、当初から異なる様相を呈していたはずである。

明子は、正暦四年（九九三）に頼宗《よりむね》、正暦五年に顕信《あきのぶ》、長徳元年（九九五）に能信《よしのぶ》、長保元年（九九九）に寛子《かんし》、長保五年（一〇〇三）に尊子《そんし》、寛弘二年（一〇〇五）に長《なが》家《いえ》と、四人の男子と二人の女子を出産した。これも長家を産んだのは四十一歳の年のことであった。

正暦三年に倫子が頼通、正暦四年に明子が頼宗を産んで以来、二人の妻はほぼ交互に子女を出産しており、道長はこの二人を、少なくとも子女を産む配偶者としては、同格に扱っていたことがわかる。

ただ、倫子所生の子女とは異なり、頼宗が右大臣に上った以外は、能信と長家は権大納言に留まり、顕信は右馬頭《うまのかみ》で出家している。女子も、寛子が東宮の地位を降りた小一条院（三条皇子の敦明《あつあきら》親王）の女御、尊子が源師房《もろふさ》室となっていて、明らかな差異が見られる。

『小右記《しょうゆうき》』では頼通たちのことを「当腹《むかいばら》」、頼宗たちのことを「外腹《そとばら》」と称している。明子所生の子女には、道長は邸第を伝領させることもなかった。道長は『御堂関白記』においては、明子の方は「高松《たかまつ》」「堀河辺り《ほりかわ》」など、地名で呼称している。

『撰集抄《せんじゅうしょう》』という中世の説話集は、道長が顕信を家司《けいし》の源高雅の女と結婚させようとしたのを顕信が嫌がって出家したと伝える。その真偽のほどは不明であるが、醍醐源氏とはいえ、諸大夫層《しょたいふ》、後にいう受領《ずりょう》層に没落していた高雅の女との結婚は、異母兄の頼通が具平《ともひら》親王女と結婚しているのを間近に見ている顕信としては、堪《た》えられなかったことであろう（服藤早苗『藤原彰子』）。顕信の同母兄である頼宗は高雅女の公子《こうし》、同母弟である長家は高雅女の懿子《いし》と、それぞれ結婚しているのであるが。

いずれにせよ、道長がこの二人の配偶者によって、自己の家の権威を高め、所生の子女の尊貴性を高めようとしていたことは確実であろう。先に述べた頼通養子の師房も相まって、摂関家と源氏を統合した、新しい貴種《きしゅ》の創造を目指していたのであろう。

藤原氏の妻たち

その他、これまで挙げた以外にも、安田政彦氏の集計（安田政彦「古代貴族婚姻系図稿「源氏」部」）を参考に列挙すると、嵯峨源氏の女性では、源致《いたる》の女が藤原経臣《つねおみ》室、源任《まかす》の女が藤原邦昌《くにまさ》室、源等《ひとし》の女が藤原合茂《あいもち》室・藤原敦忠《あつただ》室、源学《まなぶ》の女が藤原知章《ともあきら》室、源俊《すぐる》の女が藤原忠君《ただきみ》室、源広《ひろし》の女が藤原道綱《みちつな》室、源忠幹《ただもと》の女が藤原為長《ためなが》室、源登平《なりひら》の女が藤原国成《くになり》室、源憲清《のりきよ》の女が藤原忠俊《ただとし》室、源認《みとむ》の女が藤原倫寧《ともやす》室・藤原有行《ありゆき》室となっている。

文徳源氏では、惟彦《これひこ》親王の女が藤原有声《ありこえ》室、源定有《さだあり》の女が藤原恒佐《つねすけ》室、源致時《むねとき》の女が藤原泰通《やすみち》室・藤原泰憲《やすのり》室・藤原成経《なりつね》室、源致明《むねあきら》の女が藤原理明《まさあきら》室、源遠古《とおふる》の女が藤原景舒《かげのぶ》室となっている。

清和源氏（武家を除く）では、源忠重《ただしげ》の女が藤原兼頼《かねより》室、源兼忠《かねただ》の女が藤原済時《なりとき》室・藤原恒忠《つねただ》室、源能正《よしまさ》の女が藤原宣雅《のりまさ》室・藤原済時室となっている。

陽成源氏《ようぜいげんじ》では、元良《もとよし》親王の女が藤原兼家室（「町の小路の女」）となっている。

光孝源氏では、是貞《これさだ》親王の女が藤原定方《さだかた》室、皇女源礼子《れいし》が藤原連永《つらなが》室、源為理《ためまさ》の女が藤原範基《のりもと》室・藤原明衡《あきひら》室、源忠理《ただまさ》の女が藤原親任《ちかとう》室、源奉職《とももと》の女が藤原朝経《あさつね》室、源友貞《ともさだ》の女が藤原中正《なかまさ》室、源国挙の女が藤原隆光《たかみつ》室・藤原兼綱《かねつな》室・藤原朝元《あさもと》室、源信明《のぶあきら》の女が藤原師氏室、明子が藤原説孝《ときたか》室、源重文《しげふみ》の女が藤原資業《すけなり》室、源貞亮《さだすけ》の女が藤原行経《ゆきつね》室、源忠規《ただのり》の女が藤原頼明《よりあきら》室、源師保《もろやす》の女が藤原嘉時《よしとき》室・藤原奉高《ともたか》室となっている。

宇多源氏では、源英明《ふさあきら》の女が藤原元名《もとな》室、源基綱《もとつな》の女が藤原定実《さだざね》室、源扶義《すけよし》の女廉子が藤原兼隆《かねたか》室、源経頼《つねより》の女が藤原基房《もとふさ》室・藤原資仲《すけなか》室、源雅信の女が藤原道綱室・藤原定時《さだとき》室、源時中《ときなか》の女が藤原経任《つねとう》室、源済政の女が藤原信家《のぶいえ》室・藤原能長《よしなが》室・藤原政兼《まさかね》室となっている。

醍醐源氏では、源高明の女が藤原正光《まさみつ》室・藤原相尹《すけただ》室、源延光《のぶみつ》の女が藤原済時室、源保光の女が藤原義孝室、源允明《さねあきら》の女が藤原致忠《むねただ》室、源重光の女が藤原道長室、源泰清《やすきよ》の女が藤原行成《ゆきなり》室（二人）、源俊賢《としかた》の女が藤原師経《もろつね》室、源則忠《のりただ》の女が藤原成房《なりふさ》室、源元忠《もとただ》の女が藤原成尹《なりただ》室、源高雅の女懿子が藤原頼明室、女が藤原兼房《かねふさ》室、源章任《あきとう》の女が藤原基貞室、源行任《ゆきとう》の女が藤原経季《つねすえ》室、源道成《みちなり》の女が藤原実綱《さねつな》室・藤原済長《なりなが》室・藤原兼綱室、源隆国《たかくに》の女が藤原俊家《としいえ》室・藤原師基《もろもと》室・藤原家忠《いえただ》室、源則成《のりなり》の女が藤原師実《もろざね》室・藤原能成《よしなり》室、源俊明《としあきら》の女が藤原忠教《ただのり》室、源能俊《よしとし》の女が藤原顕能《あきよし》室・藤原宗成《むねなり》室、源兼長《かねなが》の女が藤原俊家《としいえ》室、源長季《ながすえ》の女が藤原師行《もろゆき》室となっている。

村上源氏《むらかみげんじ》では、源光忠《みつただ》の女が藤原成尹室、源顕定《あきさだ》の女が藤原実家《さねいえ》室、源師房の女が藤原宗実《むねざね》室、源資定《すけさだ》の女が藤原信長《のぶなが》室、源師忠《もろただ》の女が藤原尹時《ただとき》室、源顕房《あきふさ》の女師子《しし》が藤原忠実《ただざね》室、女が藤原師実室・藤原顕隆《あきたか》室、源俊房《としふさ》の女方子《ほうし》が藤原長実《ながざね》室、任子《にんし》が藤原忠実室、源有宗《ありむね》の女が藤原敦憲《あつのり》室、源師隆《もろたか》の女が藤原隆頼《たかより》室・藤原通基《みちもと》室、源季忠《すえただ》の女が藤原忠成《ただなり》室、源雅兼《まさかね》の女が藤原俊盛《としもり》室、源国信《くにのぶ》の女信子《しんし》と俊子《しゅんし》が藤原忠通《ただみち》室、源信雅《のぶまさ》の女が藤原光忠室・藤原頼長《よりなが》室・藤原為重《ためしげ》室、源師俊《もろとし》の女が藤原頼長室、源師頼《もろより》の女が藤原光隆《みつたか》室・藤原重通《しげみち》室・藤原為通《ためみち》室、源師広《もろひろ》の女が藤原忠行《ただゆき》室、源顕仲《あきなか》の女が藤原家政《いえまさ》室、源顕通《あきみち》の女が藤原親隆《ちかたか》室、源定房《さだふさ》の女が藤原定経《さだつね》室・藤原経宗《つねむね》室・藤原定輔《さだすけ》室、源雅綱《まさつな》の女綱子《こうし》が藤原実国《さねくに》室、源顕俊《あきとし》の女俊子が藤原忠通室、源顕親《あきちか》の女が藤原公行《きんゆき》室、源師仲《もろなか》の女が藤原顕実《あきざね》室、源有房《ありふさ》の女が藤原実兼《さねかね》室、源忠季《ただすえ》の女が藤原成親《なりちか》室、源顕信《あきのぶ》の女が藤原基通《もとみち》室、源師家《もろいえ》の女が藤原顕家《あきいえ》室、源隆宗《たかむね》の女が藤原家保《いえやす》室となっている。

他にも系譜不明の源喜生《よしお》の女が藤原重輔《しげすけ》室となっており、多くの源氏の女性が藤原氏官人の妻となっていたことが知られる。

もちろん、逆に源氏の官人が藤原氏の女性と結婚することは、さらに頻繁に見られた。公家源氏と藤原氏とは、相互に姻戚《いんせき》関係を結ぶことによって、一体化した貴種を創造し合っていたことになる。それは摂関家と村上源氏のような最高級の貴族のみならず、中下級官人と化した藤原氏の諸家と、同じく没落を続けた公家源氏の諸流にも、同様に見られた現象である。その背景と彼らの思いは、いかなるものだったのであろうか。

3　公家源氏出身の名僧

次いで公家源氏出身の名僧について、何人かを紹介しよう。晩年に至ってから出家《しゅっけ》した人は、ここでは取り上げない。仁和寺《にんなじ》については、後に述べることとする。

まず嵯峨源氏《さがげんじ》で肥前守《ひぜんのかみ》源浮《うかぶ》男の寛静《かんじょう》は、宇多法皇《うだほうおう》に師事し、数々の祈禱《きとう》や請雨《しょうう》を修した。天禄《てんろく》二年（九七一）に東寺長者《とうじちょうじゃ》となり、貞元《じょうげん》二年（九七七）に僧正《そうじょう》に任じられたが、天元《てんげん》二年（九七九）に入寂《にゅうじゃく》した。時に七十九歳。仁和寺西院《さいいん》に住し、「西院僧正《さいいんそうじょう》」と称された。平将門《まさかど》の乱に際し、白衣観音法《びゃくえかんのんほう》を修したとの記録もある（『阿娑縛抄《あさばしょう》』）。

宇多源氏《うだげんじ》からは、多くの名僧を輩出している。寛忠《かんちゅう》は宇多天皇の孫で、敦固《あつかた》親王の第三王子。内供《ないぐ》として東宮憲平《のりひら》親王（後の冷泉《れいぜい》天皇）や中宮藤原安子《あんし》のために御修法《みしほ》を修した。安和《あんな》元年（九六八）に権律師《ごんのりっし》に任じられたが、これは親王の王子が僧綱《そうごう》（僧正・僧都・律師《りっし》の僧官《そうかん》）に上った初例である。安和二年（九六九）に東寺長者に補された。貞元二年に入寂。七十一歳。仁和寺の子院である池上寺《いけがみでら》（我覚寺《がかくじ》）を建立し、「池上僧都《いけがみそうず》」と号した。

寛朝《かんちょう》も宇多天皇の孫で、敦実《あつみ》親王の長子。母は藤原時平《ときひら》の女《むすめ》。天暦《てんりゃく》二年（九四八）に仁和寺御室《おむろ》において寛空《かんくう》から両部灌頂《りょうぶかんじょう》を受け、東密《とうみつ》の正統を継いだ。貞元二年に権律師、次いで権少僧都《ごんのしょうそうず》に任じられ、東寺長者に補され、西寺別当《さいじべっとう》も兼ねた。天元四年（九八一）に僧正となり、永観《えいかん》二年（九八四）には東大《とうだい》寺別当《じべっとう》に任じられた。寛和《かんな》元年（九八五）

嵯峨天皇――源定――精――浮――寛静〈東寺長者〉

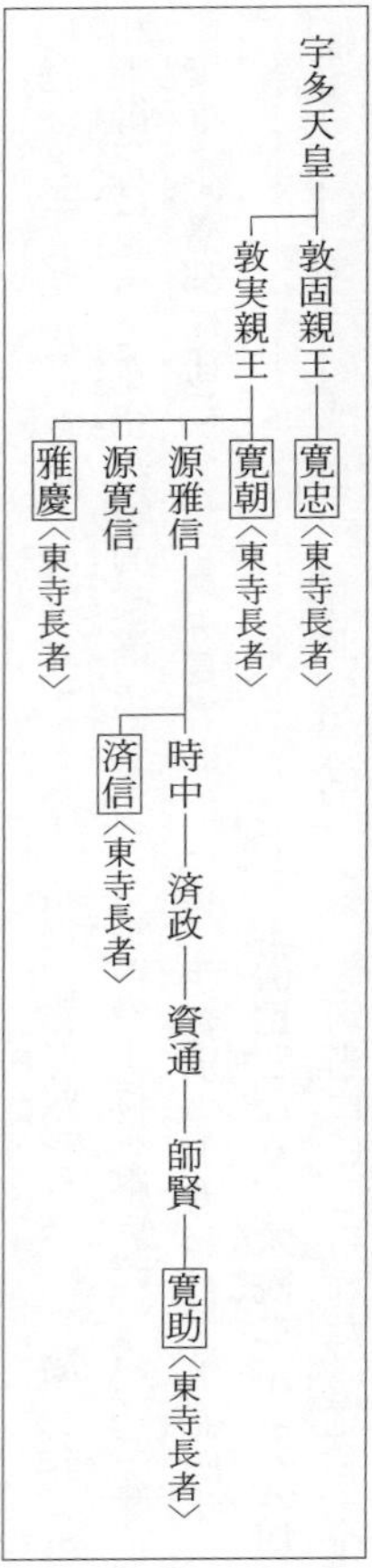

に円融《えんゆう》天皇の出家に際して戒師《かいし》を務めて十戒《じっかい》を授け、寛和二年（九八六）に大僧正《だいそうじょう》となった。永祚《えいそ》元年（九八九）に花山《かざん》天皇の勅願《ちょくがん》になる遍照寺《へんじょうじ》を嵯峨広沢《さがひろさわ》池の北西に建立し、真言広《しんごんひろ》沢流《さわりゅう》の本源地とした。長徳《ちょうとく》四年（九九八）に入寂。時に八十四歳。「広沢大僧正《ひろさわだいそうじょう》」と号した。大変な強力《ごうりき》であったという説話もある（『今昔物語集《こんじゃくものがたりしゅう》』）。

雅慶《がけい》は宇多天皇皇子敦実親王の末子として生まれ、源寛信《ひろのぶ》の養子となった。天暦九年（九五五）に勧修寺別当《かんしゅうじべっとう》に補された。永祚元年に東寺長者、長徳四年に金剛峯寺座主《こんごうぶじざす》を歴任し、長保《ちょうほう》元年（九九九）に東大寺別当に補された。寛弘《かんこう》八年（一〇一一）に法務大僧正《ほうむだいそうじょう》に上ったが、長和《ちょうわ》元年（一〇一二）に入寂した。「勧修寺大僧正《かんしゅうじだいそうじょう》」と号した。質素を好んで仏門に帰依《きえ》することを望み、学業に励んで真言宗小野《おの》・広沢両流の奥義《おうぎ》を余すところなく究めたという。

済信《さいしん》は源雅信《まさのぶ》の子。応和《おうわ》元年（九六一）に八歳で出家し、永祚元年（九八九）に寛朝から伝法灌頂《でんぽうかんじょう》を受けてその正嫡となった。永祚二年（九九〇）に権律師となり、寛仁《かんにん》三年（一〇一九）には大僧正まで上るとともに、寛仁四年（一〇二〇）には僧としてはじめて牛車宣旨《ぎっしゃせんじ》を受けた。この間、東大寺別当、勧修寺長吏《ちょうり》、東寺長者法務《ほうむ》に補された。万寿《まんじゅ》四年（一〇二七）には藤原道長《みちなが》葬儀の呪願《じゅがん》を務めた。長元《ちょうげん》三年（一〇三〇）に入寂。七十七歳。「仁和《にんな》寺僧正《じそうじょう》」「真言院僧正《しんごんいんそうじょう》」「観音院僧正《かんのんいんそうじょう》」と号した。

名僧と言えば、寛助《かんじょ》を忘れてはならない。源師賢《もろかた》男。長治《ちょうじ》元年（一一〇四）に遍照寺別当《へんじょうじべっとう》、長治二年（一一〇五）に東寺長者に補され、仁和寺大教院《だいきょういん》・円教寺《えんきょうじ》の別当を兼ねた。後に広隆寺《こうりゅうじ》・法勝寺《ほっしょうじ》・東大寺の別当を務め、天治《てんじ》二年（一一二五）に入寂。六十九歳。数多くの法会《ほうえ》の導師を務め、また歴代の天皇の崇敬も篤く、「法関白《のりのかんぱく》」と称された。「成就院《じょうじゅいん》僧正《そうじょう》」とも号した。『成就院口伝《じょうじゅいんくでん》』『成就院別行七巻抄《じょうじゅいんべつぎょうしちかんしょう》』『胎蔵界成就院次第《たいぞうかいじょうじゅいんしだい》』などの著作もある。

醍醐源氏《だいごげんじ》では、覚猷《かくゆう》が出ている。源高明《たかあきら》の曾孫で、『宇治大納言物語《うじだいなごんものがたり》』の著者隆国《たかくに》の子。三井寺長吏宇治大僧正覚円《みいでらちょうりうじだいそうじょうかくえん》（藤原頼通《よりみち》の子）に従って出家し、永保《えいほ》元年（一〇八一）に二十九歳で四天王寺別当《してんのうじべっとう》に補された。大治《だいじ》四年（一一二九）に白河《しらかわ》法皇の葬儀を指揮した。大治五年（一一三〇）に権僧正《ごんのそうじょう》に任じられて鳥羽離宮《とばりきゅう》内に住し、「鳥羽僧正《とばそうじょう》」と称された。長《ちょう》

醍醐天皇――源高明――俊賢――隆国――覚猷〈天台座主〉

承《しょう》二年（一一三三）に大僧正、保延《ほうえん》元年（一一三五）に三井寺長吏となり、保延四年（一一三八）に天台座主《てんだいざす》に補された。その他、梵釈寺《ぼんしゃくじ》・法成寺《ほうじょうじ》・法勝寺の別当も歴任。保延六年（一一四〇）に入寂。八十八歳。能画《のうが》でもあり、『信貴山縁起絵巻《しぎさんえんぎえまき》』や『鳥《ちょう》獣戯画《じゅうぎが》』を描いたとされてきたが、確証はない。

村上源氏《むらかみげんじ》では、院政期《いんせいき》以降に多くの高僧を輩出した。仁覚《にんかく》は源師房《もろふさ》の三男で、母は藤原道長女尊子《そんし》。頼通の養子となった。治暦《じりゃく》三年（一〇六七）に権大僧都《ごんのだいそうず》に任じられ、承保《じょうほ》元年（一〇七四）に平等院執行《びょうどういんしぎょう》、承暦《しょうりゃく》元年（一〇七七）に法性寺座主《ほっしょうじざす》、寛治《かんじ》七年（一〇九三）に天台座主に補された。承徳《じょうとく》二年（一〇九八）には法成寺座主《ほうじょうじざす》を兼ねた。康和《こうわ》四年（一一〇二）に入寂。五十八歳。修法《しゅほう》に秀で、仁覚の死に際しては、天皇以下がこれを悼《いた》んだ（『中《ちゅう》右記《ゆうき》』）。

勝覚《しょうかく》は源俊房《としふさ》の子。応徳《おうとく》三年（一〇八六）に醍醐寺座主《だいごじざす》となり、東大寺別当、東寺長者を歴任し、大治二年（一一二七）に権僧正となった。永久《えいきゅう》三年（一一一五）には三宝院《さんぽういん》を開くなど、醍醐寺の最盛期を現出し、門下から定海《じょうかい》の三宝院流《さんぽういんりゅう》、聖賢《しょうけん》の金剛王院流《こんごうおういんりゅう》、賢覚《げんかく》の理《り》性院流《しょういんりゅう》の醍醐三流を出した。大治四年に入寂。七十三歳。「三宝院権僧正《さんぽういんごんのそうじょう》」と号した。

証観《しょうかん》も俊房男。十三歳で出家し、康和元年（一〇九九）に権少僧都《ごんのしょうそうず》となり、長治元年に円宗寺探題《えんしゅうじたんだい》の宣旨を蒙《こうむ》ったが、翌長治二年、延暦寺衆徒《えんりゃくじしゅうと》が祇園神輿《ぎおんみこし》を奉じて嗷訴《ごうそ》を行なったため、罷免《ひめん》された。同年、権大僧都に任じられたが、大治二年に房の住人が追捕《ついぶ》されたことによって京外に追却《ついきゃく》された。保延三年（一一三七）に入寂。七十三歳。

定海《じょうかい》は源顕房《あきふさ》の子。永久四年（一一一六）に醍醐寺座主となった。大治四年に東大寺別当、長承元年（一一三二）に東寺長者となった。保延三年に僧正、保延四年に大僧正に任じられ

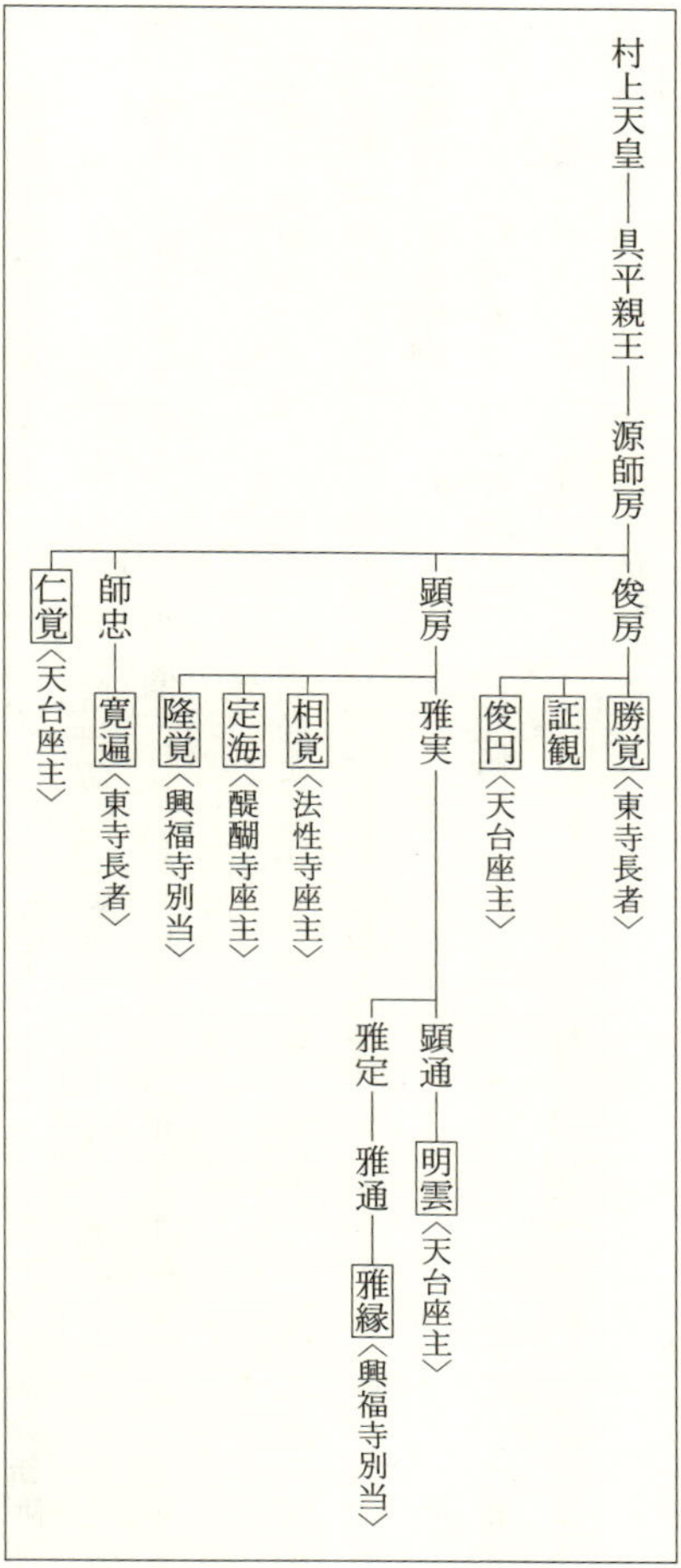

た。醍醐寺僧が大僧正に任じられた初例である。永久二年（一一一四）の法勝寺新阿弥陀堂（蓮華蔵院《れんげぞういん》）供養、長承元年の得長寿院《とくちょうじゅいん》供養などに参仕した。久安《きゅうあん》五年（一一四九）に入寂。七十六歳。「三宝院大僧正《さんぽういんだいそうじょう》」「上生僧正《じょうしょうそうじょう》」と号した。『大治記《だいじき》』『保延記《ほうえんき》』各一巻を著わした。

隆覚《りゅうかく》も顕房男。薬師《やくし》・法華《ほっけ》両寺の別当を兼ね、長承元年に興福寺権別当《こうふくじごんのべっとう》、保延四年に興《こう》福寺別当《ふくじべっとう》に補されたが、保延五年（一一三九）に興福寺衆徒に住房を焼かれた。修学者が殺害されたことが原因とされる（『師安記《もろやすき》』）。同年には興福寺衆徒と争いを起こし、隆覚の軍兵五十余人が追捕され（『外記記《げきき》』）、別当職を停止《ちょうじ》された。久安六年（一一五〇）に興福寺僧千人、春日神人《かすがじにん》二百人の嗷訴によって、ふたたび別当に補された（『台記《たいき》』）。保元《ほうげん》三年（一一五八）に入寂。八十四歳。「密厳院僧正《みつごんいんそうじょう》」と号した。

明雲《みょううん》は源顕通《あきみち》の二男。仁安《にんあん》二年（一一六七）に天台座主に補された。治承《じしょう》元年（一一七七）に延暦寺末加賀白山《かがはくさん》の衆徒と加賀守《かがのかみ》との紛争に呼応した叡山大衆《えいざんだいしゅ》の嗷訴によって、伊豆《いず》に遠流《おんる》されたが、配所への途次、粟津《あわづ》で叡山衆徒が奪還した。治承三年（一一七九）に僧正に復し、ふたたび座主に補された。養和《ようわ》元年（一一八一）に白河六箇寺（六勝寺《りくしょうじ》）の別当に補されたが、寿永《じゅえい》二年（一一八三）に院御所法住寺殿《ほうじゅうじどの》に参籠《さんろう》した際、源義仲《よしなか》が院御所を襲い、流矢《ながれや》に当たって入寂した。六十九歳。

花山源氏《かざんげんじ》からも高僧が出ている。覚源《かくげん》は花山天皇第三皇子とされる。寛仁二年（一〇一八）に醍醐寺座主に補された。永承《えいしょう》五年（一〇五〇）に弟深観《しんかん》の後を承けて東寺長者に補された。天喜《てんぎ》三年（一〇五五）に東大寺別当を兼ねた。治暦元年（一〇六五）に入寂。六十六歳。「宮僧正《みやのそうじょう》」と号した。

深観は花山天皇第四皇子とされる。長元四年（一〇三一）に権少僧都に任じられ、長暦《ちょうりゃく》元年（一〇三七）に東大寺別当に補された。長久《ちょうきゅう》四年（一〇四三）に東寺長者に補された。永承五年（一〇五〇）に入寂。時に四十八歳。「坐禅院《ざぜんいん》」と号した。

三条《さんじょう》天皇の皇子では、第四皇子師明《もろあきら》親王が十四歳で出家して性信《しょうしん》と称し、「大御室《おおおむろ》」と称されたが、三条源氏《さんじょうげんじ》では、小一条院《こいちじょういん》となった敦明《あつあきら》親王の子孫に高僧が出ている。行観《ぎょうかん》は敦明親王男。長久元年（一〇四〇）に行円《ぎょうえん》に従って受戒。治暦元年に僧正に任じられたが、延久《えんきゅう》五年（一〇七三）に入寂した。六十一歳。「錦織僧正院《にしごりそうじょういん》」と号した。源頼義《よりよし》・義家《よしいえ》父子の帰依を受けた。

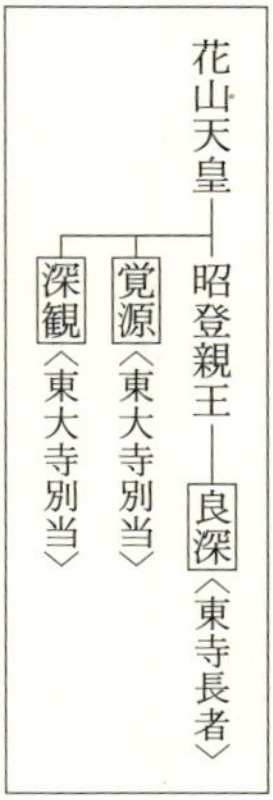

寛意《かんい》は三条の曾孫で敦貞《あつさだ》親王男。応徳三年に円《えん》宗寺別当《しゅうじべっとう》、寛治三年（一〇八九）に東寺長者に補された。康和三年（一一〇一）に入寂。四十八歳。「仁和寺宮大僧都《にんなじのみやだいそうず》」「観音院僧都《かんのんいんそうず》」と号した。

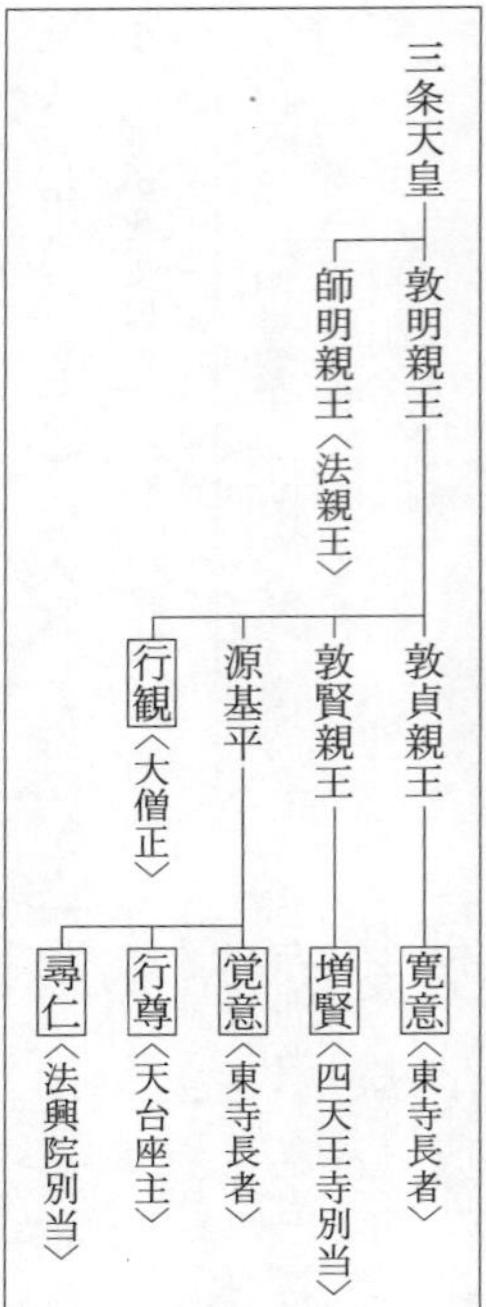

増賢《ぞうけん》は敦賢《あつかた》親王の子。永長《えいちょう》元年（一〇九六）以降、堀河《ほりかわ》天皇や白河法皇のために修法を行なった。天永《てんえい》二年（一一一一）に園城寺《おんじょうじ》（三井寺）真如院別当《しんにょいんべっとう》、永久四年に四天王寺別当に補された。永久二年には法勝寺新阿弥陀堂供養にも参仕した。元永《げんえい》元年（一一一八）に入寂。四十九歳。「宮阿闍梨《みやあじゃり》」と号した。

行尊《ぎょうそん》は源基平《もとひら》の子。十二歳で園城寺に入って天台密教《てんだいみっきょう》を体得し、十六歳以後、熊野《くまの》・大《おお》峯《みね》で入峰苦行《にゅうぶくぎょう》を重ね、修験道《しゅげんどう》の形成に貢献、一代の験徳《げんとく》を謳《うた》われた。永久四年に園城寺長吏と熊野三山検校《くまのさんざんけんぎょう》を兼ね、以後、法勝寺権別当・四天王寺別当、天台座主に補された。鳥《と》羽《ば》院・待賢門院《たいけんもんいん》の信任篤く、熊野御幸《ごこう》の先達《せんだつ》もしばしば勤めた。長承三年（一一三四）に園城寺金堂を再建し、中興《ちゅうこう》の祖と仰がれた。その半年後の保延元年（一一三五）に入寂。八十一歳。琵琶・書に通じ、和歌を愛好して、西行《さいぎょう》法師の先駆者と称された。

以上、源氏出身の高僧について、何人か触れてみた。総じて僧綱に上ったり諸寺の別当や長者に補されたりと高い地位に上っているのは、主にその高貴な出自によるものであろうが、各人がそれに相応しい修行に努めた結果であるとも言える。

各系統の源氏のうち、どのような人が官人として出仕《しゅっし》し、どのような人が出家したのか、詳しい考察が必要となろうが、官人として出身しても、世代を経るに従ってその地位を低下させていくのは、わずかな例外的な系統を除いては明らかなのであるから、出家という道を選ぶのも、理解できなくはない（僧としてなら出世できるとでも思った者もいたであろうか）。

その意味では、公家源氏の最初である嵯峨源氏が、源氏官人として高位高官に上るのでなければ出家するという行動パターンを選択していたことは、後世の公家源氏の歩む道を先取りしていたということなのであろう。

仁和寺について

ここで公家源氏出身の僧と関係の深い仁和寺について、触れておきたい。仁和寺は山城《やましろ》国葛野《かどの》郡内の大内《おおうち》山の南麓、現在の京都市右京区御室大内にある真言宗御室派総本山である。大内山と号し、仁和寺門跡《もんぜき》・御室御所《おむろごしょ》という。京から見て西方に所在するということは、阿《あ》弥陀浄土《みだじょうど》のある西方への思いがあったのであろう。

光孝天皇《こうこう》は、仁和《にんな》二年（八八六）に勅願寺《ちょくがんじ》を建立しようと発願《ほつがん》し、着工したが、竣功《しゅんこう》する前の仁和三年（八八七）に死去した。宇多天皇の仁和四年（八八八）に金堂の落慶供養が行なわれ、年号により仁和寺と名付けられたとされる。古くは「にわじ」と訓《よ》まれた（『枕草子《まくらのそうし》』）。本尊《ほんぞん》は阿弥陀三尊像《あみださんぞんぞう》。実際には、宇多が父光孝の霊に回向《えこう》するために、寺域の西南にある光孝陵（後田邑陵《のちのたむらのみささぎ》）の兆域《ちょういき》内に建立した陵寺《りょうでら》、次いで御願寺《ごがんじ》であった（『日本紀略《にほんきりゃく》』『帝王編年記《ていおうへんねんき》』、渡里恒信「光孝天皇陵と仁和寺の成立」）。

宇多上皇は、昌泰《しょうたい》二年（八九九）に当寺において出家した。金堂の西南に法皇のために御所が造営され、常時の御在所とした。これは御室《おむろ》と呼ばれた。はじめ御室は御在所の建物の敬称であったが、同時に法皇自らを指す言葉、ついには仁和寺周辺の地名となった。

宇多は延喜《えんぎ》四年（九〇四）に当寺に遷御し、承平《じょうへい》元年（九三一）に御室において死去した。御室は入道敦実親王（法名は覚真《かくしん》）に伝えられ、親王は南御室を仏閣とし、これを観音院《かんのんいん》と名付けた。敦実親王の子の寛朝が別当であった時、皇室との連繋《れんけい》はいよいよ強化され、仁和寺の盛名を高めた。寛朝は寺域内にある広沢池の西畔に遍照寺を建て、これを自房としたため、仁和寺を中核とする真言宗の流派は広沢流と呼ばれるようになった。

仁和寺は、皇室および宇多源氏の寺院として大いに発展し、二里四方という広大な寺域に

仁和寺本堂

は、平安時代から鎌倉《かまくら》時代にかけて、天皇の御願にかかる四円寺《しえんじ》（円融寺《えんゆうじ》〔円融法皇御願《ごがん》〕・円教寺〔一条《いちじょう》院御願〕・円乗寺《えんじょうじ》〔後朱雀《ごすざく》院御願〕・円宗寺〔後三条《ごさんじょう》院御願〕）、法金剛院《ほうこんごういん》（待賢門院藤原璋子《しょうし》御願）をはじめ、続々と院家《いんけ》が建立され（古藤真平「仁和寺の伽藍と諸院家」）、盛時には七十四に及んだ（『仁和寺《にんなじ》諸堂記《しょどうき》』）。

三条天皇皇子の師明親王は出家して法名を性信といい、仁和寺に入って門主《もんしゅ》となり、はじめて「御室」と呼ばれた。以来、親王が代々入寺して御室となる慣例が守られた（横内裕人「仁和寺御室考」）。

また、女院《にょういん》・女御《にょうご》や宇多源氏の女性が造営した院家も少なくなく、聡子《そうし》内親王の建立した大教院《だいきょういん》、藤原苡子《いし》（鳥羽《とば》生母）の菩提《ぼだい》のために建立された転輪院《てんりんいん》をはじめ、暲子《しょうし》内親王

（八条院《はちじょういん》）の建立した蓮華心院《れんげしんいん》、亮子《りょうし》内親王（殷富門院《いんぷもんいん》）の建立した蓮華光院《れんげこういん》、祇園女御《ぎおんにょうご》の建立した威徳寺《いとくじ》などが挙げられる（『仁和寺諸堂記』）。

しかし、元永《げんえい》二年（一一一九）の罹災《りさい》に続き、応仁《おうにん》二年（一四六八）、嵯峨で敗れて仁和寺に籠っていた西軍の兵に対し、東軍が猛攻を行ない、その際の兵火によって、仁和寺の堂塔《どうとう》伽藍《がらん》は全焼し、一面の荒野となった（『宣胤卿記《のぶたねきょうき》』）。仁和寺は仮屋を双ヶ丘《ならびがおか》の西麓に営み、辛うじて法務を維持した。

仁和寺が復興したのは、寛永《かんえい》十一年（一六三四）に徳川家光《とくがわいえみつ》が二一万両を寄進した際のことであった。寛永十四年（一六三七）、京都御所《きょうとごしょ》が改築された際、紫宸殿《ししんでん》が移建されて金堂が営まれ、また清涼殿《せいりょうでん》の古材も下賜されて御影堂《みえどう》が造られた。他に五重塔《ごじゅうのとう》などの堂塔・子院十余を再興し、正保《しょうほう》三年（一六四六）に落慶供養が行なわれ、現在に続く伽藍が現出した。

公家源氏による堂塔造営

仁和寺と御室地区における発掘調査からは、数々の院家と思われる堂の遺構が検出されている。文献に円堂院《えんどういん》・南院《なんいん》・大聖院《だいしょういん》・真光院《しんこういん》・蓮華心院・大教院などと見られる院家に関わるものであろう。安井殿《やすいどの》という地名における遺構は、仁和寺成立以前の源常《ときわ》の山荘との関わりが指摘されている（『平安京提要』）。四円寺や法金剛院の発掘調査も行なわれている。
これらの院家は、親王や公家源氏の有力者によって造営されたものであろうが、ここでは特に、藤原道長とその周辺、嫡妻《ちゃくさい》である源倫子《りんし》とその父の雅信《まさのぶ》、長女で国母《こくも》となった藤原彰子《しょうし》の造営した堂について述べることとしよう。

寛和元年（九八五）四月、当時左大臣であった源雅信が、西堂《さいどう》を造営して、供養を行なった（『小右記《しょうゆうき》』）。宇多の孫で敦実親王の嫡男、つまり寛朝や雅慶の兄であった雅信（寛朝とは同母）にとっては、仁和寺に対する思いも格別だったのであろう。

雅信は仁和寺で桜会《さくらかい》というのを開いていたようであるが、正暦《しょうりゃく》四年（九九三）四月にはこれを躑躅会《つつじかい》と改めて、開いている。この年の躑躅会には、左右大臣（雅信・源重信《しげのぶ》）をはじめ、姻戚《いんせき》や子息が参列した。また、下﨟《げろう》もいたとある。公卿《くぎょう》では、大納言藤原道長、中納言源時中《ときなか》・源伊陟《これただ》・藤原道頼《みちより》、参議藤原道綱《みちつな》・藤原安親《やすちか》、三位源泰清《やすきよ》・菅原輔正《すがわらのすけまさ》が参列し、一条天皇から臨時度者《りんじどしゃ》を賜うという仰せを、蔵人頭《くろうどのとう》源扶義《すけよし》が伝えている。会の終わり頃、下人が闘乱《とうらん》したというのは、ご愛敬か（『小右記』）。

その雅信が死去すると、葬儀や法会は仁和寺で営まれた。長保元年七月の七周忌には法華《ほっけ》八講《はっこう》が行なわれたことが見えるが、雅信長女の倫子が、新たに図書《ずしょ》した仏経《ぶっきょう》を供養している（『御堂関白記《みどうかんぱくき》』『権記《ごんき》』）。能書《のうしょ》の藤原行成《ゆきなり》は、法華経の外題《げだい》と呪願文《じゅがんもん》を書いている（『権記』）。

雅信に続いて仁和寺に関わったのは、倫子と彰子であった。寛弘元年（一〇〇四）二月には、道長は仁和寺観音院に赴き、彰子の造営している御堂《みどう》を検分している。三月には倫子が大般若経《だいはんにゃきょう》供養を行なっている。長保三年（一〇〇一）に焼失した観音堂とみられる。この時にも多くの公卿が参列し（道長は、「然るべき人々は、悉《ことごと》く来た」と記している）、臨時度者を賜わっている。大江以言《おおえのもちとき》が作った両部曼荼羅《りょうぶまんだら》と大般若経の願文《がんもん》は、この時も行成が清書している（『御堂関白記』『権記』）。

寛弘四年（一〇〇七）四月の雅信忌日法要《きにちほうよう》にも倫子は法華八講を営み、仁和寺に赴いているが、道長は源明子《めいし》が産んだ尊子と長家《ながいえ》の着袴《ちゃっこ》の儀を、明子の住む近衛御門《このえみかど》に到って、行なっている（『御堂関白記』）。皇族の末裔《まつえい》としての誇りを棄てない倫子と、受領《ずりょう》の女から生まれた道長との、何やら微妙な関係が窺《うかが》えるかのようである。

そして倫子は、寛弘七年（一〇一〇）三月に、仁和寺観音院に灌頂堂《かんじょうどう》を再建した。『御堂関白記』では倫子を「北政所《きたのまんどころ》」と呼称し、「この堂は、元は一条大臣《いちじょうだいじん》（雅信）家の堂であった。薬師堂《やくしどう》と号していた。焼亡《しょうぼう》した後、女方《にょうぼう》（倫子）が造営したものである」と記している。この時も道長は仁和寺に赴いていない（『御堂関白記』）。

この倫子の造営を継いだのが、彰子である（『帥記《そちき》』）。彰子は宇多源氏の子孫のなかの最高身位《しんい》として、氏長者《うじのちょうじゃ》的存在で仁和寺を管理していたという(田島公「典籍の伝来と文庫」)。治安《じあん》二年(一〇二二)十月、彰子が造営した観音院供養が行なわれたが、彰子が産んだ後一条《ごいちじょう》天皇からは、それを御斎会《ごさいえ》に准じるようにとの宣旨が下された。円融院が造営した円融寺に准じたとのことである。道長・倫子をはじめ、関白《かんぱく》頼通や藤原教通《のりみち》以下の公卿、普段はこのような行事に参加しない藤原実資《さねすけ》さえも参列した。大唐《だいとう》・高麗楽《こまがく》も奏され、道長は贈物として、弘法大師《こうぼうだいし》(空海《くうかい》)の菩提子《ぼだいし》の念珠《ねんじゅ》や、弘法大師自筆の阿弥陀経《あみだきょう》を出して、皆を感動させている(『小右記』)。

このように、法性寺が藤原北家《ほっけ》、その子院が藤原氏各家の結集の中核としての役割を果たしたのと同様、仁和寺とその院家は、公家源氏、特に倫子と彰子を中核とした宇多源氏の結集の中核として、繁栄していった。数々の名僧(や間抜けな僧)も、ここを舞台の中心として活躍したのである。

4　王朝文学と公家源氏

『源氏物語』と公家源氏

ここでいくつかの王朝文学と公家源氏の関連について考えてみよう。そもそも、『源氏物語《げんじものがたり》』の主人公である光君《ひかるのきみ》は、桐壺帝《きりつぼ》の皇子でありながら卑母《ひぼ》（按察大納言《あぜちだいなごん》の女《むすめ》である桐壺更衣《こうい》）を持つゆえに臣籍《しんせき》に降下《こうか》して源氏姓を賜わり、藤原氏で帝の外戚《がいせき》である右大臣と国母《こくも》の策謀によって都を追われるというように造型されている。

もちろん、右大弁《うだいべん》源唱《となう》の女の更衣周子《しゅうし》を母に持ち、臣籍に降下して昇進を重ねたものの、やがて藤原氏によって都を追われた醍醐《だいご》天皇皇子の源高明《たかあきら》のイメージを、読む者に彷彿《ほうふつ》させるものである。

『源氏物語』は、歴史上の特定の人物を登場人物の直接のモデルとすることによって記されたものではなく、歴史上の数多くの史実によって積み重ねられた権力構造のイメージを象徴させる存在として、それぞれの登場人物が生まれたのである（倉本一宏「『源氏物語』に見える摂関政治像」）。

「桐壺」巻では、高麗人《こまうど》（渤海国使《ぼっかい》）の相人《そうにん》（人相見）が、光君が「国の親となって帝王という最高の位にのぼるはずの相のおありになる方であるが、さてそういう方として見ると、世が乱れ民の苦しむことがあるかもしれません。ただ朝廷の柱石《ちゅうせき》となって、天下の政治を補佐するという方として判断すると、またその相が合わないようです」と予言して、光君の臣籍降下《しんせきこうか》につながる。「朝廷の柱石となって、天下の政治を補佐」し、「ただ人（臣下）として朝廷の御後見《うしろみ》を務める」というのが、（光君のような特別な人物ではない）一般的な公家源氏に対する紫式部《むらさきしきぶ》の認識なのであろう。

また、「薄雲《うすぐも》」巻で、「一世の源氏が、納言あるいは大臣になってから後に、あらたに親王《しんのう》宣下《せんげ》を受け、帝位にもお即《つ》きになったお方も、その例はたくさんあるのだった」と言っているのは、先に述べた宇多《うだ》や醍醐のことが念頭にあったのであろう。なお、光君は内大臣に任じられた際、そのまま摂政《せっしょう》に任じられるものと見做《みな》されていたにもかかわらず、それを藤原氏である致仕《ちし》の大臣（元の左大臣）に譲っているし、冷泉《れいぜい》帝から帝位に即くことを要請されてもこれを拒否して、藤原氏の大納言（元の頭中将《とうのちゅうじょう》、権中納言）が「いま一際」上ったならば（つまり内大臣になったならば）、「世の中の御後見」を譲ろうと語り、実際に大納言は、内大臣に任じられた直後に、天下の政を光君から譲られている（「少女《おとめ》」巻）。

これも公家源氏の藤原氏に対する遠慮がちな政治姿勢が、無意識的か意識的か、現われた筋書きなのであろう。一般的に、召還《しょうかん》後の光君の栄華のモデルとして、藤原道長《みちなが》が云々されることが多いが、紫式部は藤原氏に遠慮して政権のトップに就こうとしない公家源氏の姿をも描いているのである。

その他、女性の主人公とも言える藤壺《ふじつぼ》や紫の上、そして嘲笑《ちょうしょう》の対象として描かれている末摘花《すえつむはな》の姿と意識も、公家源氏、または皇族の出身として造型されている。『源氏物語』とは、公家源氏が藤原氏と関わりながら展開していく物語でもあったのである。

『伊勢物語』と公家源氏

『伊勢物語《いせものがたり》』は、原形が九〇〇年前後に成立したと見られる歌物語である。桓武《かんむ》天皇第一皇子で天皇家嫡流《ちゃくりゅう》の地位にありながら皇統《こうとう》を伝えることのできなかった平城《へいぜい》天皇の皇子である阿保《あぼ》親王の子であった在原業平《ありはらのなりひら》を連想させる主人公の逸話や古伝承を織り込んで、数々の小篇が構築され、一代記的に配列構成されている。

その『伊勢物語』の中で、第三十九段「源の至《いたる》」は、登場人物の属性を捨象することで物語世界に普遍性をもたらしたというこの作品の表現技法を捨ててまで、登場人物を実名で登場させている（以下、花井滋春「伊勢物語と賜姓源氏」）。

この段は、淳和《じゅんな》天皇皇女崇子《すうし》の葬送の夜に、物見車《ものみぐるま》の女に懸想《けそう》する源至と、それを阻止しようとする業平らしき男との間に交わされる和歌の応酬を描いている。そしてその末尾が、天下の色好みの歌としては平凡であった。

至は順《したごう》の祖父である。みこの本意《ほい》なし（この一件、皇女様の成仏を願うご本志にはそわないことなのだ）。


と結ばれている。源順、あるいはその周辺による注記とされている。最後の「みこの本意なし」は、（　）内のように解するのが自然であろうが、後に述べるような解釈も存在する。

さて、源至という人物は、嵯峨《さが》天皇皇子源定《さだむ》の子で、順の祖父である。わざわざこのように順を起点として注記した必要性は、単なる系譜の説明ではなく、色好みの系譜をも合わせ持ったものとされる。

そして花井氏によれば、「みこの本意なし」は、源定が親王宣下の直前に嵯峨によってそれが拒絶され、源氏に賜姓されたという経緯を踏まえ、「親王に復する意思はない」と解されたのである。実際には望むべくもなかった至の親王宣下を表記したところに、諧謔《かいぎゃく》と嗟嘆《さたん》とが交錯する、屈折した王統意識が読み取れるとのことである。

なお、これらの文学的遊興の場を構成したのは、安法《あんぽう》法師を中心として、その住居である河原院《かわらのいん》に集った、多くは王氏の末流の歌人たちであったとのことで、ここに風雅《ふうが》を契りとし、反俗的立場を志向する小世界を構成しながら、前時代に憧憬を抱く過去志向が表われているという。

『宇津保物語』と公家源氏

日本最古の伝奇的長編物語である『宇津保物語《うつほものがたり》』は、十世紀後半の成立とされる。作者としては嵯峨源氏《さがげんじ》の源順が擬せられている。

この『宇津保物語』中の登場人物として、巻第三「藤原の君」に、生母の姓によって「藤原の君」と呼称された源正頼《まさより》がいる。一世源氏として造型され、「幼少の時から評判のお方で、容貌や心がまえ、才覚などすべてにほかの人よりも優れ、学問の道にも熱心に励んで、音楽の方面にも習熟しておられた」ということで、将来の即位も予想されていた。

太政大臣《だいじょうだいじん》に婿《むこ》取られ、また時の帝の女一宮《おんないちのみや》も賜わった。女一宮が産んだ九女の貴宮（あて宮）は東宮に入内《じゅだい》し、藤壺と呼ばれ、皇子を産んだ。

巻第十九「国譲《くにゆずり》下」では、貴宮が産んだ皇子と、藤原兼雅《かねまさ》の女である梨壺女御《なしつぼにょうご》が産んだ皇子との間に立太子争いが起こる。東宮は次期東宮には貴宮所生の皇子を望んだものの、東宮の母である藤原氏の中宮は、兄弟の大臣たちを集めて、「この藤原氏一門が独占してきたことを、一世源氏の娘が后に立ち、その子が東宮に据えられたことはないようですので、どうして藤壺に限ってそれを許せましょう」と主張した。結局、梨壺女御所生の皇子が新東宮に立つという噂が支配的であったものの、貴宮所生の皇子が立太子する。

このように、例外的に源氏所生でありながら皇子が東宮になり、正頼も左大臣に出世しているのであるが、これは彼の生母が藤原氏であったと造型されているからであろう（須田哲夫「平安朝の物語と賜姓源氏」）。これも作者の念頭には、当然、醍醐皇子で藤原師輔《もろすけ》の婿となり、左大臣に上って女を為平《ためひら》親王の室としたものの、密告に遭って失脚した源高明の存在があったのであろう。

『落窪物語』と公家源氏

『落窪物語《おちくぼものがたり》』は、十世紀末に成立した、継子《ままこ》いじめ譚《たん》を軸とした物語である。作者は不明であるが、源順・源相方《すけかた》（宇多源氏《うだげんじ》）などが候補に挙がっている。

中納言源忠頼《ただより》は、「自分の人望がなく衰え、人からもばかにされているのを嘆いていた」という存在であった。北の方との間に三男四女があったが、他に皇女腹に姫君が一人いた。これが落窪の君である。

左大将（後に太政大臣）の子の左近の少将（藤原道頼《みちより》）が、中納言一家の石山詣《いしやまもうで》の留守に姫を救い出して自邸に隠し、継母《ままはは》への報復として、中納言の四の君の婿に、偽って愚者の兵部《ひょうぶ》の少輔《しょう》を差し向け、三の君の婿の蔵人《くろうど》の少将を自分の妹の婿に迎え、継母の清水詣や賀茂祭見物で恥をかかせ、落窪の君が伝領した三条第《さんじょうてい》に中納言一家がひき移ろうとする矢先に乗り込んで嘆かせたりなどといった報復を行なう。

中納言一家は、これらが左近の少将の仕打ちだと知っても、これが今を時めく左大臣（後に太政大臣）の息子だと知ると、一転して喜びとなる。これに謝罪して縁故《えんこ》の好《よし》みを結べば、一家の人々は出世できる望みが生まれると踏んだからである。

やがて左近の少将は姫を父中納言と対面させ、その後はうって変わって次々と恩恵を施し、姫と少将はいよいよ仲睦まじく栄華を極めた、という筋書きとなる。

ここでは源氏も完全に摂関政治《せっかんせいじ》下の一官僚に成り下がっている。中納言一家の現実的ずるさ、処世への腐心は、そのまま権力礼讃に通じるものであり、作者の時世観、処世観でもあるという指摘もある（須田哲夫「平安朝の物語と賜姓源氏」）。本当に作者が源氏の人物であるとすると、その屈折は相当なものである。

『大鏡』と公家源氏

『大鏡《おおかがみ》』は実際の歴史過程を舞台としているので、当然ながら多くの公家源氏が登場するが、もっとも重要なのは、道長の配偶者二人について触れた部分である。

ところで、このおとど（道長）の北の政所《まんどころ》（源倫子《りんし》・源明子《めいし》）がお二方とも源氏出身でいらっしゃいますから、後世には源氏がお栄えになるに違いないと定め申すようです。以上お話しいたしたとおり、このお二方のご様子は、このとおりです。

実際には、先に述べたように、明子の方が「北の政所」であったことはあり得ないのであるが、これは明子所生の藤原頼宗《よりむね》・能信《よしのぶ》たちと『大鏡』作者との距離の近さ、また彼らが擁立しようとしている尊仁《たかひと》親王（後の後三条《ごさんじょう》天皇）との関係、そして院政期《いんせいき》における現実の源氏の繁栄に基づいた記述なのであろう。

なお、同じ「歴史物語」のうち、『今鏡《いまかがみ》』については、後に触れることとする。

『古事談』と公家源氏

説話の世界に目を向けると、村上源氏《むらかみげんじ》の源顕兼《あきかね》によって十三世紀初頭に成立した『古事談《こじだん》』には、院政期以降にふたたび繁栄した村上源氏よりも、醍醐源氏《だいごげんじ》、しかも祖である高明に関する説話はまったく見えず、俊賢《としかた》・隆国《たかくに》流に関する説話が主流となっているという（以下、三原由起子「『古事談』の醍醐源氏たち」）。

俊賢について見てみると、まずチャンスを逃さぬ処世ぶりが目につく（第二－二九「源俊賢自薦により藤原斉信《ただのぶ》を越えて五位蔵人たる事、斉信高邁《こうまい》の事」）。また、俊賢が藤原行成《ゆきなり》に力を貸していた記述（第一－四二「踏歌節会《とうかのせちえ》に藤原斉信失錯《しっさく》を、藤原行成扇に記し入るる事」）、かつての藤原道隆《みちたか》の恩顧を思い、藤原伊周《これちか》の傷心を感じて道長に内覧宣旨《ないらんせんじ》が下った際に「そらねぶり」していたという記述（第二－三〇「源俊賢、藤原道隆の恩を忘れざる事」）などは、道長の懐刀《ふところがたな》としての癒着《ゆちゃく》を描くことはなく、その点は『大鏡』などとは異なるという。

要するに、摂関家《せっかんけ》との絡みの中で歴史の推移を巧みに潜り抜けた俊賢の姿を、その人間性と政治性の両面から彫りあげ、それを霧中に秘したかのように記しつけているというのである。陰湿な公家《くげ》社会の空気の中でも、それに敗れることなく独自の戦いを展開するエネルギッシュな人物が、顕兼の視線を魅きつけたとのことである。そこに二流官人に過ぎなかった顕兼なりの、自己の時代への感慨や評価、あるいは自身の人生への自戒を求めることができるという。

考えてみれば、このような生き方というのは、実際にも公家源氏一般に必要な態度なのであって、種々の文学作品は、それを自己の創作した世界の中に描き出しているのである。

第五章　中世以降の公家源氏

中世の武家政権の成立後、公家源氏たちはどのような活動を行なっていたのであろうか。ここでは、中世以降に賜姓された源氏、武家政権と結びながら宮廷で活躍した村上源氏《むらかみげんじ》、地方に下って武家となった公家源氏、近世以降の公家源氏について、それぞれ説明していくこととする。

それは武家政権の時代以降の日本の歴史を、一面において照らし出す鏡ともなる問題なのである。

1　中世以降に賜姓された公家源氏

中世以降にも、数は少ないながら、源氏賜姓《げんじしせい》が行なわれた例も存在した。以下にそれらを説明する。

後三条源氏の誕生

後三条《ごさんじょう》天皇の皇子は、即位して白河《しらかわ》天皇となった貞仁《さだひと》親王のほか、後三条によって皇太《こうたい》弟《てい》に立てられながらも十五歳で早世した実仁《さねひと》親王、後三条によって次の皇太弟とするよう遺言を残された輔仁《すけひと》親王がいた。

実仁には子女はいなかったが、輔仁は六人の子女を儲《もう》けた。輔仁は異母兄白河から冷遇され、品位《ほんい》も与えられなかった。堀河《ほりかわ》・鳥羽《とば》天皇の即位後も仁和寺《にんなじ》辺りに幽居《ゆうきょ》していたが、永《えい》久《きゅう》元年（一一一三）に護持僧《ごじそう》である醍醐寺《だいごじ》の仁寛《にんかん》による輔仁即位にからむ政変（永久の変）に巻き込まれ、閉門《へいもん》生活を送った。元永《げんえい》二年（一一一九）に四十七歳で死去している。

輔仁の王子女のうち、三人の男子は早く出家《しゅっけ》し、女王が二人いたが、残る有仁《ありひと》が、鳥羽天皇の元永二年に賜姓を受けた。十七歳の年のことであったが、この元永二年が、父輔仁の

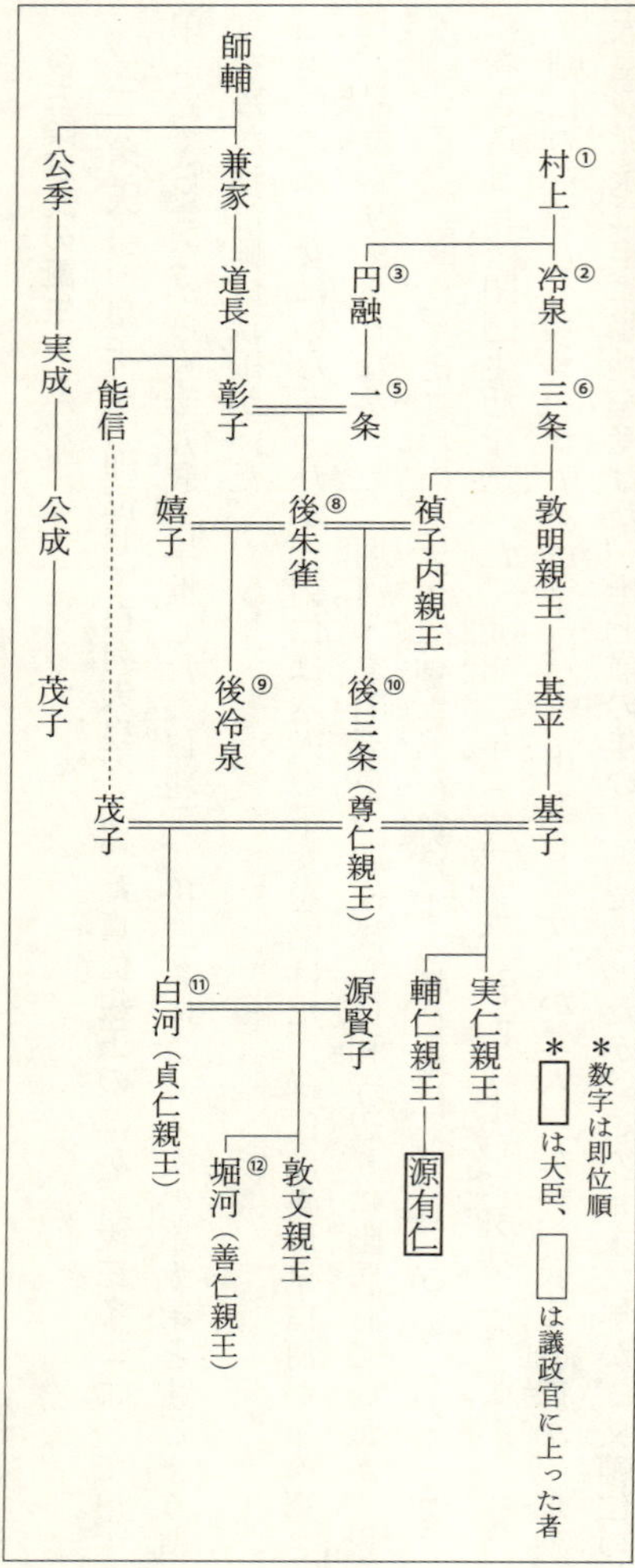

死去した年であることは、まったく無関係であるとは考えられない。なお、母は源師忠《もろただ》の女《むすめ》である。

源有仁は従三位に叙され、その年のうちに権中納言、翌保安《ほうあん》元年（一一二〇）に権大納言、保安三年（一一二二）に内大臣に任じられた。その後も天承《てんしょう》元年（一一三一）に右大臣、保《ほう》延《えん》二年（一一三六）にはついに左大臣に上った。久安《きゅうあん》三年（一一四七）に四十五歳で死去している。「花園左大臣《はなぞのさだいじん》」と称された。

ただし、有仁には子女がいなかったようで、後三条源氏は有仁一人で絶えてしまったことになる（龍粛「三宮と村上源氏」）。有仁は鳥羽院政期《いんせいき》に高い地位に上ったが、それと政治権力とは、また別の問題である。なお、源頼朝《よりとも》の家臣で『平家物語《へいけものがたり》』に登場する田代信綱《たしろのぶつな》は源有仁の孫であったという伝えもあるが（『源平盛衰記《げんぺいじょうすいき》』）、その史実性は疑問である。

後白河源氏の誕生

これを後白河源氏《ごしらかわげんじ》と呼んでいいものか、いささか躊躇《ちゅうちょ》するのだが、後世の「源氏二十一流」には入れられているので、説明することにする。

後白河天皇の第二皇子として仁平《にんぴょう》元年（一一五一）に生まれた以仁《もちひと》王は、親王宣下《しんのうせんげ》が行なわれなかった。生母は閑院流《かんいんりゅう》の藤原季成《すえなり》の女である成子《せいし》なのであるから、母の家柄は鳥羽・崇徳《すとく》・後白河天皇と同格である。その頃の常識では、堂上平氏《とうしょうへいし》の平時信《ときのぶ》の女である滋子《しじ》から生まれた異母弟の憲仁《のりひと》親王（後の高倉《たかくら》天皇）よりは、はるかに優越していたはずである。

幼くして天台座主《てんだいざす》の最雲法親王《さいうんほうしんのう》（堀河《ほりかわ》皇子）の弟子となり、応保《おうほう》二年（一一六二）に最雲が死去したので、永万《えいまん》元年（一一六五）に人目を忍んで元服《げんぷく》したと言われる。その

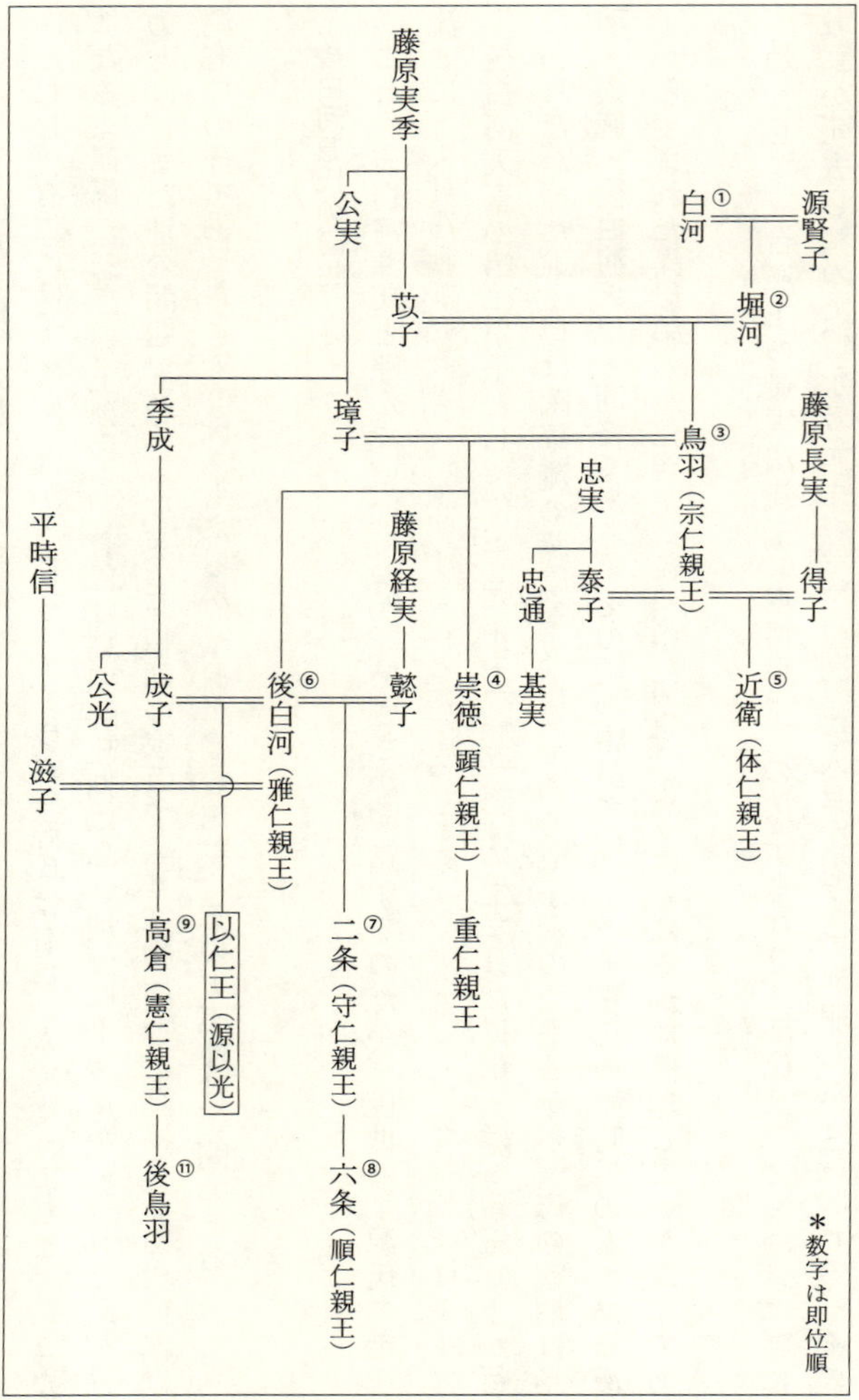
藤原実季
公実
苡子
源賢子
白河①
堀河②
璋子
季成
鳥羽③（宗仁親王）
藤原長実
得子
忠実
泰子
忠通
基実
藤原経実
懿子
平時信
公光
成子
後白河⑥（雅仁親王）
崇徳④（顕仁親王）
重仁親王
近衛⑤（体仁親王）
滋子
高倉⑨（憲仁親王）
以仁王（源以光）
二条⑦（守仁親王）
六条⑧（順仁親王）
後鳥羽⑪
＊数字は即位順

現以仁王墓

後、八条院《はちじょういん》暲子《しょうし》内親王の猶子《ゆうし》となった。英才の誉れ高く、学問や詩歌《しいか》、特に書や笛に秀でていた。

しかし、憲仁生母の滋子（後の建春門院《けんしゅんもんいん》）の妨害に遭い、生母の成子が女御宣旨《にょうごせんじ》を得られず、外戚《がいせき》の藤原公光《きんみつ》が仁安《にんあん》元年（一一六六）に解官《げかん》されて失脚したことによって、皇位継承の可能性は消滅し、親王宣下も受けられなかった。

治承《じしょう》三年（一一七九）の平清盛《きよもり》によるクーデター（後白河法皇《ほうおう》の幽閉、関白松殿基房《かんぱくまつどのもとふさ》の追放）で、以仁王も城興寺領《じょうこうじりょう》を没収された。翌治承四年（一一八〇）に源頼政《よりまさ》（武家の摂津源《せっつげん》氏《じ》）の勧めによって、「最勝親王《さいしょうしんのう》」を称し、安《あん》徳《とく》天皇と平氏政権の排除を唱え、平氏追討の令旨《りょうじ》を全国の源氏に発して挙兵・武装蜂起を促した。頼政とともに挙兵しようとしたが、計画が平氏方に漏れ、園城寺《おんじょうじ》（三井寺《みいでら》）に逃れた。

この間、以仁王は皇籍《こうせき》を剝奪《はくだつ》され、後白河院から源姓を下賜されて「源以光《もちみつ》」と改められ、土佐《とさ》国への配流《はいる》が決した。これが後白河源氏ということになる。

以仁王と頼政は、園城寺（寺門《じもん》）と対立していた延暦寺《えんりゃくじ》（山門《さんもん》）の協力を得ることができず、南都《なんと》の興福寺《こうふくじ》を頼ることに決したが、頼政は宇治の平等院《びょうどういん》、「源以光」は南山城《やましろ》の加幡《かばた》河原で、平氏家人《けにん》の藤原景高《かげたか》・伊藤忠綱《ただつな》が率いる追討軍に追いつかれて討たれた。後白河源氏も一代、というより一人で終わってしまったのである。

順徳源氏の誕生

鎌倉《かまくら》時代に入り、後鳥羽《ごとば》天皇の第三皇子順徳《じゅんとく》天皇は、承久《じょうきゅう》三年（一二二一）に子の懐成《かねなり》親王（九条廃帝《くじょうはいてい》・半帝《はんてい》。一八七〇年〔明治三〕に仲恭《ちゅうきょう》天皇）に譲位《じょうい》して後鳥羽院の討幕計画に参画したが、承久の乱が失敗に終わり、佐渡《さど》に配流された。

仁治《にんじ》三年（一二四二）に四条《しじょう》天皇が死去すると、順徳天皇の第五皇子忠成《ただなり》王は、土御門《つちみかど》天皇の皇子邦仁《くにひと》王とともに皇嗣《こうし》候補として名が挙がった。しかし、鎌倉幕府《かまくらばくふ》執権《しっけん》の北条泰《ほうじょうやす》時《とき》は順徳皇子である忠成王の即位に難色を示し、鶴岡八幡宮《つるがおかはちまんぐう》の神意であるとして、同じく後鳥羽天皇の孫にあたる邦仁王を推し、これが即位した（後嵯峨《ごさが》天皇）。

忠成王の子である彦仁《ひこひと》王は、永仁《えいにん》二年（一二九四）に源朝臣《あそん》の姓を賜わった。これが順徳源氏のはじまりである。永仁四年（一二九六）に従四位下に叙され、翌永仁五年（一二九七）には正三位にまで昇叙《しょうじょ》された。永仁六年（一二九八）までに左近衛中将《さこのえのちゅうじょう》に任じられたが、同年に死去した。

その子孫は、子の忠房《ただふさ》が正安《しょうあん》三年（一三〇一）に元服して正五位下に叙され、嘉元《かげん》三年（一三〇五）に正三位に上り、徳治《とくじ》元年（一三〇六）に権中納言に任じられたが、元応《げんおう》元年（一三一九）に親王宣下を受けた。その子の彦良《ひこよし》は、元弘《げんこう》三年（一三三三）に従四位下に叙され、建武《けんむ》元年（一三三四）に従三位、康永《こうえい》元年（一三四二）に正三位に昇叙された。貞和《じょうわ》五年（一三四九）に参議に任じられた。永和《えいわ》三年（一三七七）に出家している。

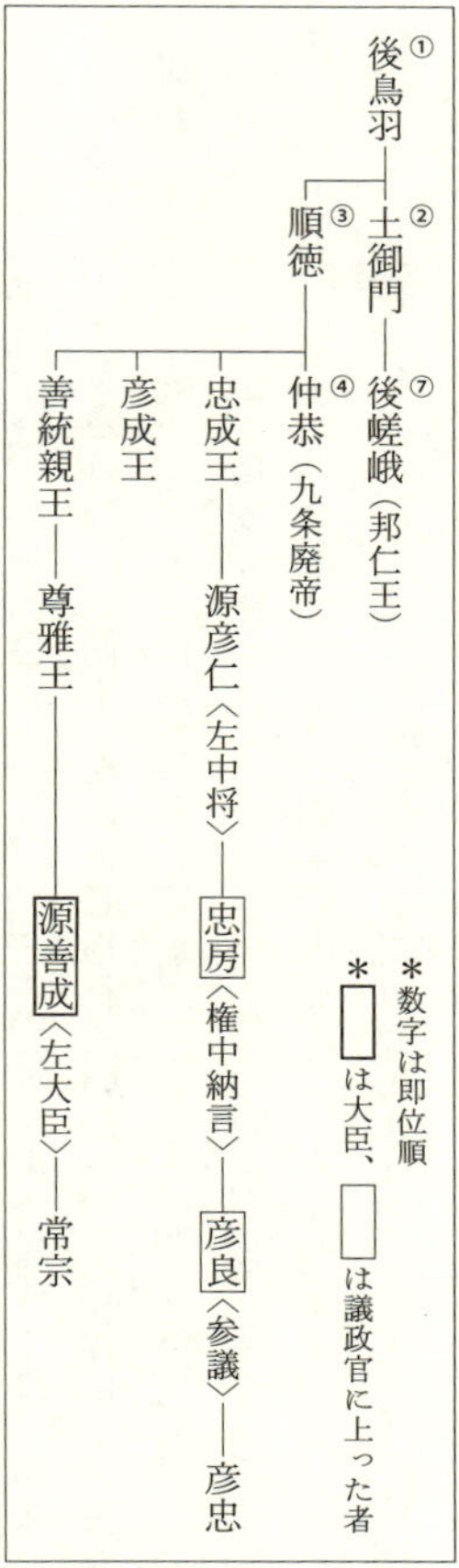

もう一つの系統では、順徳の第六皇子善統《よしむね》親王の孫である善成《よしなり》王は、康永《こうえい》二年（一三四三）に従四位下に叙されて左近衛少将《さこのえのしょうしょう》に任じられていたが、文和《ぶんわ》五年（一三五六）に源姓を賜わって臣籍《しんせき》に降下《こうか》し、従三位に叙された。名字《みょうじ》としては四辻《よつつじ》家を名乗った。延文《えんぶん》三年（一三五八）に正三位、康安《こうあん》元年（一三六一）に従二位、貞治《じょうじ》二年（一三六三）に正二位に叙された。貞治六年（一三六七）には権中納言に任じられ、応安《おうあん》三年（一三七〇）に権大納言に上った。永徳《えいとく》元年（一三八一）に従一位に叙され、応永《おうえい》元年（一三九四）に内大臣に任じられ、室町幕府《むろまちばくふ》将軍足利義満《あしかがよしみつ》（善成の姻戚《いんせき》）と管領斯波義将《かんれいしばよしまさ》の後援で翌応永二年（一三九五）に左大臣に上ったが、これを辞して出家した。出家に際し、親王宣下を望んだが、義将の反対で果たせなかった。

歌人・古典学者としても知られ、源惟良《これなが》の筆名で、貞治年間に『源氏物語《げんじものがたり》』の注釈書である『河海抄《かかいしょう》』を将軍足利義詮《よしあきら》に献上した。子息には恵まれず、子は出家し、松蔭常宗《しょういんじょうそう》となったが、常宗が応永十四年（一四〇七）に死去して、この系統は断絶した。

後嵯峨源氏の誕生

後嵯峨天皇の第二皇子で初の皇族将軍となった宗尊《むねたか》親王が、文永《ぶんえい》三年（一二六六）に第六代鎌倉将軍を解任《げにん》された後、その長男の惟康《これやす》王が七代将軍に就任した。この惟康王が源姓を

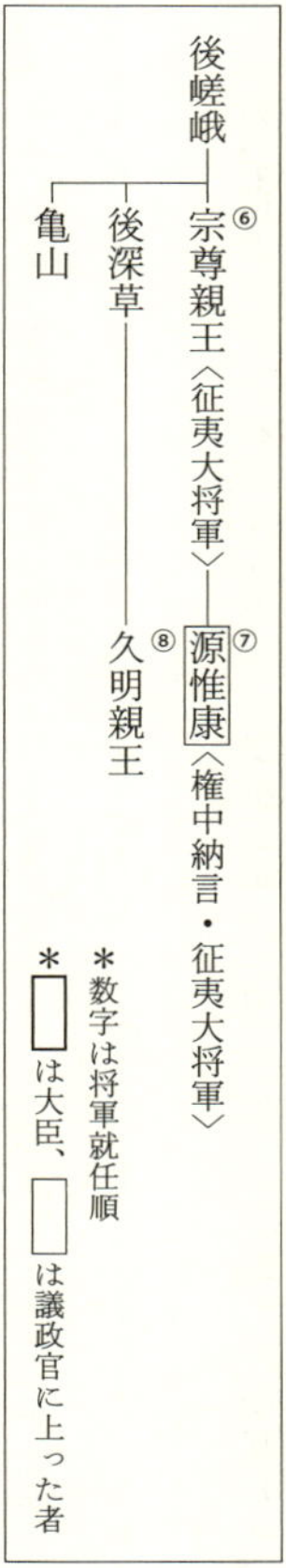

賜わって、「源惟康」となった。蒙古襲来《もうこしゅうらい》に際し、初代将軍の源頼朝《よりとも》に擬したものである。これが後嵯峨源氏ということになる。

ただし、この惟康も、弘安《こうあん》十年（一二八七）に権中納言兼右大将に任じられ、いよいよ頼朝の再来かと思われた矢先、後深草《ごふかくさ》天皇第六皇子の久明《ひさあき》親王を将軍に迎えるため、幕府の要請により、朝廷から惟康に対して親王宣下が下り、惟康は皇族に復した。正応《しょうおう》二年（一二八九）に将軍職を追われ、京に追放された。同年に出家し、嘉暦《かりゃく》元年（一三二六）に六十三歳で死去している。

なお、惟康の男子五人はすべて出家し、源姓を継ぐものは出なかった。

後深草源氏の誕生

後深草天皇の第六皇子で、鎌倉幕府八代将軍となった久明親王の子が源姓を賜わったとい

後深草─┬─伏見
　　　　└─⑧久明親王〈征夷大将軍〉─┬─⑨守邦親王〈征夷大将軍〉
　　　　　　　　　　　　　　　　　　└─久良親王〈左中将〉──源宗明〈権大納言〉

＊数字は将軍就任順
＊□は大臣、□は議政官に上った者

うことについて、守邦《もりくに》親王（九代将軍）が『尊卑分脈《そんぴぶんみゃく》』に、久良《ひさよし》親王が『本朝皇胤紹運《ほんちょうこういんじょううん》録《ろく》』に、それぞれ見えるが、その史実性は不明である。

久良の子の宗明《むねあきら》は、暦応《りゃくおう》元年（一三三八）に源姓を賜わり、貞和二年（一三四六）に参議を経ずに権中納言に任じられ、貞和四年（一三四八）に権大納言に上った。康暦《こうりゃく》元年（一三七九）に出家している。

後醍醐源氏の誕生

時代は降り、後醍醐《ごだいご》天皇の皇子である宗良《むねよし》親王は、天台座主を経て一品中務卿《なかつかさきょう》に至り、文和元年（一三五二）には鎌倉を占拠して征夷大将軍《せいいたいしょうぐん》に任じられたが、結局は吉野《よしの》に戻った。

その宗良の子である尹良《ただよし》親王が、至徳《しとく》三年（一三八六）に源朝臣姓を賜わり、後醍醐源氏

後醍醐─義良親王（後村上）
　├護良親王〈征夷大将軍〉
　├宗良親王〈征夷大将軍〉─源尹良〈権中納言・征夷大将軍〉
　└懐良親王〈征西将軍〉

＊□は大臣、□は議政官に上った者

となったと伝わるが、『浪合記《なみあいき》』『信濃宮伝《しなののみやでん》』などの軍記《ぐんき》に見えるのみであって、尹良の実在も含めて信憑性《しんぴょうせい》は低い。尹良は権中納言に任じられ、左近衛大将・征夷大将軍を兼ねたと伝える。明徳《めいとく》三年（一三九二）の南北朝合一後も吉野に隠れたとされ、各地を転戦した後、応永三十一年（一四二四）に信濃《しなの》国伊那《いな》郡の浪合《なみあい》で自害したとされるが、もとより軍記上の話である。

正親町源氏の誕生

さらに時代は近世まで降り、正親町《おおぎまち》天皇の子の誠仁《さねひと》親王第六皇子の智仁《ともひと》親王の第三子である忠幸《ただゆき》王が源姓を賜わり、正親町源氏を興した。廣幡《ひろはた》家を称し、子孫は長く繁栄した。

忠幸王は慶安《けいあん》二年（一六四九）に尾張《おわり》藩主徳川義直《とくがわよしなお》の長女と婚約し、義直の猶子となった。

慶安三年（一六五〇）に元服し、名古屋《なごや》に到ったが、万治《まんじ》三年（一六六〇）には京都に戻り、

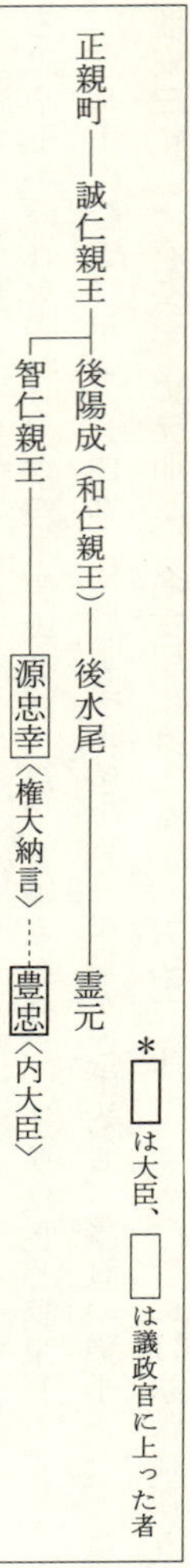

正保《しょうほう》三年（一六四六）に断絶した松殿《まつどの》家を再興して公家《くげ》に戻ることを願い出た。

そして寛文《かんぶん》三年（一六六三）に霊元《れいげん》天皇から源姓を賜わって、臣籍に下った。これが正親町源氏である。「廣幡」の家号も与えられ、新たに家を興した。寛文八年（一六六八）に権大納言に任じられたが、翌寛文九年（一六六九）に死去した。四十六歳。実子は女子のみだったため、村上源氏《むらかみげんじ》（中院《なかのいん》流）の久我《こが》家から養子として豊忠《とよただ》を迎え、廣幡家を継がせた（並木昌史「徳川義直と廣幡忠幸」）。

中世以降に賜姓された源氏

以上、中世以降に賜姓を受けた源氏を簡単に眺めてきた。もはや権大納言とかいっても、実質的には意味のない時代になってはいたが、それでも京都の公家社会、また彼らと姻戚関係を結びたがる大名連中にとっては、源氏という名声と格は、大いに意味のある存在であったことがわかる。

その意味では、中世以降に賜姓された源氏こそ、源氏という存在の歴史的意義を、もっとも鋭敏に反映したものだったのかもしれない。

2 村上源氏の繁栄

俊房・顕房兄弟の栄達と蹉跌

具平《ともひら》親王の子で関白《かんぱく》藤原頼通《よりみち》の猶子《ゆうし》となった源師房《もろふさ》は、右大臣として承保《じょうほ》四年（一〇七七）に七十歳で死去した。その子の俊房《としふさ》・顕房《あきふさ》兄弟は、それぞれ左大臣・右大臣に上った。また、顕房の女《むすめ》の賢子《けんし》が白河《しらかわ》天皇の中宮となって堀河《ほりかわ》天皇を産んだことから、白河院政期《いんせいき》には摂関家《せっかんけ》をしのいで、大いに勢力を振るった。

寛治《かんじ》七年（一〇九三）には、左右大臣に加えて、左右近衛大将をこの兄弟が勤め、左右大臣と左右大将に、源氏《げんじ》が同時に相並んだ例は、未だこの事はなかった。と称された（『中右記《ちゅうゆうき》』）。康和《こうわ》四年（一一〇二）六月には、二四人の公卿《くぎょう》のうち、一二人が

源氏となり、そのうち八人までが村上源氏《むらかみげんじ》であった。藤原宗忠《むねただ》は、今回は、

近代の公卿は二十四人。源氏の人が過半か。未だこのような事はなかったのではないか。
但し天の然《しか》らしめたところである。

と嘆いている（『中右記』）。この年の公卿構成を示してみよう。

左大臣　源俊房（村上源氏）
右大臣　藤原忠実《ただざね》
内大臣　源雅実《まさざね》（村上源氏）
大納言　源師忠《もろただ》（村上源氏）・源俊明《としあきら》（醍醐源氏《だいごげんじ》）
権大納言　藤原家忠《いえただ》・藤原公実《きんざね》・藤原経実《つねざね》
中納言　源俊実《としざね》（醍醐源氏）
権中納言　源雅俊《まさとし》（村上源氏）・藤原宗通《むねみち》・大江匡房《おおえのまさふさ》・藤原能実《よしざね》・藤原季仲《すえなか》・藤原仲《なか》実《ざね》・源国信《くにのぶ》（村上源氏）
参　議　源師頼《もろより》（村上源氏）・源顕通《あきみち》（村上源氏）・藤原宗忠・源基綱《もとつな》（宇多源氏《うだげんじ》）・

源能俊《よしとし》（醍醐源氏）・藤原忠教《ただのり》・藤原家政《いえまさ》・源顕雅《あきまさ》（村上源氏）

俊房は、藤原道長《みちなが》六女の尊子《そんし》から生まれた。摂関家との密接な血縁関係・姻戚《いんせき》関係によって、早くから昇進した。永承《えいしょう》元年（一〇四六）、十二歳で元服《げんぷく》し、従五位上に叙され、永承五年（一〇五〇）に従三位となり、天喜《てんぎ》五年（一〇五七）二月に二十三歳で参議に任じられた。この頃、道長の子孫だけが公卿の上層部を占めるという傾向があったが、俊房の昇進は、それに准じたものと見做《みな》すことができる（坂本賞三「村上源氏の性格」）。

三条堀川第故地（源俊房）

　しかし、参議に任じられた天喜五年九月、俊房は前斎《さきのさい》院娟子《いんけんし》内親王（後朱雀《ごすざく》天皇皇女、母は禎子《ていし》内親王で後三条《ごさんじょう》天皇の同母姉）と通じて同居したことにより、後冷泉《ごれいぜい》天皇の勅勘《ちょっかん》を蒙《こうむ》って謹慎籠居した（『百練抄《ひゃくれんしょう》』『本朝世紀《ほんちょうせいき》』）。この勅勘は康平《こうへい》三年（一〇六〇）まで続き、免《ゆる》された翌康平四年（一〇六一）には二十七歳で権中納言に任じられ、以後はふたたび昇進を遂げた。

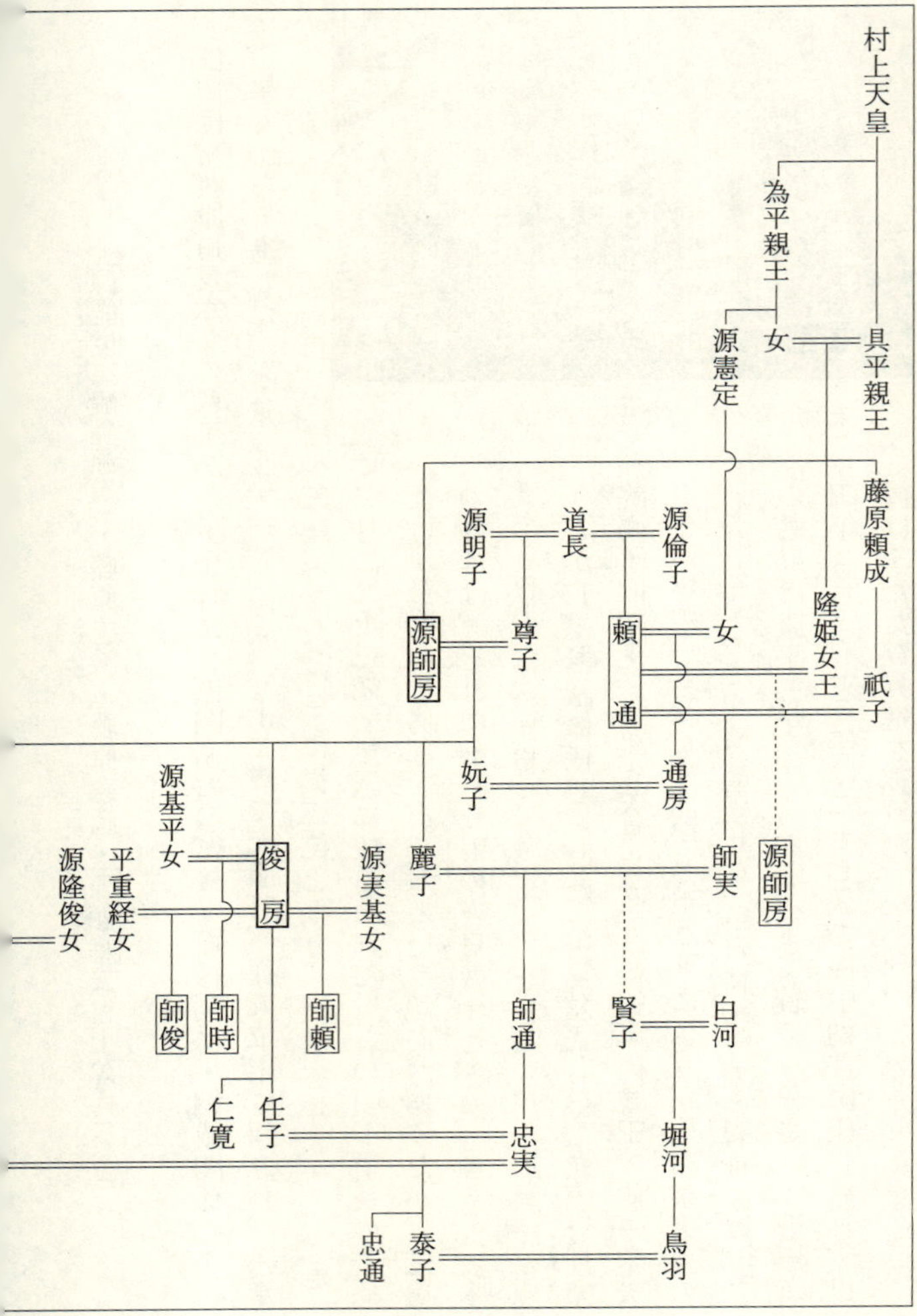
村上天皇
為平親王
具平親王
女
源憲定
藤原頼成
源倫子
道長
源明子
隆姫女王
女
頼通
尊子
源師房
祇子
妧子
通房
源基平女
俊房
源実基女
麗子
師実
源師房
平重経女
源隆俊女
師俊
師時
師頼
師通
賢子
白河
仁寛
任子
忠実
堀河
忠通
泰子
鳥羽

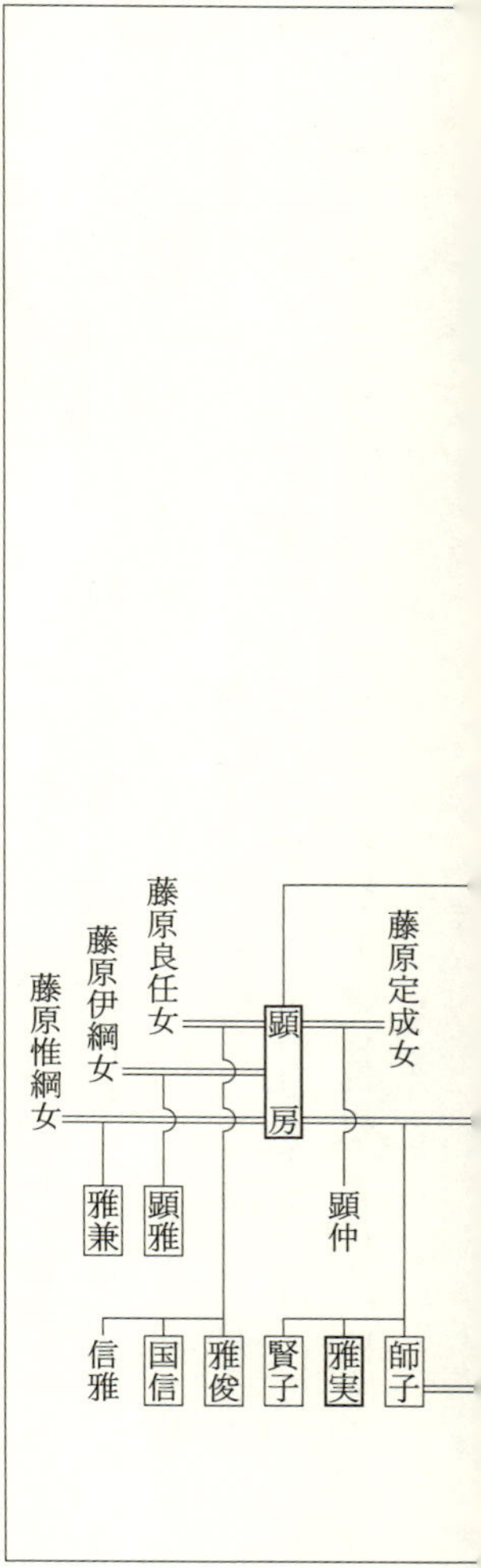

そして承保元年（一〇七四）に四十歳で権大納言に任じられたが、それは同母弟の顕房に遅れること二年のことであった。後三条の報復と考えられている（坂本賞三「村上源氏の性格」）。永保《えいほ》二年（一〇八二）に四十八歳で右大臣、翌永保三年（一〇八三）に四十九歳で左大臣に任じられた。この時、右大臣に顕房が任じられている。三条堀川第《さんじょうほりかわてい》に居住していたので、俊房は「堀河左大臣《ほりかわさだいじん》」と称された。

なお、俊房は女の任子《にんし》を摂関家の忠実の嫡妻《ちゃくさい》としているが、任子の産んだ三人の子女は、いずれも夭折《ようせつ》している。この後のさらなる挫折《ざせつ》については、後に述べることとしよう。

顕房は、永承二年（一〇四七）に十一歳で元服して従五位下に叙され、蔵人頭《くろうどのとう》として後冷泉天皇に近侍し、康平四年（一〇六一）に二十五歳で参議に任じられた。この頃から、父師

六条池亭故地（源顕房）

房の「譲」によって位階を昇叙《しょうじょ》されている例が多くなることに注目すべきである。師房としても、勅勘を蒙った俊房にもしものことがあれば、顕房を立てようといった配慮があったのであろう（坂本賞三「村上源氏の性格」）。その後も顕房は、治暦《じりゃく》三年（一〇六七）に三十一歳で権中納言、延久《えんきゅう》四年（一〇七二）に三十六歳で権大納言に上り、俊房を超越《ちょうおつ》した。

なお、俊房も顕房も、結婚相手はいわゆる貴顕《きけん》の女ではなく、逆に自己の女を天皇や摂関家と結婚させるという行動パターンを選んでいるのが特徴的である。

この間、延久三年（一〇七一）に女の賢子が左大臣藤原師実《もろざね》の養女として皇太子貞仁《さだひと》親王（後の白河天皇）に入侍《にゅうじ》し、次いで中宮に立った。頼通は賢子の入内《じゅだい》を聞き、「はらはらと涙を落として」喜んだという（『愚管抄《ぐかんしょう》』）。承保元年の第一皇子敦文《あつふみ》親王、承暦《しょうりゃく》三年（一〇七九）の善仁《たるひと》親王（後の堀河天皇）以来、次々に皇子女を産んだ。また、師子が忠実の室となり、嫡男の忠通《ただみち》や鳥羽《とば》上皇の皇后（後に高陽院《かやのいん》）となった泰子《たいし》（勲子《くんし》）を産むなど、俊房と異なり、摂関家や天皇家とのミウチ関係構築にも成功した。

永保三年には、四十七歳で俊房と並んで右大臣に上った。応徳《おうとく》三年（一〇八六）に堀河天皇が践祚《せんそ》すると、外祖父《がいそふ》として廟堂《びょうどう》の重鎮となり、俊房に代わって村上源氏の主流の地位を占めた。邸第《ていだい》は六条大路《ろくじょうおおじ》の北、室町小路《むろまちこうじ》の西に所在した六条殿《ろくじょうどの》（六条池亭《ろくじょういけてい》）であった。

しかし顕房は、嘉保《かほう》元年（一〇九四）八月から赤痢《せきり》に罹《かか》り、九月に死去した。五十八歳。堀河は愁嘆のあまり、朝夕の御膳にも出御しなかった（『中右記』）。顕房の日記は『六条右府記《ろくじょううふき》』と呼ばれ、若干の逸文《いつぶん》が伝わる。また、鳥羽離宮《とばりきゅう》の西方の久我《こが》に別業《べつぎょう》を営み（『擬香山模草堂記《ぎこうさんもそうどうき》』）、水閣《すいかく》を構えて清遊の地とした。顕房の子孫の嫡流《ちゃくりゅう》が久我家を称することになる家名発祥の地である。

永久元年の落書事件

顕房亡き後、名実ともに廟堂の第一人者となった俊房であったが（次席の右大臣に摂関家の忠実が控えてはいたが）、その権力は徐々に孤立していき、永久《えいきゅう》元年（一一一三）に決定的な打撃を蒙ることになった。

もともと俊房は、後三条天皇第三皇子で後三条によって後継に指名されたものの、結局は皇位に即《つ》くことができなかった輔仁《すけひと》親王の後見《こうけん》を務めていた。これによって、宗仁《むねひと》親王（後の鳥羽天皇）を推す顕房嫡子《ちゃくし》の雅実や宗仁の外戚である藤原公実らと対立した。

そして永久元年、鳥羽の准母《じゅんぼ》である皇后令子《れいし》内親王（白河第三皇女）の御所に、鳥羽暗殺を告知する落書《らくしょ》が投じられ、これは輔仁の護持僧《ごじそう》である俊房男の仁寛《にんかん》によるものとされた。仁寛は伊豆《いず》国に配流《はいる》となり（『殿暦《でんりゃく》』）、俊房もこれに連坐《れんざ》し、閉門《へいもん》生活を送った（『中右記』）。俊房男の師時《もろとき》・師重《もろしげ》・師頼《もろより》も出仕《しゅっし》を止められ、ここに俊房流の政治生命は壊滅的となった。もちろんこれは、俊房流に打撃を与えるための陰謀であった（龍粛「三宮と村上源氏」）。

俊房はその後も左大臣の座に坐り続けたが、もはやそれは名目だけの存在となり、白河院の許《もと》での重要な合議にも参与することなく（坂本賞三「村上源氏の性格」）、保安《ほうあん》二年（一一二一）五月に比叡山《ひえいざん》において出家《しゅっけ》し、同年十一月に死去した。

その日記『水左記《すいさき》』は、後期摂関時代の政治社会を知るうえでの貴重な史料で、具注暦《ぐちゅうれき》に記された自筆原本が残されているものとしては、『御堂関白記《みどうかんぱくき》』に次いで古いものである。俊房は和歌や漢詩の才もあり、故実《こじつ》にも通じ、能書《のうしょ》としても知られていた。

俊房流と顕房流

この結果、顕房流が村上源氏の嫡流の座を占め、後世にまで繁栄を続けることとなり、一方の俊房流は、議政官《ぎせいかん》を出すことはなくなった。

源氏列伝である「村上の源氏」を設けた『今鏡《いまかがみ》』が、
藤波《ふじなみ》の御流れ（藤原氏）の栄えておられるのみにあらず、帝・一の人の離れない方には、近くは源氏の御流れこそ、よき上達部《かんだちめ》どもとしていらっしゃるようです。

と言いながら、むしろ俊房流の方を賞揚し、顕房流を批判しているというのも（平井一博『今鏡』に見る村上源氏の二つの流れ」）、敗者による文学の常套《じょうとう》手段と言えようか。

なお、当時の古記録に見える「一家」という文言の使われ方を見ると、俊房流の師時が記した『長秋記《ちょうしゅうき》』には、俊房流・顕房流にかかわらず従兄弟およびその子すなわち四、五親等までは「一家」の範囲に入れているのに対し、藤原宗忠が記した『中右記』には村上源氏を俊房流と顕房流に分けて見る意識があったという指摘がある（山田彩起子「白河・鳥羽院政期における村上源氏の『家』を巡る考察」）。すでに村上源氏も、「家」に分裂し始めている兆候なのであろう。

ただし、俊房流が完全に埋没してしまったわけではない。平安時代後期以降の「家」には、政治的地位や財産と並んで、「家記《かき》」および家記を典拠とする「家説《かせつ》」（家に伝わる儀式作法）を継承していることが、その存続のためには重要であったとされる（松薗斉「貴族社会

北白川の墓所故地

と家記」)。

その意味では、師房以来（さらには藤原頼通以来）の「土御門流《つちみかどりゅう》」と呼ばれた家説は、顕房流ではなく、俊房流に伝えられたという指摘も重要であろう。師房直筆の書物は一男俊房に伝えられ、俊房以降は、師頼→師能《もろよし》と伝えられたのみならず、俊房の『水左記』、師頼《もろより》の『師卿次第《きょうしだい》』、師時の『長秋記』『綿記《めんき》』と、代々、家記・家説の研究に取り組んでいたが、顕房流は家記などの書物に恵まれず、家記・家説の継承に関して心許ないものであったという（山田彩起子「白河・鳥羽院政期における村上源氏の家記・家説継承」、細谷勘資「村上源氏の台頭と儀式作法の成立」)。

村上源氏の先祖である具平親王やその子の師房は、具平親王の山荘のあった北白川《きたしらかわ》の鉢伏山《はちぶせ》の北斜面に葬られ、そこが村上源氏一族の墓地として、一族の墓二一基が営まれていた。俊房・顕房の子の世代、師頼や雅実までは、この北白川の墓地に葬られていた（角田文衞「村上源氏の塋域」）。両流が、葬送の面からは、この世代までは村上源氏として自己を認識していたことを示す例である。

久我家の成立

しかしながら、顕房の子孫のみが高位高官に上るようになると、おのずから自己の家のみを独立させようという動きが出てくるのも、致し方ないところであろう。

顕房一男の雅実は、治暦四年（一〇六八）に元服して従五位下に叙され、白河天皇の承保二年（一〇七五）に十七歳で蔵人頭に補され、承暦元年（一〇七七）に十九歳で参議、永保二年（一〇八二）に二十四歳で権中納言、応徳三年に二十八歳で権大納言、康和二年（一一〇〇）に四十二歳で内大臣、永久三年（一一一五）に五十七歳で右大臣に任じられるなど、父祖をしのぐ早さで昇進を遂げた。「祖父の故土御門《つちみかど》右府《うふ》（師房）は五十余歳で大将に任じられ、厳親《げんしん》右府（顕房）は四十余歳でこの職に任じられた。この納言（雅実）に至っては、すでに三十余歳である。子孫に及ぶに随って、いよいよ早速である」と称されている（『中右記』）。

そしてついに、保安三年（一一二二）に六十四歳で太政大臣《だいじょうだいじん》に上った。源氏が太政大臣に任じられた初例である。しかし、天治《てんじ》元年（一一二四）に病を得て出家し、大治《だいじ》二年（一一二七）二月十五日、六十九歳で死去した。時の人からは、「現世の昇進はすでに万人を超え、入滅《にゅうめつ》の時は釈尊《しゃくそん》と同日である。誠にこれは、現世《げんせ》・当世《とうせ》の二世で叶った人である」と讃えられた（『中右記』）。

ところが、雅実の遺体は師房が長元《ちょうげん》六年（一〇三三）に洛南《らくなん》の久我に営んだ山荘に移され、久我の西辺に葬られた（『中右記』）。そこで「久我太政大臣《こがだいじょうだいじん》」と称されたのであるが、引き続き俊房流によって管理されていた北白川の墓所に葬られなかったということは、俊房流とは独立した、新たな師房嫡流の形成を意図していたものと考えるべきであろう。

なお、この久我の別業は、桂《かつら》川・鴨《かも》川を挟んで、白河院が鳥羽に造営した院御所の対岸に位置するが、顕房によって「久我の水閣」として構築され、しばしば貴顕の遊興の場として使われた。顕房流はこの地に因んで久我を名字《みょうじ》の地とし、村上源氏の嫡流の称となった（橋本義彦『源通親』）。また、久我家は具平親王の別邸であった千種殿《ちぐさどの》を旧跡として領有し、代々伝領している。

雅実の嫡男である顕通は、承徳《じょうとく》二年（一〇九八）に堀河天皇の蔵人頭に補されたが、「蔵人頭に至った者は、超越の憂えが有るとはいっても、外戚華麗《がいせきかれい》の人が破格の恩に与《あずか》るのは、

千種殿故地（久我家）

先例はこのようである。そこで無理に憂えとしてはならない」と称された（『中右記』）。康和元年（一〇九九）に参議、嘉承《かしょう》元年（一一〇六）に権中納言、永久三年に中納言、保安三年に権大納言に上ったが、その年に死去した。「久我大納言《こがだいなごん》」と称された。

そこで雅実は、二男の雅定《まささだ》を後継者とした。雅定は白河院の近臣《きんしん》として権勢のあった藤原顕季《あきすえ》の婿《むこ》となり、自身の才覚もあって昇進し、元永《げんえい》二年（一一一九）に二十六歳で参議、保安三年に二十九歳で権中納言、天承《てんしょう》元年（一一三一）に三十八歳で中納言、保《ほう》延《えん》二年（一一三六）に四十三歳で権大納言、久安《きゅうあん》五年（一一四九）に五十六歳で内大臣、久安六年（一一五〇）に五十七歳で右大臣に上った。

しかし、久寿《きゅうじゅ》元年（一一五四）に出家した。峻厳《しゅんげん》な藤原頼長《よりなが》でさえ、雅定の出家に際し、「朝家《ちょうか》は惜しまなければならない。……閤下《こうか》（雅定）が遁世《とんせい》した後は、我が朝は儀法を知る人はいなくなるであろう。病も無く遁世したのは、人が称讃して羨《うらや》んだ」と記している（『台記《たいき》』）。応保《おうほう》二年（一一六二）に死去した。六十九歳。千種殿の近辺の

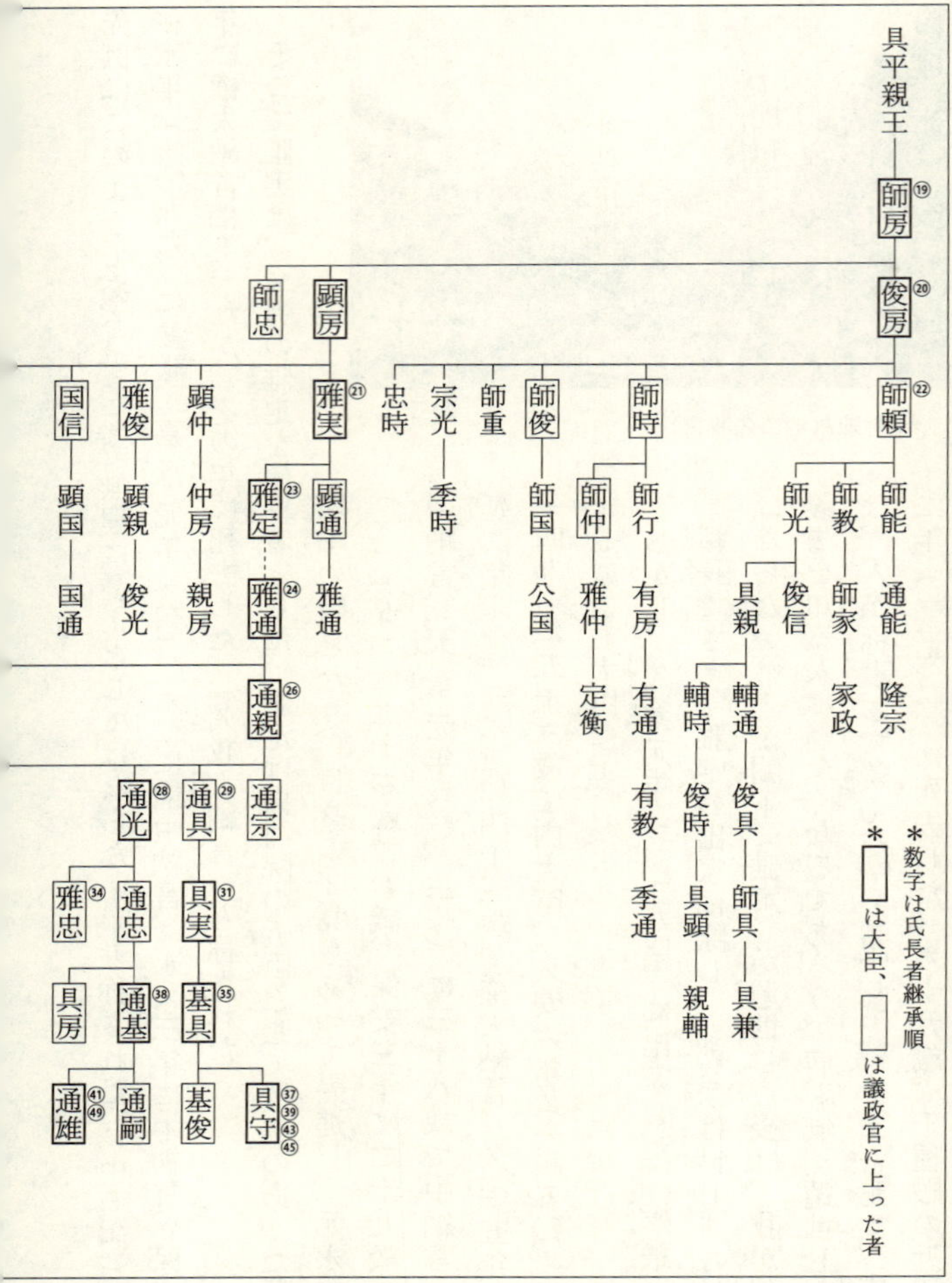
具平親王
師房⑲
俊房⑳
師頼㉒
師能
通能
隆宗
師教
師家
家政
師光
俊信
具親
輔通
俊具
師具
具兼
輔時
俊時
具顕
親輔
師時
師行
有房
有通
有教
季通
師仲
雅仲
定衡
師俊
師国
公国
師重
宗光
季時
忠時
顕房
師忠
雅実㉑
顕通
雅通
雅定㉓
雅通㉔
通親㉖
通宗
通具㉙
具実㉛
基具㉟
基俊
具守㊲㊴㊸㊺
通光㉘
通忠
通基㊳
通嗣
具房
雅忠㉞
通雄㊶㊾
顕仲
仲房
親房
雅俊
顕親
俊光
国信
顕国
国通
＊数字は氏長者継承順
＊□は大臣、□は議政官に上った者

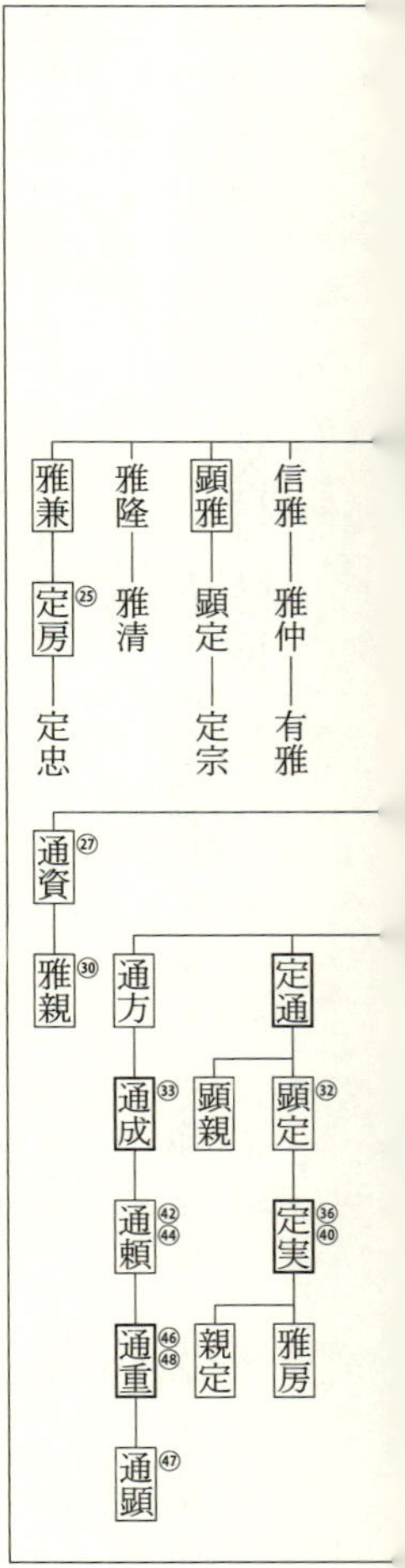

中院《なかのいん》に居住していたので、「中院入道右大臣《なかのいんにゅうどううだいじん》」と称された。

雅定の後を継いだのは、顕通の子で雅定の猶子となっていた雅通《まさみち》であった。第四章1「公家源氏のすごい人たち」で登場した、後一条《ごいちじょう》天皇に変な薬を飲まそうとした宇多源氏の雅通とは別人である。早くから雅定の後継者とされ、雅定の出家も雅通に家督《かとく》を譲るためであったとされる（橋本義彦『源通親』）。これも鳥羽院の近臣であった藤原家成《いえなり》に接近し、家成の妹と結婚したのみならず、久安元年（一一四五）に家成が比叡山に登った際には前駆を務め、「永く英雄の名を失った」（『台記』）と非難され、「山送りの中将」と揶揄《やゆ》された（『明月《めいげつ》記《き》』）。一面では「故実を伝える人」として尊重もされ（『玉葉《ぎょくよう》』）、仁安《にんあん》三年（一一六八）には内大臣に上った。しかし、嘉応《かおう》元年（一一六九）以来の病により、安元《あんげん》元年（一一七五）に久我別荘で死去した。五十八歳（『公卿補任《くぎょうぶにん》』）。

源通親の活躍

その雅通の嫡男が、鎌倉《かまくら》時代初期の政界に活躍（暗躍）した、有名な通親《みちちか》である。通親は久安五年（一一四九）に生まれた。母は典薬助《てんやくのすけ》藤原行兼《ゆきかね》の女で、美福門院《びふくもんいん》藤原得子《とくし》の女房《にょうぼう》であった（『公卿補任』）。行兼は後白河院の近臣で、中関白家《なかのかんぱくけ》の藤原隆家《たかいえ》の子孫である。

保元《ほうげん》三年（一一五八）に従五位下に叙爵《じょしゃく》され、仁安三年に高倉《たかくら》天皇が即位するとともに近臣となり、治承《じしょう》三年（一一七九）に蔵人頭に補された。その精励ぶりは、藤原（九条《くじょう》）兼実《かねざね》に、「凡《およ》そこの貫首《かんじゅ》（通親）は、万事旧法を糺《ただ》して申し行なうということだ。賢と称すべきである」と賞讃されながら、関白藤原（近衛《このえ》）基通《もとみち》が公事に疎いのを嘲笑《ちょうしょう》したのを聞くと、「この貫首は深い思慮のない人である。必ず禍《わざわい》に当たるであろう」と非難もされている（『玉葉』）。

早くから平氏に接近し、平教盛《のりもり》女と結婚していた。治承三年の平清盛《きよもり》のクーデター、翌治承四年（一一八〇）の源頼政《よりまさ》・以仁《もちひと》王の挙兵に際しての議定でも、最末の参議として、平清盛および高倉院の意に沿った発言を行なっている（『玉葉』『山槐記《さんかいき》』）。平氏西走以後は沈淪《ちんりん》し、「谷の埋れ木」と自称して久我山荘で『擬香山模草堂記』を執筆したが、やがて寿永《じゅえい》二年（一一八三）に後鳥羽《ごとば》天皇の乳母《めのと》である高倉範子《はんし》を妻として範子所生の在子《ざいし》を養女とし、後鳥羽の御乳父《おんめのと》となって後白河院に接近した。

文治《ぶんじ》元年（一一八五）には権中納言に昇進し、文治四年（一一八八）に淳和《じゅんな》・奨学両院《しょうがくりょういん》別当《べっとう》、すなわち源氏長者《げんじちょうじゃ》となったが、鎌倉幕府《かまくらばくふ》を背景とした摂政《せっしょう》兼実と対立した。兼実は、「去年、従二位に推挙してやった恩を知らないのは、禽獣《きんじゅう》に異ならない」と通親を罵倒《ばとう》している（『玉葉』）。

『公家列影図』より源通親（京都国立博物館蔵）

通親は在子を建久《けんきゅう》三年（一一九二）頃に後鳥羽の後宮《こうきゅう》に入内させた。兼実の方も女の任子《にんし》を後鳥羽の中宮としていた。建久六年（一一九五）八月に任子が昇子《しょうし》内親王を産み、十二月に在子が為仁《ためひと》親王（後の土御門《つちみかど》天皇）を産んだことで、情勢は逆転した。この年、通親は権大納言に上っていた。

この有利な情勢を利用し、通親は丹後局《たんごのつぼね》ら反兼実派の旧後白河側近を糾合《きゅうごう》して、兼実の失脚を謀った。建久七年（一一九六）、兼実は関白を罷免《ひめん》され、中宮任子は内裏《だいり》から退出させられた（建久七年の政変）。通親は、

「急に邪佞《じゃねい》（通親）の諫《かん》を納《い》れ、忠直《ちゅうちょく》の臣（兼実）を退けた」という非難を受けている（『三《さん》長記《ちょうき》』）。

建久九年（一一九八）に、十九歳の後鳥羽は幕府の反対を押し切って四歳の為仁に譲位《じょうい》し、院政を敷いた。通親は新帝土御門天皇の外祖父となり、院庁執事別当《いんのちょうしつじべっとう》も兼任した。「外祖の号を借りて、天下を独歩《どっぽ》する様子である」と非難され、世の人は「源博陸《げんはくろく》」と称したという（『玉葉』）。「博陸」とは関白の異称である。「弓削法皇《ゆげのほうおう》（道鏡《どうきょう》）は誰人か」という非難もある（『明月記』）。翌正治《しょうじ》元年（一一九九）には、内大臣に任じられている。兼実の同母弟である慈円《じえん》は、「院の思し召さない事を、作者（通親）が行なったのを、知られることなく、覚《さと》られなかったのは、力及ばなかった」と、この間の策謀を非難している（『愚管抄』）。これで通親は「土御門内府《つちみかどないふ》」と称されることとなったが、「内府」であるというのは、内大臣より上位に昇任しなかったためでもある。

その後も後鳥羽歌壇の形成を推進したり、御幸《ごこう》に追従《ついしょう》したり、夜討ちされるとの落書があったり（『玉葉』）と、華々しい活躍を見せていた通親であったが、終焉《しゅうえん》は突然に訪れた。建仁《けんにん》二年（一二〇二）、通親は病悩もしていなかったのに、夜中に頓死《とんし》したのである。五十四歳（『猪熊関白記《いのくまかんぱくき》』）。歌人の源家長《いえなが》は、「御遊《ぎょゆう》が終わって退出されて、その夜、夢のようにはかなく亡くなられた。世の中の御後見として、また肩を並べる人もないので、院中は言う

「久我大臣之墓」

までもなく、民百姓《たみひゃくせい》に至るまで、幼い子が母を失ったように、世の中の騒ぎとして泣き惑い合った」と讃辞を記している（『源　家長日記《みなもとのいえながにっき》』）。

久我の御墓《みはか》山と呼ばれる地には、現在は新興住宅地に挟まれるようにして、「久我家墓所　御墓山　久我大臣之墓」が作られている。一八七九年（明治十二）に、久我侯爵《こうしゃく》家によって整備されたものである。通親の墓とも、雅実・雅通の墓とも言われている。

通親は父雅通の墓に参り、「散りつもる苔の下にもさくら花惜しむ心やなほのこるらん（桜の花片の散り積る苔の下にも、花を愛惜した父の心がまだ残っているだろうか）」という和歌を詠《よ》んだことがあるが（『千載和歌集《せんざいわかしゅう》』）、その墓もこの近辺に所在したのであろう。

久我家のその後と道元

通親の死後も、その子孫は大臣を出し続けて、「明治維新」に至っている。鎌倉時代になってからも、土御門・後嵯峨《ごさが》・後二条《ごにじょう》天皇の外戚となるなど、天皇家とのミウチ関係も続いていた。ここではそれらを述べる余裕はないが、道元《どうげん》について、一言触れておこう。

道元は、正治二年（一二〇〇）、京都の久我家に生まれた。父が通親であり、母は松殿基房《まつどのもとふさ》女の伊子《いし》で、木幡《こはた》の松殿山荘《まつどのさんそう》で生まれたという説と、通親は養父であって実父は通親の子である堀川通具《ほりかわみちとも》であるという説がある。いずれにせよ、村上源氏の生まれであることに変わりはなかろう。「久我の水閣」の故地には、現在、誕生寺《たんじょうじ》が復興されている。

3　武士となった公家源氏

「兵の家」

十二世紀初頭に編纂《へんさん》された『今昔物語集《こんじゃくものがたりしゅう》』には、もともと「兵《つわもの》の家の出身者ではないのに」武勇を謳《うた》われた人が描かれている。嵯峨源氏《さがげんじ》の宛《あつる》（巻第二五‐第三「源宛、平良文《よしふみ》、合戦せし語」）、光孝源氏《こうこうげんじ》の公忠《きんただ》（巻第二七‐第一〇「仁寿殿《じじゅうでん》の台代《だいしろ》の御燈油《みあかしあぶら》を取りに物の来し語」）、醍醐源氏《だいごげんじ》の章家《あきいえ》（巻第二九 - 第二七「主殿頭《とのものかみ》源章家、罪を造りし語」）である。ただしこれらは、必ずしも賞讃の対象として語られたわけではない。この十二世紀にもなると、中世的な家（「イエ」）が形成され、個々の家の地位や役割（家業《かぎょう》）が固定化していた。

特に「兵の家」というのは、天慶《てんぎょう》の乱の鎮圧《ちんあつ》にあたった藤原秀郷《ひでさと》・平貞盛《さだもり》・源経基《つねもと》といった「天慶勲功者《くんこうしゃ》」の子孫によって軍事貴族の地位がほぼ独占され、殺人や寺社勢力の鎮圧などによる穢《けが》れを厭《いと》わない暴力集団として、摂関家《せっかんけ》や院権力と結び付いていた。

その中で、例は少ないながら、公家源氏が地方に下って、武士となった家が存在する。ここでは、それらを簡単に説明し、彼らの中世における生き残りの様相を眺めてみたい。なお、特に武家の家系は後世の僭称《せんしょう》が多く、実際に血縁を継いでいたかどうかは、定かではない。

武士となった嵯峨源氏

嵯峨源氏で子孫を長く伝えたのは、源融《とおる》の流れを汲み、地方に下って武士となった家である。融の子である昇《のぼる》は、大納言に上って源氏長者《げんじちょうじゃ》となり、河原院《かわらのいん》を宇多法皇《うだほうおう》に献上した人物で、「河原大納言《かわらだいなごん》」と呼ばれた。勅撰集《ちょくせんしゅう》にも入集するなど、普通の源氏の貴族であった。

ところが、その子の仕《つこう》（任《まかす》とも）は、十世紀初頭に権介《ごんのすけ》として武蔵《むさし》国に下向し（『扶桑略《ふそうりゃく》記《き》』）、任終《にんじゅう》後は足立《あだち》郡箕田《みだ》郷（現埼玉県鴻巣市箕田）に土着して、私営田領主となった。延《えん》喜《ぎ》十九年（九一九）に武蔵守高向利春《むさしのかみたかむこのとしはる》と対立し、官物《かんもつ》を運取し官舎を焼き払って、さらに国府に襲来して利春を攻めようとした。受領《ずりょう》である利春の苛政《かせい》に対する前任国司仕の抵抗事件であったものと思われる。事件は飛駅《ひえき》によって京に急報され、陣定《じんのさだめ》で議定されたが、その処置については伝えられていない。

仕の子の宛は、箕田郷に住んで仕の遺領を継承し、領主化して箕田源二《げんじ》と称した。私兵五、六百人を擁した「魂が太く心賢い兵」となった。武蔵村岡《むらおか》郷の土豪村岡五郎《ごろう》（平良文）との合戦譚が『今昔物語集』に見える。良文と兵としての優劣を一騎打ちで決しようとしたが引き分けとなり、以後、両者は仲良く暮らしたことを伝え、「昔の兵はこのようであった」と賞されている。

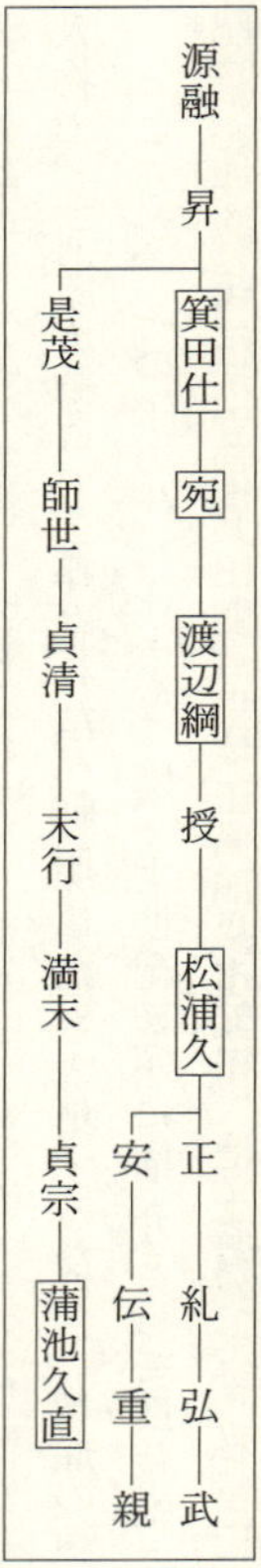

これが嵯峨天皇の四世孫で、左大臣の曾孫、大納言の孫とは、驚くばかりであるが、中央における政治的地位を急速に低下させる公家源氏としては、ごく早い時期の転身と言えよう。

なお、関東に勢力を張り、平将門《まさかど》の乱においても重要な存在となった常陸大掾《ひたちのだいじょう》の源護《まもる》とその一族もまた、宛と同族の嵯峨源氏か、仁明源氏《にんみょうげんじ》であろうとされている。

宛の子である綱《つな》は、箕田に生まれたが、仁明天皇の四世孫である敦《あつし》（源満仲《みつなか》の女婿《じょせい》）の養子となったと伝えられる（『尊卑分脈《そんぴぶんみゃく》』）。綱は中央で満仲の子の頼光《よりみつ》に仕《つか》え、碓井貞光《うすいさだみつ》・卜《うら》部《べ》季武《すえたけ》・坂田公時《さかたきんとき》とともに四天王《してんのう》と称された。一条戻橋《いちじょうもどりばし》の鬼退治の説話で有名である

渡辺橋

（『平家物語《へいけものがたり》』）。綱は摂津《せっつ》国西成《にしなり》郡渡辺津《わたなべのつ》（現大阪市中央区）を拠点として、渡辺《わたなべ》綱と名乗り、武士団渡辺党を形成した。渡辺氏は、住吉浜《すみよしはま》（現大阪市住吉区）で行なわれる八十島祭《やそしままつり》に従事する天皇警護の滝口武者《たきぐちのむしゃ》の一族であるとともに、衛門府《えもんふ》・兵衛府《ひょうえふ》などで中央の武官を歴任した。また水軍を率いて瀬戸内海の水軍の棟梁《とうりょう》となった。

文覚《もんがく》が属した遠藤《えんどう》氏を渡辺党とする伝えもあるし（『源《げん》平盛衰記《ぺいじょうすいき》』）、文治《ぶんじ》元年（一一八五）に壇ノ浦《だんのうら》で入水《じゅすい》した建《けん》礼門院《れいもんいん》平徳子《とくし》を熊手《くまで》で助け上げた者は渡辺昵《むつる》（番《つがう》とも）であった（『吾妻鏡《あづまかがみ》』）。

綱の子である授《さずく》の子で、延久《えんきゅう》元年（一〇六九）に肥前《ひぜん》国松浦《まつら》郡の宇野御厨《うののみくりや》の検校《けんぎょう》および検非違使《けびいし》として九州に

梶谷城（松浦氏）

下った久《ひさし》は、現地に土着し、松浦《まつら》氏を名乗ったとされる。すでに長和《ちょうわ》五年（一〇一六）に肥《ひ》前守《ぜんのかみ》源聞《きこゆ》がおり、また寛仁《かんにん》三年（一〇一九）の刀伊《とい》の入寇《にゅうこう》を撃退した人物として前肥前介《さきのひぜんのすけ》源知《さとる》がいた（『小右記《しょうゆうき》』）ことから、これらも中央から肥前国司として下向し、土着した嵯峨源氏の子孫であった可能性が高い。

彼らは荒地を開発して根本開発領主となり、武士化した。多島海沿岸に割拠《かっきょ》し、船を利用して朝鮮・中国との貿易に従事するとともに、水軍、さらに海賊としての活動も行なった。このような松浦地方に盤踞《ばんきょ》する弱小武士集団を、中央では「松浦党」と総称した。

源平争乱期には、平家の水軍として活躍し、壇ノ浦の戦では、松浦党が三百余艘《そう》で源氏と戦っている。平氏滅亡後、松浦地方に逃れた松浦一族は、鎌倉幕府《かまくらばくふ》によって地頭職《じとうしき》を安堵《あんど》され、鎌倉御家人《かまくらごけにん》となった。

近世に大名となった平戸《ひらど》松浦家は、平戸（現長崎県平戸市）を居城としたが、平安時代においては、松浦氏は肥前国松浦郡今福《いまふく》（現長崎県松浦市今福）の城山《じょうやま》山頂部に梶谷《かじや》城を築いた。本丸跡からは、玄界《げんかい》灘から伊万里《いまり》湾まで海上の展望が広がる。

神埼荘故地（蒲池氏）

渡辺氏とは異なる是茂《これしげ》系の子孫は、満末《みつすえ》が平安時代末期には日宋《にっそう》貿易の拠点にもなった肥前国の後院《ごいん》領神埼荘《かんざきのしょう》（現佐賀県神埼郡）の荘官《しょうかん》として下向した。その孫の久直《ひさなお》は、筑後《ちくご》国三潴《みづま》郡（現福岡県久留米市・筑後市から大川市・柳川市）の地頭《じとう》となり、三潴郡蒲池《かまち》（現柳川市西蒲池・東蒲池）に住んで、蒲池《かまち》氏を名乗ったと伝える。

なお、室町時代から戦国時代に勢力を張り、柳川《やながわ》城主となった蒲池氏（後蒲池《ごかまち》氏）は、藤原氏系宇都宮《うつのみや》氏の一族を称しており、嵯峨源氏系の蒲池氏とは異なる。

武士となった文徳源氏

源公則《きんのり》は、文徳源氏《もんとくげんじ》で右大臣に上った能有《よしあり》の曾孫である惟《これ》

源能有―当時―相職―惟正―兼宣―章経―［公則］―公貞―信季―［康季］┬季範┬季頼―季国
　　　　　　　　　　　　　　　　　　　　　　　　　　　　　　　　　│　　└季実―季道
　　　　　　　　　　　　　　　　　　　　　　　　　　　　　　　　　└近康―康綱

正《まさ》の曾孫にあたる。公則が関白《かんぱく》藤原師通《もろみち》の下家司《しもけいし》で河内守《かわちのかみ》になった故か、白河《しらかわ》院の北面《ほくめん》衆最初の随一といわれた公則曾孫の康季《やすすえ》は南河内《みなみかわち》の坂門牧《さかとのまき》（現大阪府柏原市）を本領《ほんりょう》・本住所とし、坂戸源氏《さかとげんじ》を称して、白河院以降の滝口・北面・武者所《むしゃどころ》・検非違使など朝廷の武官を歴任した。

武士となった宇多源氏

左大臣源雅信《まさのぶ》の孫の成頼《しげより》は弓馬を嗜《たしな》み、近江《おうみ》国蒲生《がもう》郡佐々木荘《ささきのしょう》（現滋賀県近江八幡市安土町常楽寺）に下向して佐々木《ささき》氏の祖となった。その孫の経方《つねかた》が佐々木荘小脇《こわき》に居住して佐々木氏を名乗った。近江源氏《おうみげんじ》ともいう。

源雅信―扶義―［成頼］―義経―［佐々木経方］―為俊―秀義┬［定綱］┬信綱┬京極氏信
　　　　　　　　　　　　　　　　　　　　　　　　　　　│　　　　│　　└六角泰綱
　　　　　　　　　　　　　　　　　　　　　　　　　　　│　　　　└広綱
　　　　　　　　　　　　　　　　　　　　　　　　　　　└盛綱

沙沙貴神社（佐々木氏）

佐々木氏は沙沙貴《ささき》神社を氏神《うじがみ》とするが、この地には古代から佐々貴山《ささきやま》氏が蒲生・神崎《かんざき》両郡の大領《たいりょう》となっており、土着の佐々貴山氏が宇多《うだ》源氏《げんじ》の後裔《こうえい》を自称したか、佐々木荘下司職《げすしき》として土着武士化した佐々木氏が名族佐々貴山氏の沙沙貴神社を乗っ取ったものであろう。

治承《じしょう》四年（一一八〇）の源頼朝《よりとも》の挙兵に加わり、源義仲《よしなか》や平氏追討に殊功《しゅこう》をたて、嫡子《ちゃくし》定綱《さだつな》は佐々木荘地頭、次いで近江守護《おうみしゅご》となり、一族で西国十余ヵ国の守護職を得て繁栄する基礎をつくった。本宗は六角《ろっかく》・京極《きょうごく》二氏に分かれ、尼子《あまご》・塩冶《えんや》・朽木《くつき》氏ほか、諸国に多くの庶流を分出した。

武士となった村上源氏

源通親《みちちか》の孫の中院雅家《なかのいんまさいえ》が、京都の居住地

北畠氏館跡庭園

（現京都御苑北東の地《きょうとぎょえん》）によって北畠《きたばたけ》を家名とした。姉小路氏《あねこうじ》（飛騨《ひだ》）、一条家《いちじょう》（土佐《とさ》）と並んで、三国司家《さんこくしけ》と称された。雅家の曾孫親房《ちかふさ》は後醍醐《ごだいご》天皇に重用され、子の顕家《あきいえ》とともに、南北朝時代に南朝の重臣として活躍した。親房の子顕能《あきよし》は南朝《なんちょう》から伊勢《いせ》国司に任じられ、一志《いちし》郡多気《たげ》に多気城（霧山《きりやま》城）を築いて南朝方として活躍し、以後、子孫は南北朝合一後も伊勢国司を世襲した。

顕能の孫満雅《みつまさ》は、正長《しょうちょう》元年（一四二八）に南朝の後胤小倉宮《おぐらのみや》を奉じて挙兵し、敗死している。北畠氏は戦国末期まで勢力を維持したが、天正《てんしょう》四年（一五七六）に織田信長《おだのぶなが》に滅ぼされた。

北畠神社（現三重県津市美杉町上多気）境内一帯は、北畠氏歴代の居館跡と伝え、背後に霧山

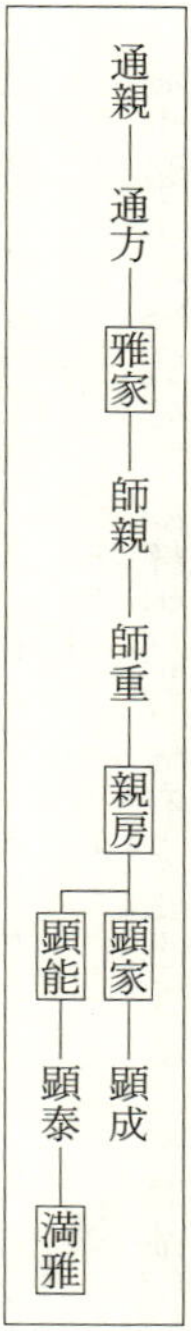

城址がある。また、北畠氏館跡庭園は、曲水《きょくすい》式の池泉、築山《つきやま》の枯山水《かれさんすい》や石組などを配する、室町時代を代表する庭園である。

4　その後の公家源氏

中世以降の公家源氏

先に述べたように、中世以降、氏は家に分立し、個々の家の地位や役割（家業《かぎょう》）が固定化していった。こうして家によって任じられる官職の限度が定まってくると、極官《ごっかん》と文武官の別による家ごとの性格付けと格付けが行なわれるようになった。それぞれの呼称やそこに含まれる家の範囲が固定化するのはさらに後世のことではあるが、摂関家《せっかんけ》、清華家《せいがけ》、大臣家《だいじんけ》、羽林家《うりんけ》、名家《めいけ》、半家《はんけ》といったものである。

それら諸家の中で、昇殿《しょうでん》を許された公家源氏の十八家は、堂上源氏《とうしょうげんじ》とも呼ばれ、京都の公家社会の中で生き残り、明治時代に入ると華族《かぞく》に列せられている。

以下、堂上源氏をはじめ、近世まで存続した公家源氏について、簡単に述べていきたい。

その後の宇多源氏

宇多源氏《うだげんじ》では、庭田《にわた》家（羽林家）・綾小路《あやのこうじ》家（羽林家）・五辻《いつつじ》家（半家）・大原《おおはら》家（羽林家）・慈光寺《じこうじ》家（半家）の五家が堂上源氏とされた。

なお、羽林家というのは、近衛中少将《このえのちゅうしょうしょう》を経て大中納言に至るのを官途《かんと》とする家柄、半家は鎌倉《かまくら》時代以降に成立した堂上家の中でも最下位の貴族で、特殊な技術で朝廷に仕《つか》えた家である。一部の家は近衛中将や左右大弁を経ないで大納言を極官とするが、公卿《くぎょう》となっても非参議《ひさんぎ》に留まるものが多い。

宇多源氏で存続した家は、いずれも雅信《まさのぶ》の子孫である。庭田家は雅信の嫡男時中《ときなか》を祖とし、権中納言経資《つねすけ》に始まる。有職故実《ゆうそくこじつ》や神楽《かぐら》を家業とし、摂関家である一条《いちじょう》家の家礼《けらい》（自立的な従者《じゅうしゃ》）となった。また、代々の庭田家の女性は、皇室および伏見宮《ふしみのみや》家に仕え、親王を産むこととなった。後花園《ごはなぞの》天皇生母の幸子《こうし》や、後柏原《ごかしわばら》天皇生母の朝子《ちょうし》は、庭田家の出身である。戦国時代には本願寺顕如《ほんがんじけんにょ》の生母も出した。

綾小路家は経資の弟の権中納言信有《のぶあり》を祖とする。有職故実・神楽・雅楽《ががく》（琵琶・箏《しょう》・笛・

篳篥《ひちりき》）・蹴鞠《けまり》を家業とし、摂関家である九条《くじょう》家の家礼となった。美声を以て「鈴虫中納《すずむしちゅうな》言《ごん》」と称された有資の雅楽の知識・技能継承の安定をはかるために分家した。雅楽の師範家として朝廷に仕えた。

大原家は、江戸時代の権大納言庭田重条《しげえだ》の猶子《ゆうし》栄顕《ひであき》を祖とする。神楽を家業とした。幕末に重徳《しげとみ》が尊攘派公卿として活躍した。

他にこの流からは、絶家《ぜっけ》となった岡崎《おかざき》家と田向《たむけ》家があった。

五辻家は、時中の弟の時方《ときかた》を祖とし、仲兼《なかかね》に始まる。蔵人《くろうど》や北面武士を務める地下家《じげけ》だったが、諸仲《もろなか》が従三位に叙せられ、堂上家に加わった。神楽を家業とし、摂関家である九条家の家礼となった。この流からは春日《かすが》家が分かれたが、絶家となった。支流に西五辻《にしいつつじ》家、慈光寺家、中川《なかがわ》家、三木《みき》家がある。

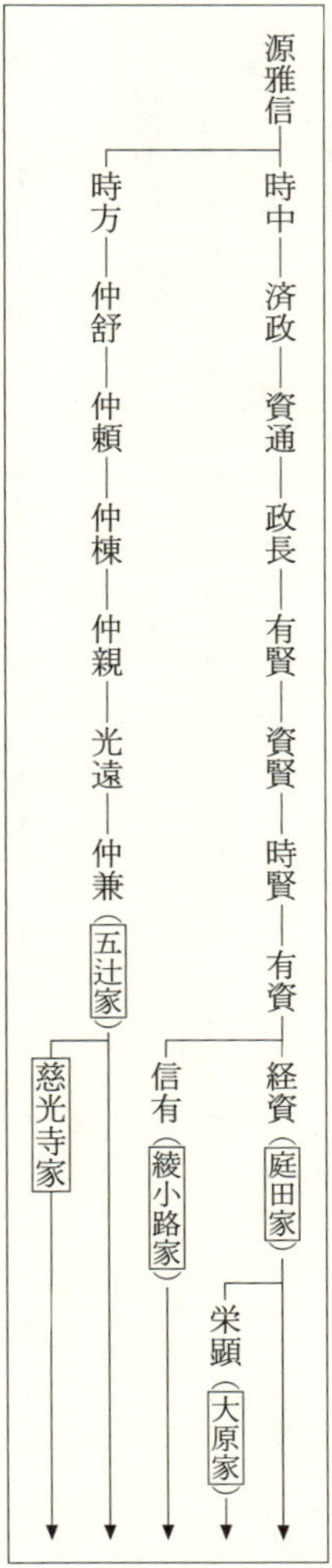

慈光寺家は、左衛門尉《さえもんのじょう》五辻遠兼《とおかね》の四男仲清《なかきよ》を祖とする。神楽を家業とした。

その後の村上源氏

もっとも多くの公家を出したのは、言うまでもなく村上源氏《むらかみげんじ》であった。堂上源氏としては、久我《こが》家（清華家）・中院《なかのいん》家（大臣家）・六条《ろくじょう》家（羽林家）・岩倉《いわくら》家（羽林家）・千種《ちぐさ》家（羽林家）・久世《くぜ》家（羽林家）・東久世《ひがしくぜ》家（羽林家）・梅溪《うめだに》家（羽林家）・愛宕《おたぎ》家（羽林家）・植松《うえまつ》家（羽林家）の十家を数える。

清華家というのは、摂政《せっしょう》・関白《かんぱく》に補されることを家業とした摂関家に次ぐ家格で、大臣と近衛大将を兼ね、太政大臣《だいじょうだいじん》に上ることのできる家、大臣家は清華家の庶流から生まれた諸家で、大臣に上ることができるが、近衛大将を経ない家を指す。

村上源氏で存続した家は、いずれも師房《もろふさ》の子孫である。久我家は村上源氏の嫡流《ちゃくりゅう》。師房が久我に造営した別業《べつぎょう》による名であるが、雅定《まささだ》は「中院」、雅通《まさみち》は「久我」、通親《みちちか》は「土御門《つちみかど》」と通称されており（『尊卑分脈《そんぴぶんみゃく》』）、厳密な意味での「久我家」は通親の子の通光《みちてる》を祖とする系統に限定させ、それ以前は「村上源氏中院流」と考えるべきであろう。

通親一男の通宗《みちむね》は早世し、二男通具《みちとも》は平教盛《のりもり》の外孫《がいそん》であり平氏の滅亡とともに地位を失い、三男通光が嫡子《ちゃくし》となった。

久我神社

ところが、通光は承久《じょうきゅう》の乱に連坐《れんざ》して内大臣を更迭《こうてつ》され、晩年に久我家の家領のほとんどを後妻の西蓮《さいれん》に与えたことから、通光の没後に後妻と先妻の子である嫡男久我通忠《みちただ》との間で家領相論が発生した。後妻側は鎌倉幕府との関係が深い西園寺《さいおんじ》家に久我家領を譲ることを条件に庇護《ひご》を求めたため、久我家は所領をほとんど失い、未曾有《みぞう》の危機を迎えた。

しかし、通忠の後妻（平光盛《みつもり》の女《むすめ》、まんさい御前）が有していた祖父平頼盛《よりもり》の旧領（「池大《いけのだい》納言《なごん》家領《けりょう》」）が久我家に継承される。この所領が鎌倉幕府によって関東御領《かんとうごりょう》として本領安堵《ほんりょうあんど》され、通忠先妻の子である通基《みちもと》は、正応《しょうおう》元年（一二八八）にはじめて宣旨《せんじ》によって源氏長者《げんじちょうじゃ》に補され、久我家は再興された（岡野友彦『源氏長者』）。

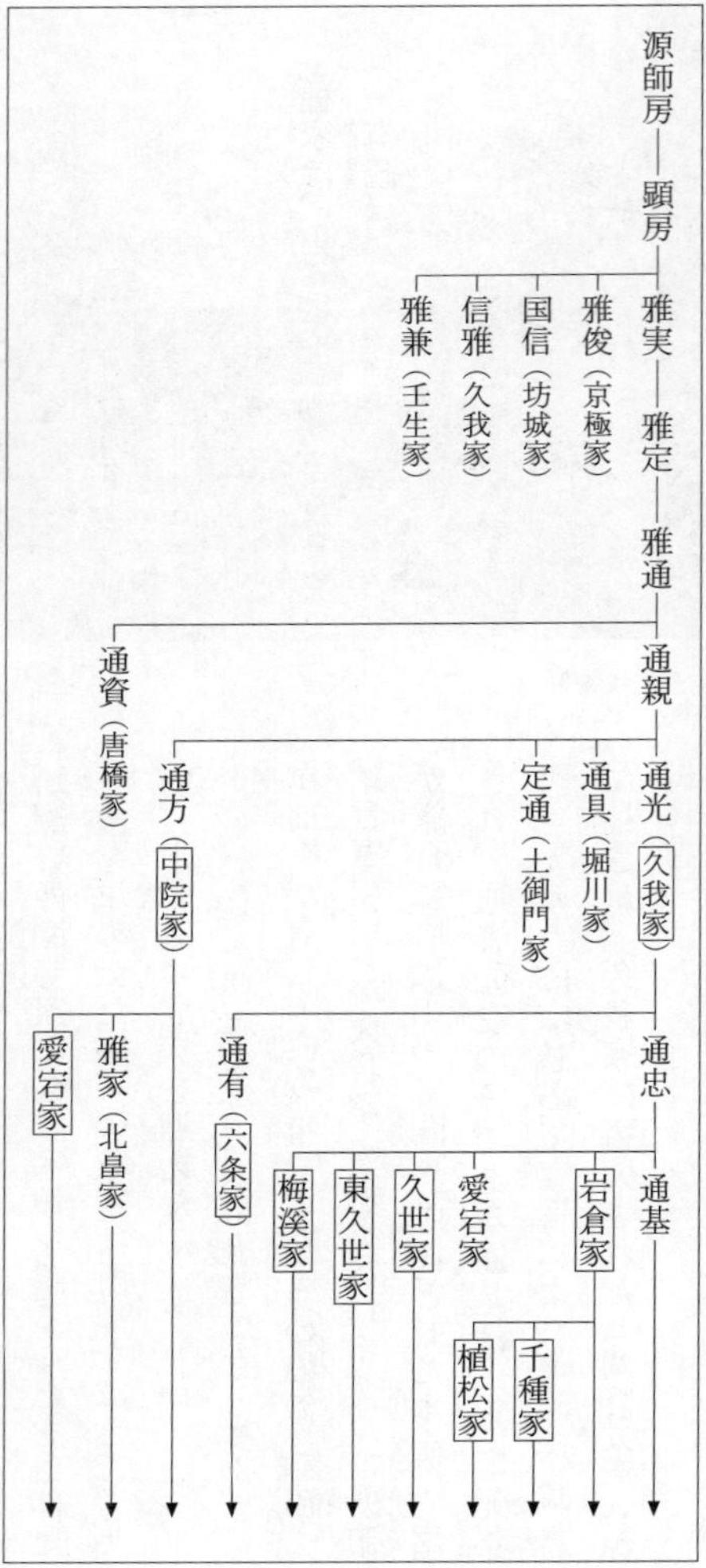

中院家は、通親五男の通方《みちかた》を祖とする。家業は四箇の大事（節会《せちえ》・官奏《かんそう》・叙位《じょい》・除目《じもく》）と有職故実。子孫は皆、高位高官に上ったが、中世後期からは経済的に困窮し、応永《おうえい》二十五年（一四一八）に春日祭上卿《かすがさいしょうけい》を務められなかった通守《みちもり》は自害した（『看聞日記《かんもんにっき》』）。戦国時代には、家領のある加賀《かが》にたびたび下向した。通勝《みちかつ》は源氏学《げんじがく》を構築し、『源氏物語《げんじものがたり》』の諸註釈書を大

成した『岷江入楚《みんごうにっそ》』を著わした。菩提所は廬山寺《ろざんじ》。邸第跡《ていだい》に護王《ごおう》神社が鎮座している。

六条家は、通光五男の通有《みちあり》を祖とする。家業は有職故実。通有は左中将《さちゅうじょう》で終わり、父通光から遺産の相続に与《あずか》らなかったが（『久我家文書《こがけもんじょ》』）、子の有房《ありふさ》は後宇多《ごうだ》上皇の院使《いんし》として信任厚く、朝幕間の交渉にあたり、内大臣に上った。有房・有忠《ありただ》父子は書道と和歌の才能を以て聞こえた。

岩倉家は江戸時代初期の元和《げんな》年間（一六一五～二四）に具尭《ともたか》が分家を許され、京都洛北岩倉《らくほくいわくら》村の所領に因んで岩倉を家名とした。高僧の一絲文守《いっしぶんしゅ》も出ている。恒具《つねとも》・尚具《なおとも》父子は宝暦《ほうれき》事件に連坐した。幕末に活躍した具視《ともみ》は、「明治維新」の功績によって太政大臣三条実美《さんじょうさねとみ》に次ぐ右大臣に任じられた。源氏の最後の大臣である。

千種家は、岩倉家庶流。岩倉具尭の四男有能《ありよし》を祖とする。家業は有職故実と和歌。有能・有維《ありこれ》・有政《ありまさ》は議奏《ぎそう》や武家伝奏《ぶけてんそう》を務め、朝廷の重職を担った。幕末に有文《ありふみ》は公武合体派《こうぶがったいは》の公家として和宮降嫁《かずのみやこうか》の実現に尽力したため、尊皇攘夷派《そんのうじょういは》に弾劾《だんがい》された。

植松家は、岩倉家の分家。千種家家祖の有能の末男である雅永《まさなが》を祖とする。家業は有職故実と華道。華道の松月堂古流《しょうげつどうこりゅう》を創流した是心軒一露《ぜしんけんいちろ》から後事を託され、初代家元として流派を継承した。孝明《こうめい》天皇から褒詞《ほうし》を賜わり、「日本生花司」を名乗っている。

久世《くぜ》家は、久我家の庶流。敦通《あつみち》の次男である通式《みちのり》が下久世《しもくぜ》村に所領を分与されて成立した。

家業は有職故実。代々、近衛府《このえふ》に任じられ、通夏《みちなつ》以後はいずれも権大納言に上った。通熙《みちひろ》は幕末に公武合体派の一人として活躍し、議奏を勤めた。

東久世家は、久我家の庶流。通堅《みちかた》の孫通廉《みちかど》を祖とする。家業は有職故実。幕末の通禧《みちとみ》は尊王攘夷派の少壮公家で、文久《ぶんきゅう》三年（一八六三）八月十八日の政変で「七卿落ち」を余儀なくされた。

梅溪家は、久我家の庶流。通世《みちよ》の子の季通《すえみち》を祖とする。家業は有職故実。通条《みちえだ》の女幸子《こうし》は将軍徳川家重《とくがわいえしげ》の側室となり、将軍徳川家治《いえはる》の生母となった。

愛宕家は、中院家の庶流。通福《みちとみ》を祖とする。家業は有職故実。幕末・「明治維新」期には、通致《みちずみ》・通旭《みちてる》父子が朝廷刷新の二十二卿建議に加わった。維新後、通旭は軍防事務局親兵掛などを歴任したが、官吏減員に伴って免官された。通旭は王政復古後の物価の騰貴、政府高官の洋風化などに反撥《はんぱつ》し、外山光輔《とやまみつすけ》と提携して政権の刷新を画策するが、東京で捕縛され（二《に》卿《きょう》事件）、自刃《じじん》を命じられて切腹した。

その後の清和源氏

花山源氏《かざんげんじ》の白川伯王《しらかわはくおう》家や正親町《おおぎまち》源氏の廣幡《ひろはた》家についてはすでに述べたので、最後に清和源《せいわげん》氏《じ》の竹内《たけのうち》家について触れておこう。竹内家は、河内源氏《かわちげんじ》傍流の義光《よしみつ》（義家《よしいえ》の弟）の四男盛義《もりよし》を祖とする。清和源氏で唯一、公家として残った家である。信濃源氏平賀氏《しなのげんじひらが》の流れである。家業は弓箭《きゅうせん》と笙《しょう》と和歌。近衛家《このえ》の家礼となった。竹内家を称するのは季治《すえはる》の代からであるが、季治は織田信長《おだのぶなが》を「熟した無花果《いちじく》の如く木より地上に落ちる他ない」と評したため、元亀《げんき》二年（一五七一）に近江永原《おうみながはら》で斬首《ざんしゅ》された（『日本耶蘇会年報《にほんやそかいねんぽう》』）。

その後の公家源氏

以上、中世以降の公家源氏を眺めてきた。高貴な公家の末裔《まつえい》なのであるから、京都で平穏な人生を歩んでいる人ばかりだと思っていたが、随分と波瀾万丈《はらんばんじょう》の人生を過ごした人もいるものだなあと、ただただ感心するばかりである。

それは公家源氏という、誰もがその尊貴性を認める家系を持ちながら、現実の政治力や経済力ではひたすら低下していった集団であるが故の悲喜劇だったのであろう。

その意味では、公家源氏の行く末は、日本の歴史そのものを象徴しているのかもしれない。

おわりに——日本史と公家源氏

これまで、平安時代初期から中世の開幕、そして近代日本の夜明け頃まで、公家源氏のたどった歩みを眺めてきた。一応のまとめとして、中世初期までの一〇年ごとの議政官《ぎせいかん》の変遷を表にしてみたい。『公卿補任《くぎょうぶにん》』によるものである。

これを見ると、時代（皇統《こうとう》）の変遷によって、議政官を出す源氏の系統も変遷していっていることが読み取れる。また、いくつかの時期には藤原氏と拮抗《きっこう》する数の議政官を出しているものの、十二世紀初頭をピークとして、徐々にその数は減少していっている。そしてその頃からは、議政官を出せるのは、ほぼ村上源氏《むらかみげんじ》に限られていることも、容易に読み取れるであろう。

藤原氏とは異なり、公家源氏の場合は、世系が下ると、一挙に中下級官人へとその地位を

藤原氏・源氏各系議政官任命人数表

年次	西暦	藤原氏	諸王	源氏	嵯峨	仁明	文徳	陽成	光孝	宇多	醍醐	村上	三条	後三条	他氏
延暦二十	八〇一	4	2												2
弘仁二	八一一	6													7
弘仁十二	八二一	5	1												4
天長八	八三一	5	1	1	1										5
承和八	八四一	4	1	2	2										6
仁寿元	八五一	5		4	4										6
貞観三	八六一	4	1	5	5										4
貞観十三	八七一	7		4	4										3
元慶五	八八一	5	1	5	3	1	1								1
寛平三	八九一	6		6	2	2	1		1						
延喜元	九〇一	6	1	5	3	1			1						2
延喜十一	九一一	9	1	4	2	1	1								1
延喜二十一	九二一	9		2	1		1								1
承平元	九三一	11		1				1							3
天慶四	九四一	10		5				1	1	2	1				2
天暦五	九五一	7		6	1				1	2	2				3

応和元	九六一	9		4						2	2				3
天禄二	九七一	9		6						2	4				1
天元四	九八一	10		6						2	4				1
正暦二	九九一	18		6						3	3				
長保三	一〇〇一	15		2						1	1				2
寛弘八	一〇一一	18		3							3				
治安元	一〇二一	20		2						1	1				
長元四	一〇三一	17		5						3	1	1			
長久二	一〇四一	19		3						1	1	1			
永承六	一〇五一	16		7						3	2	1	1		1
康平四	一〇六一	17		9						1	4	3	1		1
延久三	一〇七一	14		9						2	4	3			
永保元	一〇八一	15		9						1	4	4			
寛治五	一〇九一	15		9						1	3	5			
康和三	一一〇一	11		11						1	3	7			
天永二	一一一一	13		12						1	4	7			
保安二	一一二一	13		10							2	7		1	
天承元	一一三一	16		7							1	5		1	
永治元	一一四一	23		2								1		1	1

年次	西暦	藤原氏	諸王	源氏	嵯峨	仁明	文徳	陽成	光孝	宇多	醍醐	村上	三条	後三条	他氏
仁平元	一一五一	24		2								2			
応保元	一一六一	25		2								2			1
承安元	一一七一	19		4						1		3			6
養和元	一一八一	23		2								2			4
建久二	一一九一	25		3								3			1
建仁元	一二〇一	25		4								4			
建暦元	一二一一	33		5								5			
承久三	一二二一	31		7								7			
合計（延べ）		596	9	201	28	5	4	2	4	30	50	73	2	3	72

降下させているのであり、この限られた数の議政官の背後には、膨大な数の没落公家源氏が存在していたのである。しかも、村上源氏が比較的後世に至るまで高い地位を保つことができたのは、源氏としての王権からのミウチ意識に基づくものではなく、藤原摂関家の一員としての、むしろ摂関家からのミウチ意識に基づくものだったのである。日本の歴史における真の主役が奈辺にあったかは、明らかであろう。

十二世紀初頭まで議政官を出していた宇多源氏《うだげんじ》や醍醐源氏《だいごげんじ》にしても、それは始祖が摂関家の女から生まれたという摂関家との血縁関係、二人の藤原道長《みちなが》室の母方氏族としての姻戚関係の余慶《よけい》によるものであり、摂関家からのミウチ意識に基づく地位であった。

ところで、この本を書いてきて、脳裡に浮かんだのは、「高踏《こうとう》」という言葉であった。辞書によると、

①世俗を超越して、孤高を保っているさま。
②ひとりよがりで、お高く構えているさま。

とある。天皇の血を引く一族として、貴種《きしゅ》としての誇りは捨てることなく、現実的な政治抗争や経済活動からは、一歩身を引き、大所高所からそれらを眺める、そして音楽や文学などに心を鎮め、風雅《ふうが》の世界に身を置く、といった処世の態度は、まさに「高踏」と称するに相応しいものであろう。

しかし、このように大量の没落貴族を生み出し続けるのは、どのような事情によるものだったのであろうか。少し考えてみると、天皇の側からは、皇統の継承のため、多数の皇子を必要とする。没落して不幸な目に遭わせるくらいなら、皇子は少数にしておこうといった自制は、ほとんどの天皇には生じなかったことであろう。そして国家の側からは、多数の皇族

（可能性的に、半数は皇位継承には関係のない皇女が生まれるのであるし）は、財政を圧迫することになる。そこで皇位継承とは関係のない不要の皇族は、臣籍に降下させることになる。人によっては、高官に上ることになり、政府首脳をミウチで固めて藩屏《はんぺい》とすることもできる。

一方の公家源氏の側からは、一世の間は高位高官に就ける可能性も高かった。しかしそれも、その時の天皇が皇統を同じくし、ミウチ意識を持っていてくれれば、の話である。賜姓の時点で皇統が替わっている場合には、それは望むことはできない。そしていずれの場合も、世代が降るにつれ、その時々の天皇からのミウチ意識は薄れていき、中下級貴族に転落する運命が待っている。氏族としての独自の地盤や結合を持たない公家源氏は、天皇との等親《とうしん》は遠ざかるばかりなのであって、よほど時々の権力者と特殊な関係を結ばなくては、その没落は言わば約束されていたことになる。そして彼らは音曲《おんぎょく》や詩歌《しいか》に専念しながら、元皇族としての高い意識は持ち続けていたことであろう。

この本には、「王権を支えた名族」という副題を付けたものの、公家源氏のどの範囲まで、そしてどの時代まで、「王権の藩屏」たらんという意識が存在していたのであろうか（むしろ最初からそのような自己認識は存在しなかったのかもしれない）。彼らにとっては、高踏的な意識を持って文化を支え続けていくことこそが、王権を支える営為だったのであろう。

しかしそれにしても、ここまで書き上げてみて、読み直してみると、公家源氏の没落ぶりには、改めて驚かざるを得ない。江戸時代にこれだけの家が残り、明治時代に華族に列せられたとはいっても、それは村上源氏の一部の、きわめて限られた家だけの話であり、他の系統のほとんどは、史料から姿を消してしまっているのである。

『尊卑分脈《そんぴぶんみゃく》』という系図集からも記載が消えてしまう系統を見ていると、天皇の子孫に生まれながら、このような末路をたどらなければならない宿命を、彼らはどうやって受け入れていたのだろうと、他人事《ひとごと》ながら考え込んでしまう。

地方に下って武士になった家もあったであろうが、はたしてどれだけの家が転生することができたのであろうか。京都の片隅で、細々とでも生き残ってくれていればいいのだが、没落貴族、しかも皇胤《こういん》としての誇りは、どれだけそれを可能にしたことであろうか。

対外戦争がほとんどなく、内戦も諸外国に比べれば少なかった平和な日本なればこそ、このような名門没落貴族が大量に再生産され続け、それが血脈《けつみゃく》としては存続していったのであろう。しかし、上級官職の数はほぼ決まっており、しかもそれに就くことのできる家は限られていたとすれば、大量の無職貴族が日々再生産され続けていたことになる（藤原氏の方が、はるかに大量の子孫が生まれてきていた）。

いったい歴代の天皇は、また高位高官として生き残っている公家源氏の面々は、さらには権力を保持し続けている藤原氏嫡流の人々は、この状況を見て、どのように感じていたのであろうか。

一九九七年（平成九）から二〇〇二年（平成十四）にかけて、京都迎賓館建設に伴う発掘調査が行なわれた。そこは道長の土御門第《つちみかどてい》や良房《よしふさ》の染殿《そめどの》の故地《こち》にもかかっていたので、何か当時の遺構や遺品が出てこないかと期待して、出土報告の展示を見に行ったのだが、出土したのは、ほとんどが江戸時代の下級貴族の調度品であった（一部、土御門第の池の導水路が発見されたが）。

彼らの「屋敷」は、江戸時代末期に描かれた文久《ぶんきゅう》三年（一八六三）の絵図によれば、そこそこ有名な公家のものもあるのだが、中にはほとんど長屋とも称すべき規模のものも存在した。しかし、出土した陶磁器などの晴れの調度品や、香道具、装身具、はては雛《ひな》人形などの玩具の豪華さは、さすが公家の末裔《まつえい》であると感動したものである（現在、かつての源能有《よしあり》の近院《こんいん》の故地である京都御苑《きょうとぎょえん》の閑院宮《かんいんのみや》邸跡収納展示館で展示されている）。

そして同時にまた、これら先祖が残した道具に囲まれながら、慎ましく暮らす没落貴族の日常生活に思いを馳せて、思わず目頭が熱くなったものである。彼らはいったい、どのような先祖の物語を語りながら、厳しい日常を過ごしていたのであろうか。

京都御所や土御門第跡を訪れるたび、彼らのことを思う昨今である。などとあれこれ考えながら、この本を閉じたいと思う。

略年表

天皇	年次	西暦	公家源氏関連事項	参考事項
嵯峨	弘仁元	八一〇		薬子（平城太上天皇）の変
	五	八一四	嵯峨皇子四人、皇女四人に源氏賜姓	
淳和	天長九	八三二	淳和皇女三人に統氏賜姓	
仁明	承和元	八三四	仁明皇子三人に源氏賜姓	
	九	八四二		承和の変
文徳	仁寿三	八五三	文徳皇子六人、皇女五人に源氏賜姓	
清和	貞観八	八六六		応天門の変、源信赦免
	十二	八七〇	光孝（時康親王）皇子一四人に源氏賜姓	
	十五	八七三	清和皇子三人、皇女一人に源氏賜姓	
陽成	元慶五	八八一	源氏大学別曹奨学院が設立される	
光孝	仁和三	八八七	源定省を親王に復し、即位させる（宇多）	阿衡の紛議
宇多	四	八八八	仁和寺金堂落慶供養	

天皇	年次	西暦	公家源氏関連事項	参考事項
宇多	寛平元	八八九	源維城を親王に復し、敦仁親王とする	
醍醐	延喜二十	九二〇	醍醐皇子四人に源氏賜姓	
	延長三	九二五	陽成皇子三人に源氏賜姓	
冷泉	安和二	九六九		安和の変、源高明左遷
円融	貞元二	九七七	源兼明・源昭平、親王に復される	
一条	寛和二	九八六		一条即位、兼家摂政就任
	永延元	九八七	源倫子、藤原道長と結婚	
	長保三	一〇〇一		『源氏物語』起筆か
後一条	長和五	一〇一六		後一条即位、道長摂政就任
	寛仁二	一〇一八		威子立后、「一家三后」
	四	一〇二〇	資定王元服、源師房となる	
	万寿二	一〇二五	花山皇孫に源氏賜姓	
後三条	延久元	一〇六九	源久、肥前に下向、松浦氏を名乗る	
堀河	応徳三	一〇八六		白河院政開始
	寛治七	一〇九三	村上源氏が左右大臣・左右大将を占める	

鳥羽	元永二	一一一九	後三条皇子一人に源氏賜姓	
後白河	保元元	一一五六		保元の乱
	平治元	一一五九		平治の乱
安徳	治承四	一一八〇	後白河皇子以仁王に源氏賜姓	治承・寿永の乱始まる
後鳥羽	文治元	一一八五		平氏滅亡
	建久三	一一九二		源頼朝、征夷大将軍任命
	七	一一九六	源通親、建久七年の政変を起こす	
仲恭	承久三	一二二一		承久の乱
亀山	文永三	一二六六	後嵯峨皇孫惟康に源氏賜姓	源惟康、鎌倉将軍就任
伏見	正応元	一二八八	久我通基、宣旨により源氏長者に補される	
	永仁二	一二九四	順徳皇孫に源氏賜姓	
後亀山	元中三	一三八六	後醍醐皇孫に源氏賜姓	
正親町	天正四	一五七六	北畠氏、織田信長に滅ぼされる	
霊元	寛文三	一六六三	正親町曾孫に源氏賜姓	
明治	明治二	一八六九	華族を創設する行政官布達が出される	
	四	一八七一	岩倉具視、右大臣に任じられる	

参考文献（初出箇所にのみ掲げた）

国史大辞典編集委員会編『国史大辞典』吉川弘文館　一九七九～九七年

角田文衞監修・古代学協会・古代学研究所編『平安時代史事典』角川書店　一九九四年

角田文衞総監修・古代学協会・古代学研究所編『平安京提要』角川書店　一九九四年

林屋辰三郎・村井康彦・森谷尅久監修『日本歴史地名大系　第二七巻　京都市の地名』平凡社　一九七九年

槙野廣造編『平安人名辞典　長保二年』高科書店　一九九三年

村井康彦編『よみがえる平安京』淡交社　一九九五年

【第一章　公家源氏の誕生】

赤木志津子「賜姓源氏考」『摂関時代の諸相』近藤出版社　一九八八年（初出一九六四年）

赤坂恒明「冷泉源氏・花山王氏考　伯家成立前史」『埼玉学園大学紀要　人間学部篇』一五　二〇一五年

江渡俊裕「賜姓源氏創出の論理と変遷」『法政史学』八三　二〇一五年

川崎庸之「歴史と人物　古代　嵯峨源氏のうごき」『川崎庸之歴史著作選集1　記紀万葉の世界』東京大学出版会　一九八二年（初出一九六一年）

倉本一宏「律令制下の皇親」『日本古代国家成立期の政権構造』吉川弘文館　一九九七年

倉本一宏『奈良朝の政変劇　皇親たちの悲劇』吉川弘文館　一九九八年

倉本一宏『藤原氏　権力中枢の一族』中央公論新社　二〇一七年

黒板伸夫「摂関制展開期における賜姓源氏　特に安和の変を中心として」『摂関時代史論集』吉川弘文館　一

九八〇年（初出一九六九年）
坂上康俊『日本の歴史05　律令国家の転換と「日本」』講談社　二〇〇一年
竹島 寛「王朝時代に於ける皇親の御封禄制度と御経済状態」『王朝時代皇室史の研究』右文書院　一九三六年
林 陸朗「嵯峨源氏の研究」『上代政治社会の研究』吉川弘文館　一九六九年（初出一九六二年）
林 陸朗「賜姓源氏の成立事情」『上代政治社会の研究』吉川弘文館　一九六九年
春名宏昭『平城天皇』吉川弘文館　二〇〇九年
春名宏昭『〈謀反〉の古代史　平安朝の政治改革』吉川弘文館　二〇一九年
藤木邦彦「皇親賜姓」『平安王朝の政治と制度』吉川弘文館　一九九一年（初出一九七〇年）
安田政彦「無品封」『平安時代皇親の研究』吉川弘文館　一九九八年（初出一九八四年）

【第二章　公家源氏の各流――平安前期】

相曾貴志「皇親時服について」『延喜式研究』一　一九八八年
岡野友彦『源氏と日本国王』講談社　二〇〇三年
倉本一宏『平安朝　皇位継承の闇』角川学芸出版　二〇一四年
瀧浪貞子「陽成天皇廃位の真相　摂政と上皇・国母」瀧谷壽・山中章編『平安京とその時代』思文閣出版　二〇〇九年
角田文衞「陽成天皇の退位」『王朝の映像　平安時代史の研究』東京堂出版　一九七〇年（初出一九六八年）
西村健太郎「源氏長者と氏爵　平安期における賜姓源氏の展開をめぐって」『ヒストリア』二六八　二〇一八年
林 陸朗「淳和・仁明天皇と賜姓源氏」『国学院雑誌』八九-一一　一九八八年
福田豊彦『平将門の乱』岩波書店　一九八一年

【第三章　公家源氏の各流――摂関期】

阿部 猛「花山朝の評価」『平安前期政治史の研究』大原新生社　一九七四年
倉本一宏『三条天皇』ミネルヴァ書房　二〇一〇年
倉本一宏『藤原道長の日常生活』講談社　二〇一三年
黒板伸夫「藤原忠平政権に対する一考察」『摂関時代史論集』吉川弘文館　一九八〇年（初出一九六九年）
河内祥輔『古代政治史における天皇制の論理』吉川弘文

館　一九八六年
坂本賞三『藤原頼通の時代　摂関政治から院政へ』平凡社　一九九一年
角田文衞「村上源氏の土御門第」『角田文衞著作集　第四巻　王朝文化の諸相』法藏館　一九八四年（初出一九七六年）
西松陽介「賜姓源氏の再検討　賜姓理由を中心に」『日本歴史』七三七　二〇〇九年
林　陸朗「所謂「延喜天暦聖代」説の成立」『上代政治社会の研究』吉川弘文館　一九六九年（初出一九六九年）
藤木邦彦「藤原穏子とその時代」『平安王朝の政治と制度』吉川弘文館　一九九一年（初出一九六四年）
目崎徳衛「宇多上皇の院と国政」『貴族社会と古典文化』吉川弘文館　一九九五年（初出一九六九年）
目崎徳衛「円融上皇と宇多源氏」『貴族社会と古典文化』吉川弘文館　一九九五年（初出一九七二年）

【第四章　公家源氏群像】

倉本一宏「『源氏物語』に見える摂関政治像」『摂関政治と王朝貴族』吉川弘文館　二〇〇〇年（初出一九八六年）
倉本一宏「一条朝の公卿議定」『摂関政治と王朝貴族』吉川弘文館　二〇〇〇年（初出一九八七年）
古藤真平「仁和寺の伽藍と諸院家」『仁和寺研究』一～三　一九九九・二〇〇一・〇二年
須田哲夫「平安朝の物語と賜姓源氏　宇津保物語、落窪物語、源氏物語について」『平安朝文学の展開　方法論の探求を含めて』おうふう　一九九四年（初出一九六〇年）
田島　公「典籍の伝来と文庫　古代・中世の天皇家ゆかりの文庫・宝蔵を中心に」石上英一編『日本の時代史30　歴史と素材』吉川弘文館　二〇〇四年
花井滋春「伊勢物語と賜姓源氏」『国学院雑誌』八三－四　一九八二年
速水　侑『平安貴族社会と仏教』吉川弘文館　一九七五年
服藤早苗『藤原彰子』吉川弘文館　二〇一九年
三原由起子「「古事談」の醍醐源氏たち　俊賢と資綱の場合」『成蹊国文』二二　一九八九年
安田政彦「古代貴族婚姻系図稿「源氏」部」『帝塚山学院大学研究論集』三〇・三二・三三　一九九五・九七・九八年

横内裕人「仁和寺御室考　中世前期における院権力と真言密教」『日本中世の仏教と東アジア』塙書房　二〇〇八年（初出一九九六年）
渡里恒信「光孝天皇陵と仁和寺の成立　陵の位置を中心に」『日本歴史』七八五　二〇一三年

【第五章　中世以降の公家源氏】

岡野友彦『源氏長者　武家政権の系譜』吉川弘文館　二〇一八年
坂本賞三「村上源氏の性格」古代学協会編『後期摂関時代史の研究』吉川弘文館　一九九〇年
角田文衞「村上源氏の塋域」『角田文衞著作集　第四巻　王朝文化の諸相』法藏館　一九八四年（初出一九六九年）
並木昌史「徳川義直と廣幡忠幸」『尾陽　徳川美術館論集』二　二〇〇五年
橋本政宣編『公家事典』吉川弘文館　二〇一〇年
橋本義彦『源通親』吉川弘文館　一九九二年
平井一博「『今鏡』に見る村上源氏の二つの流れ　特に俊房系賞揚の意識について」『古代文化』五一－三　一九九九年
細谷勘資「村上源氏の台頭と儀式作法の成立」『中世宮廷儀式書成立史の研究』勉誠出版　二〇〇七年（初出一九九三年）
松薗斉「貴族社会と家記　「日記の家」間接史料の検討」『日記の家　中世国家の記録組織』吉川弘文館　一九九七年
山田彩起子「白河・鳥羽院政期における村上源氏の『家』を巡る考察　『俊房流』・『顕房流』の形成」『古代文化』五三－一　二〇〇一年
山田彩起子「白河・鳥羽院政期における村上源氏の家記・家説継承」『古代文化』五四－一　二〇〇二年
龍肅「三宮と村上源氏」『平安時代　爛熟期の文化の様相と治政の動向』春秋社　一九六二年（初出一九四八年）

写　真　著者撮影
DTP　市川真樹子

倉本一宏（くらもと・かずひろ）

1958年（昭和33），三重県津市に生まれる．東京大学大学院人文科学研究科国史学専門課程博士課程単位修得退学．現在，国際日本文化研究センター教授．博士（文学，東京大学）．専門は日本古代政治史，古記録学．

著書『蘇我氏――古代豪族の興亡』（中公新書，2015）
『藤原氏――権力中枢の一族』（中公新書，2017）
『人物叢書　一条天皇』（吉川弘文館，2003）
『戦争の日本史2　壬申の乱』（吉川弘文館，2007）
『藤原道長「御堂関白記」全現代語訳』（講談社学術文庫，2009）
『藤原行成「権記」全現代語訳』（講談社学術文庫，2011-12）
『藤原道長の日常生活』（講談社現代新書，2013）
『藤原道長の権力と欲望』（文春新書，2013）
『平安朝 皇位継承の闇』（角川選書，2014）
『「旅」の誕生』（河出ブックス，2015）
『藤原伊周・隆家』（ミネルヴァ日本評伝選，2017）
『戦争の日本古代史』（講談社現代新書，2017）
『内戦の日本古代史』（講談社現代新書，2018）
『『御堂関白記』の研究』（思文閣出版，2018）
『皇子たちの悲劇』（角川選書，2020）
ほか

公家《くげ》源氏《げんじ》―王権《おうけん》を支《ささ》えた名族《めいぞく》
中公新書 *2573*

2019年12月25日初版
2020年1月30日再版

著　者　倉本一宏
発行者　松田陽三

本文印刷　暁印刷
カバー印刷　大熊整美堂
製　本　小泉製本

発行所　中央公論新社
〒100-8152
東京都千代田区大手町1-7-1
電話　販売 03-5299-1730
編集 03-5299-1830
URL http://www.chuko.co.jp/

Published by CHUOKORON-SHINSHA, INC.
Printed in Japan　ISBN978-4-12-102573-9 C1221

中公新書刊行のことば

いまからちょうど五世紀まえ、グーテンベルクが近代印刷術を発明したとき、書物の大量生産は潜在的可能性を獲得し、いまからちょうど一世紀まえ、世界のおもな文明国で義務教育制度が採用されたとき、書物の大量需要の潜在性が形成された。この二つの潜在性がはげしく現実化したのが現代である。

いまや、書物によって視野を拡大し、変りゆく世界に豊かに対応しようとする強い要求を私たちは抑えることができない。この要求にこたえる義務を、今日の書物は背負っている。だが、その義務は、たんに専門的知識の通俗化をはかることによって果たされるものでもなく、通俗的好奇心にうったえて、いたずらに発行部数の巨大さを誇ることによって果たされるものでもない。現代を真摯に生きようとする読者に、真に知るに価いする知識だけを選びだして提供すること、これが中公新書の最大の目標である。

私たちは、知識として錯覚しているものによってしばしば動かされ、裏切られる。私たちは、作為によってあたえられた知識のうえに生きることがあまりに多く、ゆるぎない事実を通して思索することがあまりにすくない。中公新書が、その一貫した特色として自らに課すものは、この事実のみの持つ無条件の説得力を発揮させることである。現代にあらたな意味を投げかけるべく待機している過去の歴史的事実もまた、中公新書によって数多く発掘されるであろう。

中公新書は、現代を自らの眼で見つめようとする、逞しい知的な読者の活力となることを欲している。

一九六二年一一月

中公新書

日本史

d2

- 608 613 中世の風景（上下） 阿部謹也・網野善彦・石井進・樺山紘一
- 1503 古文書返却の旅 網野善彦
- 1392 中世都市鎌倉を歩く 松尾剛次
- 2336 源頼政と木曽義仲 永井晋
- 2526 源頼朝 元木泰雄
- 2517 承久の乱 坂井孝一
- 2461 蒙古襲来と神風 服部英雄
- 1521 後醍醐天皇 森茂暁
- 2463 兼好法師 小川剛生
- 776 室町時代 脇田晴子
- 2443 観応《かんのう》の擾乱《じょうらん》 亀田俊和
- 2179 足利義満 小川剛生
- 978 室町の王権 今谷明
- 2401 応仁の乱 呉座勇一
- 2058 日本神判史 清水克行

- 2139 贈与の歴史学 桜井英治
- 2481 戦国日本と大航海時代 平川新
- 2343 戦国武将の実力 小和田哲男
- 2084 戦国武将の手紙を読む 小和田哲男
- 2350 戦国大名の正体 鍛代敏雄
- 1625 織田信長合戦全録 谷口克広
- 1782 信長軍の司令官 谷口克広
- 1907 信長と消えた家臣たち 谷口克広
- 1453 信長の親衛隊 谷口克広
- 2421 織田信長の家臣団―派閥と人間関係 和田裕弘
- 2503 信長公記《しんちょうこうき》―戦国覇者の一級史料 和田裕弘
- 2555 織田信忠―天下人の嫡男 和田裕弘
- 784 豊臣秀吉 小和田哲男
- 2146 秀吉と海賊大名 藤田達生
- 2557 太閤検地 中野等
- 2265 天下統一 藤田達生
- 2372 後藤又兵衛 福田千鶴

- 2357 古田織部 諏訪勝則
- 642 関ヶ原合戦 二木謙一
- 711 大坂の陣 二木謙一